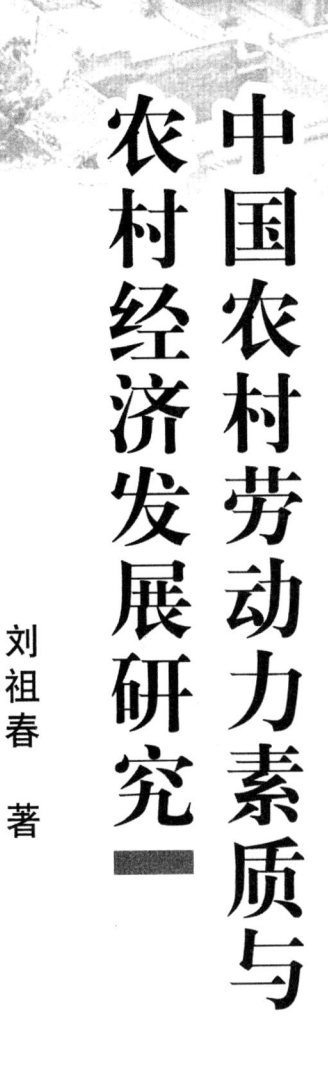

中国农村劳动力素质与农村经济发展研究

刘祖春 著

中国社会科学出版社

图书在版编目（CIP）数据

中国农村劳动力素质与农村经济发展研究/刘祖春著.—北京：中国社会科学出版社，2009.9
ISBN 978-7-5004-8083-9

Ⅰ.中… Ⅱ.刘… Ⅲ.①农村－劳动力素质－研究－中国②农村经济－经济发展－研究－中国 Ⅳ.F323.6

中国版本图书馆 CIP 数据核字（2009）第 148111 号

责任编辑	孔继萍
责任校对	曲　宁
封面设计	弓禾碧
技术编辑	王炳图

出版发行	中国社会科学出版社		
社　　址	北京鼓楼西大街甲 158 号	邮　编	100720
电　　话	010－84029450（邮购）		
网　　址	http://www.csspw.cn		
经　　销	新华书店		
印　　刷	北京奥隆印刷厂	装　订	广增装订厂
版　　次	2009 年 9 月第 1 版	印　次	2009 年 9 月第 1 次印刷
开　　本	710×1000　1/16		
印　　张	18.75	插　页	2
字　　数	300 千字		
定　　价	39.00 元		

凡购买中国社会科学出版社图书，如有质量问题请与本社发行部联系调换
版权所有　侵权必究

目 录

导 论 ……………………………………………………………… (1)
    一 研究的目的和意义 ………………………………………… (1)
    二 国内外相关领域的研究背景 ………………………………… (3)
    三 分析框架及研究方法 ……………………………………… (13)

第一章 中国农村劳动力素质的现状评价 ………………………… (16)
  第一节 中国农村劳动力智力素质现状 ………………………… (16)
    一 中国城乡人口和劳动力结构 ……………………………… (16)
    二 中国农村劳动力受教育程度 ……………………………… (20)
  第二节 中国农村劳动力身体素质的现状 ……………………… (25)
    一 中国农村劳动力的营养状况 ……………………………… (26)
    二 中国农村劳动力的卫生健康状况 ………………………… (32)

第二章 农村劳动力素质与中国传统农业的改进 ………………… (39)
  第一节 中国传统农业的特征及其增长的制约 ………………… (39)
    一 中国传统农业的技术特征 ………………………………… (39)
    二 中国传统农业增长的源泉及其制约 ……………………… (42)
    三 农地制度改革和农业技术进步的作用及其约束 ………… (45)
  第二节 农村劳动力素质与中国传统农业的改进 ……………… (49)
    一 中国农村劳动力素质与农业科学技术的推广和应用 …… (50)
    二 中国农村劳动力素质与农业生产效率 …………………… (56)

第三章　中国农村劳动力素质与农村劳动力转移 (70)
第一节　农村劳动力转移理论概述 (70)
一　国外学术界对农业劳动力转移的解读 (71)
二　国内学术界对中国农村劳动力转移问题的理解 (73)
第二节　中国农村剩余劳动力及其规模 (75)
一　农村剩余劳动力的界定 (76)
二　中国农村剩余劳动力规模 (79)
第三节　农村劳动力素质与中国农村劳动力转移 (82)
一　中国农村劳动力转移的必然性 (82)
二　农村劳动力素质与中国农村劳动力转移 (88)

第四章　农村劳动力素质与中国农村产业结构调整和优化 (99)
第一节　农村产业结构理论和实践的演进 (99)
一　产业结构和农村产业结构的基本理论 (99)
二　农村产业结构演变规律与发展趋势 (104)
三　农村产业结构调整模式及其方向 (109)
第二节　中国农村产业结构现状及其制约 (112)
一　中国第一产业在三大产业结构中比例不合理 (112)
二　中国农村产业结构不合理 (121)
第三节　农村产业结构调整和优化的经济效应 (130)
一　农村产业结构的调整和优化的就业增长效应 (130)
二　农村产业结构调整的农村全社会的生产要素效率提高效应 (132)
三　农村产业结构调整和优化的农民收入增长效应 (136)
第四节　中国农村劳动力素质对农村产业结构调整和优化的影响 (141)
一　中国农村劳动力素质与城乡结构的调整和优化 (141)
二　中国农村劳动力素质与其就业结构的调整和优化 (146)
三　中国农村劳动力素质与农业结构的调整和优化 (149)

第五章　农村劳动力素质与中国农业产业化、现代化和农村城镇化………………………………………………………………(153)

　第一节　中国农村劳动力素质与农业产业化……………………(153)
　　一　发达国家的农业产业化………………………………………(154)
　　二　农村劳动力素质与中国农业产业化…………………………(160)

　第二节　农村劳动力素质与中国农业现代化……………………(171)
　　一　现代化的基本含义和标准……………………………………(171)
　　二　农业现代化内涵、特征、标准和实现途径…………………(173)
　　三　农村劳动力素质与中国农业现代化…………………………(184)

　第三节　农村劳动力素质与中国农村城镇化……………………(191)
　　一　农村城镇化是中国社会经济发展的必然选择………………(191)
　　二　农村劳动力素质与中国农村城镇化…………………………(199)

第六章　农村劳动力素质养成条件与中国农村经济增长………(204)

　第一节　农村普通教育与中国农村经济增长……………………(204)
　　一　农村义务教育与中国农村经济增长…………………………(206)
　　二　农村高等教育与中国农村经济增长…………………………(216)

　第二节　农村职业技术教育与中国农村经济增长………………(222)
　　一　农村职业技术教育起源及含义………………………………(222)
　　二　农村职业技术教育对中国农村社会经济发展的影响………(224)

　第三节　农村劳动力健康素质与中国农村经济增长……………(230)
　　一　健康素质与经济发展的相关理论观点………………………(230)
　　二　劳动力健康素质对经济增长的影响…………………………(233)
　　三　农村劳动力健康素质与中国农村经济增长…………………(239)

第七章　提高中国农村劳动力素质的路径选择…………………(244)

　第一节　提高中国农村劳动力受教育水平………………………(244)
　　一　进一步加强中国农村义务教育………………………………(244)
　　二　中国农村高等教育的发展路径………………………………(249)

　第二节　中国农村职业技术教育发展的路径选择………………(253)
　　一　中国农村职业技术教育发展的制约…………………………(253)

二　发达国家开展农民职业技术教育的主要经验及启示………(257)
　　三　发展中国农村职业教育的路径选择……………………(261)
第三节　提高农村劳动力健康素质的路径选择…………………(266)
　　一　中国农村劳动力健康保障存在的主要问题………………(267)
　　二　加强中国农村劳动力健康保障水平的对策与建议…………(269)

参考文献……………………………………………………………(276)
后　记……………………………………………………………(291)

导 论

一 研究的目的和意义

自 20 世纪 50 年代中期刘易斯创立二元经济结构理论以来，人们对于发展中国家农村经济发展及整个社会经济发展问题的研究越来越明晰，即：发展中国家如何实现由二元经济结构向一元化的现代经济转变。这其中涉及几个主要的理论观点，传统农业、城乡差距、农村剩余劳动力转移、提高农业劳动生产率、提高农村居民收入等。但是，该理论只强调现代工业部门的扩张对农业的影响，忽视了农业部门发展和科技进步的作用，忽视了提高农村劳动力素质对于加速二元经济结构的转变，从而加快农村经济发展的作用。其实，对于农村劳动力素质与中国农村社会经济发展的问题，马克思主义经典作家早就有过精辟的论述。对于发展中国家而言，要富裕农民必须要减少农民，要发展农村经济、实现农业现代化必须要提高农村劳动力素质，已经逐渐成为人们的共识。

在中国农村经济发展过程中，制度、资本、技术等要素由于长期以来一直起着至关重要的作用而为人们所广泛关注。近年来，随着农村劳动力素质对农村经济发展的影响作用日益凸显，准确把握农村劳动力素质对农村经济发展的影响方式、影响程度、作用方向等，将成为洞悉二者作用的关键，而这也是本书研究意义之所在。据统计：目前中国农民平均受教育年限只有 7.3 年，全国 92% 的文盲半文盲在农村。在中国 4.9 亿农村劳动力中，高中以上文化程度的仅占 13%，初中文化程度的占 48%，小学文化程度的占 39%，其中文盲半文盲占 7.6%。从职业技能来看，中国农民接受过短期技术培训的只占20%左右,接受过初级职业技术培训或教育的占3.4%,接受过中等职业技术教育的占0.13%,而没有接受过技术培训的竟高达76.4%。目前,在发达国家,农村技术推广人员与农村人口比为1:100,而中国为1:1200,平均1万亩耕地不足1名农村技术人员,中国农村劳动力的95%以上仍属于体力型和传统经验型农民[①]。大量农民没有接受过基本的职业技术教育,缺乏科学素质和专业技能,不具备现代化生产对劳动者的初级技术要求,难以适应社会主义新农村建设的要求。

中国农村劳动力素质对国民经济和社会发展的影响和制约主要集中在:(1)农村劳动力素质偏低极大地限制了中国由传统农业向现代农业的转变,导致农业边际生产力低下,从事其他非农业和兼业的可能性减小,从而必然导致农村劳动力收入结构单一、收入水平低下。(2)农村劳动力素质偏低造成农村劳动力转移困难,形成农村大量的低素质剩余劳动力的堆积;对于已经自发转移的从事非农产业的农村劳动力也往往难以融入城市主流,处于被边缘化的境地,而这又意味着农村劳动力收入结构和收入水平提高和改善受到进一步的限制。(3)农村劳动力素质偏低严重制约中国农业科学技术推广运用和农业劳动生产率的提高,限制了中国农村产业结构和农业产业结构的调整和优化。从目前看,城镇劳动力的边际生产率要比农村转移劳动力的边际生产率高得多,而这种差异在一定程度上是由劳动力素质方面的差别造成的。(4)农村劳动力素质偏低也影响和制约着中国农业产业化、市场化、现代化和农村城镇化的进程。(5)农村劳动力素质偏低制约了中国农村经济甚至整个国民经济长期持续快速发展。

由于农村劳动力素质偏低导致农业边际生产力低下,限制了农村劳动力由从事农业转向从事非农业,制约农业科学技术的推广和运用,因此势必影响和制约中国由传统农业向现代农业的转变,影响中国农村经济及整个国民经济长期持续快速发展。因此,本书力图从农村劳动力素质与中国传统农业向现代农业的转变、农村产业结构和农业产业结构的调整和优化、农村劳动力就业结构及其变迁、农村居民收入结构及其变迁、农业科学技术推广运用、农业产业化、现代化及农村城镇化的进程、农村经济及

---

① 《95%农村劳力属体力型农民　教育培训力度将加大》,人民网2006年11月6日。

整个国民经济长期持续快速增长等方面的关联性入手进行系统的探讨和分析，揭示农村劳动力素质与中国农村社会经济发展的关系及其影响程度，并通过提高农村劳动力素质推动和加快中国农业现代化、农村城镇化、城乡经济一体化的进程。

二　国内外相关领域的研究背景

（一）马克思主义的论述

1. 马克思、恩格斯的论述

马克思从人类演进的宏观视角，站在社会生产力发展和人类社会发展规律的历史高度，深刻地揭示和概括了农业发展趋势、农业生产率的提高以及农村劳动力转移的社会历史根源，科学预言了劳动力转移所带来的农村的巨大变迁和深刻的社会、经济变革，而且从工业化生产对劳动力素质要求的提升中，阐述了对农村劳动力转移、农村经济发展的重要作用。

（1）马克思论述了农业的地位，并从小土地所有制的历史局限和工业革命带来的现代农业发展的历史趋势上论证了农业集约化、社会化发展的客观必然性。"农业劳动是其他一切劳动得以独立存在的自然基础和前提。"[①] "超越劳动者个人需要的农业劳动生产率，是一切社会的基础。"[②] "它的正常的补充物即农村家庭工业，由于大工业的发展而被消灭；处于这种耕作下的土地逐渐贫瘠和地力枯竭；公有地为大土地所有者所霸占；作为种植经营的大农业或以资本主义方式经营的大农业加入竞争。农业的各种改良一方面降低了土地产品的价格，另一方面要求较大的投资和更多的物质生产条件，这些也促进了上述土地所有权的灭亡。"[③]

（2）马克思从生产率不断累积、提高的社会历史发展中，论证了传统经济发生社会分工的历史趋势。从沿袭数千年的自然经济中分化出现代农业，社会分工或农业生产劳动和工业生产劳动的专业化分工，是农业生产率发展到一定阶段的历史产物。它以较高的劳动生产率为转移的农业劳动

---

① 《马克思恩格斯全集》第26卷，人民出版社1980年版，第28—29页。
② 《马克思恩格斯全集》第25卷，人民出版社1980年版，第885页。
③ 马克思：《资本论》第3卷，人民出版社2004年版，第912页。

力和从事非农业生产的劳动力提供足够的农业剩余为前提。"社会上的一部分人用在农业上的全部劳动——必要劳动和剩余劳动——必须足以为整个社会，从而为非农业劳动者生产必要的食物；也就是使从事农业的人和从事工业的人有实行这种巨大分工的可能，并且也使生产食物的农民和生产原料的农民有实行分工的可能。"①

（3）以现代科学技术为基础的现代经济，不仅为劳动力转移提供了可能，而且客观上要求最大限度地转移农业劳动力。"只有大工业才用机器为资本主义农业提供了牢固的基础……使农业和农村家庭手工业完全分离，铲除了农村家庭手工业的根基——纺纱和织布。"② 现代农业的发展使农业生产率得到极大的提高，形成大量"潜在过剩人口"，客观上要求转移农村剩余劳动力，把从事农业生产的劳动力减少到最低限度。劳动力由农业向现代工业、服务业转移，传统经济向现代经济转变是历史发展的必然趋势。一切经济发达的国家，在其经济的起飞和工业化的过程中都经历过一个农业劳动力向非农业转移，农村人口城镇化的过程。马克思在考察这个"来自农村而大部分在工业就业的居民阶层"时，把他们看做是"资本的轻骑兵"，他们按资本自己的需要，"时而调到这里，时而调到那里"。③ 当然，劳动力的"流动"转移只是农业劳动力转移过程中的过渡状态，更多的劳动力在城镇化和工业化的过程中稳定下来，成为真正的城市人口和非农业人口。因此，农村劳动力的分化和劳动力转移，"它本身是社会发展的产物，并且是很现代的……它是和一个完全特定的生产阶段相适应的"。④

（4）马克思认为农村劳动力转移是一个长期深刻的社会嬗变过程。"资本主义生产方式只是缓慢地、非均衡地侵入农业。"历史上的农业劳动力的转移是现代经济增长和经济结构的剧烈变化造成的。在农业中，工业技术和生产方式的渗透和推广，"使农业人口同非农业人口比起来不断减少"。农村剩余劳动力转移的过程是农村劳动力日益分化为现代工人、现代农民和企业家的过程。"生产者变成商人和资本家，而与农业的自然经

---

① 马克思：《资本论》第3卷，人民出版社2004年版，第716页。
② 马克思：《资本论》第1卷，人民出版社2004年版，第858页。
③ 同上书，第765页。
④ 马克思：《资本论》第3卷，人民出版社2004年版，第713页。

济和中世纪城市工业的受行会束缚的手工业相对立。""农民变成了商人和产业家，但没有具备那些让他们能够把自己的产品当作商品来进行生产的条件。"① 马克思、恩格斯还指出，集中是城市的本质特点，"城市本身表明了人口、生产工具、资本、享乐和需求的集中；而在乡村所看到的却是完全相反的情况：孤立和分散"。② 由此可见，封闭的乡村不可能形成规模效应，规模经营，农村只有走工业化、城镇化道路，城乡统筹发展，才有可能从根本上解决农业、农村和农民的问题。在无产阶级革命取得胜利后，新社会的发展任务是"促使城乡之间的差别逐渐消失"。③

2. 列宁的基本观点

关于农业未来发展趋势。列宁说："商品经济的发展就意味着愈来愈多的人口同农业分离，就是说工业人口增加农业人口减少。"④ 关于农村劳动力转移的必要性和作用。"迁移是防止农民'生苔'的极重要的因素之一，历史堆积在他们身上的苔藓太多。不造成居民的流动，就不会有居民的开化。"乡村社会自给自足的生活方式限制了乡村居民的视野和能力。农民流动体现了社会的进步。"它把居民从偏僻的、落后的、被历史遗忘的穷乡僻壤拉出来，卷入现代社会生活的旋涡。他提高居民的文化程度及觉悟，使他们养成文明的习惯和需要。"⑤ "只有农村居民流入城市，只有农业人口和非农业人口混合和融合起来……正是农业人口和非农业人口的生活条件接近了才创造了消灭城乡对立的条件。"⑥

3. 中国共产党的领导人的思考

（1）关于农村、农业的基础地位。邓小平指出："从中国的实际出发，我们首先解决农村问题。中国有百分之八十的人口住在农村，中国稳定不稳定首先要看这百分之八十稳定不稳定。城市搞得再漂亮，没有农村这一稳定的基础是不行的。"⑦ 对于我国现实国情的分析。我国是一个人多地

---

① 马克思：《资本论》第3卷，人民出版社2004年版，第672、718、373、917页。
② 《马克思恩格斯全集》第23卷，人民出版社1980年版，第390页。
③ 《马克思恩格斯全集》第4卷，人民出版社1980年版，第490页。
④ 《列宁全集》第3卷，人民出版社1984年版，第19页。
⑤ 同上书，第220、430页。
⑥ 《列宁全集》第2卷，人民出版社1984年版，第192页。
⑦ 《邓小平文选》第3卷，人民出版社1994年版，第65页。

少的国家，"耕地少，人口多特别是农民多，这种情况不是很容易改变的"。① 人口多，耕地少，人均耕地占有量低，必然造成大量的农村剩余劳动力。"总不能老把农民束缚在小块土地上，那样有什么希望？"② 江泽民也指出："农业、农村和农民问题是关系改革开放和现代化建设全局的重大问题。没有农村的稳定，就没有全国的稳定，没有农民的小康，就没有全国人民的小康，没有农业现代化就没有整个国民经济的现代化。稳住农村这个大头，就有了把握全局的主动权。"③ 胡锦涛也多次强调："重视农业、农村、农民问题是我们党的一贯战略思想。'三农'问题始终是关系党和人民事业发展的全局性和根本性问题，农业丰则基础强，农民富则国家盛，农村稳则社会安。在新世纪新阶段，我们必须始终不渝地高度重视并认真解决好'三农'问题，不断开创'三农'工作的新局面。"④

（2）关于城乡协调发展的观点。毛泽东在《论联合政府》中提出："将来还要有几千万农民进入城市，进入工厂，如果中国需要建立强大的民族工业，建立很多的近代的大城市，就要有一个变农村人口为城市人口的长过程。"⑤ 只有不断提高广大农民的素质，才能逐步改变几千年来中国农民大多数是文盲的落后状况，使广大农民的科技文化素质和思想观念与之相适应。

（3）关于提高劳动者的素质。邓小平指出："我们国家，国力的强弱，经济发展后劲的大小，越来越取决于劳动者的素质。"⑥ 农村经济发展与农民素质的提高息息相关。1993年10月，江泽民就提高农村劳动者的素质问题提出了三点政策要求：一是要重视农村教育工作，重点是扎扎实实地普及九年制义务教育，扫除青壮年文盲，同时大力发展农村职业技术教育和农村成人教育。二是农村中小学要在学校学好文化知识的同时，紧密联系农村生产、生活实际，在适当阶段引进职业教育内容，把学文化和学技术结合起来。三是提高广大农民的科学文化知识。

---

① 《邓小平文选》第2卷，人民出版社1994年版，第164页。
② 《邓小平文选》第3卷，人民出版社1994年版，第214页。
③ 《十五大以来重要文献选编》（上），人民出版社2000年版，第554页。
④ 《胡锦涛：规划和推进社会主义新农村建设》，新华网2006年2月20日。
⑤ 《毛泽东选集》第3卷，人民出版社1991年版，第1077页。
⑥ 《邓小平文选》第3卷，人民出版社1994年版，第120页。

(4) 关于现代农业问题。胡锦涛多次强调:"没有农业标准化,就没有农业现代化。实施农业标准化是建设现代农业的重要抓手,是增强我国农业市场竞争力的重要举措,是保障食品安全的基础条件。只有把农业产前、产中、产后全过程纳入标准化轨道,才能加快农业从粗放经营向集约经营转变,才能提高农业科技含量和经营水平,才能完善适应现代农业要求的管理体系和服务体系。要坚持政府大力推动、市场有效引导、龙头企业带动、农民积极实施,以提高农产品质量和市场竞争力为重点,推进农产品清洁生产、节约生产、安全生产,加快推进农业标准化,全面加强食品安全工作。要进一步形成科学、统一、权威的农业标准化体系,努力使生产经营每个环节都有标准可依、有规范可循,提高我国农业标准的科学性、先进性、适用性。"[①]

(二) 西方学者的相关理论

1. 配第—克拉克定理

随着经济的发展,人均国民收入水平的提高,劳动力首先由第一产业向第二产业移动;当人均国民收入水平进一步提高时,劳动力将由第二产业向第三产业移动。克拉克认为,造成劳动力从第一产业向第二、三产业转移的原因是由于经济发展中各产业间收入相对差异,即人们总是向高收入的产业移动。这一规律不仅可以从一个国家经济发展的时间序列分析中得到印证,而且,还可以从处于不同发展水平的国家在同一时点上的横断面比较中得到类似的结论。人均国民收入水平越高的国家,农业劳动力所占的比重相对越小,第二、三产业劳动力所占比重相对越大;反之,人均国民收入水平越低的国家,农业劳动力所占比重相对越大,而第二、三产业劳动力所占的比重相对越小。在此基础上,库兹涅茨进一步论证,农业国民收入在国民收入构成中的比重与农业劳动力份额的变化方向是一致的,但是速度却不同步。库兹涅茨开始对产业比较利益差异以及农业劳动力转移问题进行分析。

2. 刘易斯二元经济结构理论

该理论是在 20 世纪 50 年代中期创立的。刘易斯在其《劳动力无限供

[①] 《胡锦涛强调做好农业标准化和食品安全工作》,人民网 2007 年 4 月 24 日。

给条件下的经济发展》一文中认为,许多发展中国家都存在着两个截然不同的经济部门:即一个是与外部世界相联系的现代工业部门,该部门集中了大量资本,具有较高的劳动生产率;另一个是与自给自足相联系的传统农业部门,该部门缺乏资本,劳动生产率极其低下,农民仅能维持最低的生活水平,但拥有大量剩余劳动力。刘易斯认为农村剩余劳动力的劳动边际生产率等于零,这时只要工业部门需要,就可从农业部门中得到无限的劳动力。后来,费景汉(Fei, J.)、拉尼斯(Ranis, G.)和乔根森(Jorgenson, D.)对二元结构模型做了进一步的发展。在该模型中他们把农业劳动力向非农部门转移和工农业发展联系起来。提出农业劳动力转移取决于农业技术进步、人口增长和工业资本存量的增长等。

刘易斯理论在阐述农村剩余劳动力转移时,还存在一些缺陷,主要表现在以下几个方面:(1)该理论所说的农业人口的劳动边际生产率等于零,可为工业部门提供无限的劳动力是不存在的。(2)该理论只强调现代工业部门的扩张对农业人口的影响,而忽视了农业部门发展和科技进步的作用。为了促进工业的发展,就必须加速二元经济结构的转变,从而加快农村剩余劳动力的转移,甚至为此而不惜牺牲农业。(3)该理论只认识到发展中国家工业部门自身的积累对农业人口的吸收,而忽视了外资对发展中国家农业人口的吸收作用。(4)该理论暗含一个假设,即现代工业部门的劳动与资本比例是刚性的,这个假设与经济发展的实际不符。(5)该理论假定农村存在剩余劳动力,城市不存在失业,这一假定也不符合发展中国家的实际情况。

3. 托达罗的论述

美国经济学家托达罗认为:农村劳动力转移模型的依据包括两个方面:城乡实际工资差距,这是农村向城市非农产业移民的重要动力;迁移决策是根据预期的城乡收入差距而不是仅仅根据实际城乡收入差距做出的。只要在城市就业的预期收入现值比在农村就业的预期收入值高,做出迁移的决策就是合理的。托达罗提出了一些政策措施:通过缩小城乡收入的差距来降低农村劳动力向城市转移的速度,从而减轻城市就业负担。他认为大力发展农村经济是解决城市失业和实现农村剩余劳动力转移的根本出路。鼓励新的发展战略,在农村进行综合开发,建立乡村工业,以吸收剩余劳动力,提高农村居民收入。该模型强调农村和农业部门发展的重要性,不把农业作为工业化的一个工具。

4. 西奥多·舒尔茨的观点

20世纪50年代美国著名经济学家西奥多·舒尔茨从长期对农业经济问题的研究中发现,从20世纪20年代初到50年代,促进美国农业产量迅速增加和农业生产率提高的重要因素已不是土地、劳动力数量或资本存量的增加,而是人的知识、能力和技术水平的提高。西奥多·舒尔茨认为,人力资本主要指凝集在劳动者体内的知识、技能及其在经济活动中获得收益并不断增值的劳动能力,这是现代经济增长的主要因素,是一种有效率的经济。在他所著的《改造传统农业》一书中强调,在传统农业中的重要因素——农民的投资(智力投资)是改造传统农业成功的关键(舒尔茨,1999)。"发展农村教育……是提高劳动者素质,促进传统农业向现代农业转变,从根本上解决农业、农村和农民问题的关键所在。"在1960年美国经济学年会上,舒尔茨发表了《人力资本投资》的演讲,提出了与传统经济理论认为经济增长必须依赖于物质资本和劳动力数量的增加所不同的观点。他认为人力是社会进步的决定性因素,但人力的取得不是无代价的,需要耗费稀缺资源。舒尔茨把人力资本投资范围和内容归纳为五个方面,即:(1)卫生保健设施和服务,概括地说包括影响人的预期寿命、体力和耐力、精力和活动的全部开支;(2)在职培训,包括由商社组织的旧式学徒制;(3)正规的初等、中等和高等教育;(4)成人教育计划,特别是农业方面的校外学习计划;(5)个人和家庭进行迁移以适应不断变化的就业机会。

5. 贝克尔提出了人力资本投资—收益的均衡模型

贝克尔则主要从微观进行分析,对人力资本的微观分析上,运用经济数学方法,以家庭为基础,以人类时间价值提高和对子女质量需求为核心,展开对人力资本投资与经济增长关系的考察。他认为,从长期看,在给定生产技术和资源的条件下,每一代人的时间价值可以由他这一生所享受的总的效用与他愿意留给每一个后代的总的效用决定。收入的增长将增加人们对闲暇时间的要求,因而人力供给者的时间价值的主观值和客观值都大大提高。贝克尔在《人力资本》一书中分析了正规教育的成本和收益问题,还重点讨论了在职培训的经济意义,也研究了人力资本投资与个人收入分配的关系。他在人力资本形成方面,教育、培训和其他人力资本投资的过程方面的研究取得的成果也都具有开拓意义。

（三）近年来国内学者的研究状况及其不足

近年来国内学者对相关领域的研究主要集中在以下几个方面：

1. 农村剩余劳动力转移问题

其基本理论观点主要包括：（1）农村剩余劳动力转移的必然性；（2）农村剩余劳动力转移的制约因素；（3）农村剩余劳动力转移的对策；（4）农村剩余劳动力转移对我国经济增长的贡献。比较具有代表性的论文有：丁霄泉：《农村剩余劳动力转移对我国经济增长的贡献》，《中国农村观察》2001年第2期；刘秀梅、田维明：《我国农村劳动力转移对经济增长的贡献分析》，《管理世界》2005年第1期；胡永泰：《中国全要素生产率，来自农业部门劳动力再配置的首要作用》，《经济研究》1998年第8期；潘文卿：《中国农业剩余劳动力转移效应测评》，《经济研究》1999年第4期；张保法：《经济增长中的结构效应》，《数量经济与技术经济研究》1997年第11期；刘扬、王铮、傅泽田：《我国农村剩余劳动力转移的模拟分析》，《中国农业大学学报》2003年第10期；谭崇台：《西方发展经济学对农业重要性的再认识及其借鉴意义》，《武汉大学学报》1990年第1期等。

2. 农村劳动力素质与中国农村劳动力转移问题

其基本理论观点主要包括：（1）农村剩余劳动力转移与农村劳动力素质关系分析；（2）农村劳动力素质与发展农村经济关系分析；（3）农村劳动力素质与整个社会经济发展关系分析。比较有代表性的文章主要有池淑琴：《农村劳动力素质和农村剩余劳动力转移问题研究》，《浙江教育学院学报》2005年第4期；赵洁、王礼力：《从人口素质的视角审视农村劳动力转移》，《安徽农业科学》2005年第9期；李研：《转移农村人力资源大力发展农村经济》，《农业经济》2006年第7期；卢君：《农村剩余劳动力转移与农村劳动力素质关系分析》，《华中农业大学学报》（社会科学版）2005年第4期等。

3. 农村劳动力素质与中国农村收入水平关系研究

基本理论观点主要包括：（1）认为初、高中文化水平劳动力的劳均收入高于平均收入水平，文盲半文盲和小学文化水平劳动力的劳均收入低于平均收入水平。劳动力受教育水平越高,劳均收入的抗干扰力和抗波动力越强,接受职业教育和技术培训的劳动力劳均收入高于未接受者,家庭中接受培训的劳动力数量越多,家庭劳均收入越高。高教育水平劳动力的教育投资收入弹性大于低教育水平的教育投资收入弹性。(2)农村劳动力素质提高对我国缩小城乡居民收入差距影响。比较有代表性的文章主要有:白菊红、袁飞:《农民收入水平与农村人力资本关系分析》,《农业技术经济》2003年第1期;张秀生、卫鹏鹏:《农民收入增长:影响因素与对策》,《武汉大学学报》2004年第6期;徐现祥:《劳动结构效应的实证分析》,《上海经济研究》2001年第2期;张秀生:《关于兼业户Ⅱ在我国长期存在的几个问题》,《武汉大学学报》1996年第6期;张秀生、徐涛:《经济转轨期的农村双层经营模式:路径、绩效与体制创新》,《生产力研究》2006年第6期;郭梅枝:《农村人力资源开发与缩小城乡居民收入差距探析》,《生产力研究》2006年第6期;李恺、李崇光:《农村劳动力收入水平与农村人力资源开发实证研究》,《经济问题探索》2005年第1期;薛国琴:《农村劳动力转移:动力、成本、收益》,《农业经济》2006年第7期;叶茂林、郑晓齐:《教育对经济增长的计量分析》,《数量经济与技术经济研究》2003年第1期等。

4. 农村劳动力素质与中国农业产业化、现代化

其基本理论观点主要包括:(1)农村劳动力素质与我国农业产业化经营;(2)农村劳动力转移与我国农业现代化;(3)提高农民素质与实现农业现代化等。比较有代表性的文章主要有:张秀生:《农户、农民、企业与农业产业化经营》,《经济评论》1999年第3期;张文、尹继东:《中部地区农村人力资源开发的战略价值分析》,《求实》2006年第5期;黄小婧、张玲:《开发农村人力资源全面推进农村经济增长》,《湖北社会科学》2006年第6期;包宗顺:《农村劳动力转移:农业现代化的战略重点》,《江苏农村经济》2006年第3期;周韬:《提高农民素质是实现农业现代化的关键》,《甘肃农业》2005年第6期;郑文兵、仲笑林:《农业现代化进程中农村劳动力的有效转移》,《山西财经大学学报》2005年第5期等。

5. 农村劳动力成本与中国农村劳动力收益分析

其基本理论观点主要包括:(1)健康与卫生等方面的人力资本投资可以改善农村生活环境与条件,增强农民体质,减少医疗等费用开支,提高

农民耕作时数与效率从而增加收入；(2) 教育与培训方面的人力资本投资能增加人力资本积累，提高劳动者的科学文化素质与加快农业科技进步，提高农业劳动生产率，促进农民收入增长；(3) 人力资本投资有利于促进农业结构调整，为农民提供离土不离乡的就业途径，增加他们从第二产业或第三产业获得的非农收入；(4) 培训、务工与转移方面的农村人力资本投资有利于组织、鼓励或引导农民外出务工、向外地或城镇转移，通过增加农民外部收入或地区迁移、身份转型等措施，从根本上使农民摆脱贫穷；(5) 农村人力资本投资有利于农业与农村制度变迁，如通过组建各种农村经济合作组织和农会，提高农民的组织化程度，不断提高农民对政策的认知与参与能力，从政策角度维护农民的利益，实现农民增收；(6) 农村人力资本投资可以提高农村社会资源的适用性，使得资源配置更加有效，提升投资回报水平，促进农村经济发展，从而增加农民收入。并在此基础上提出了相应的对策建议。比较有代表性的文章主要有：黄丙志：《我国农村人力资本投资与农民收入增长》，《华东理工大学学报》（社会科学版）2005 年第 2 期；赵耀辉：《中国农村劳动力流动及教育在其中的作用》，《经济研究》1997 年第 2 期；张宁、陆文聪：《中国农村劳动力素质对农业效率影响的实证分析》，《农业技术经济》2006 年第 2 期；李勋来、李国平、李福柱：《农村人力资本陷阱：对中国农村的验证与分析》，《中国农村观察》2005 年第 5 期；叶茂林、郑晓齐：《教育对经济增长的计量分析》，《数量经济与技术经济研究》2003 年第 1 期；胡永远：《人力资本与经济增长：一个实证分析》，《经济科学》2003 年第 1 期；范红忠：《我国农村劳动力转移过程的成本分析》，《农村经济》2006 年第 3 期；张车伟：《营养、健康与效率——来自中国贫困农村的证据》，《经济研究》2003 年第 1 期；魏众：《健康对非农就业及其工资决定的影响》，《经济研究》2004 年第 2 期等。

6. 国内学术界研究的不足

(1) 目前，学术界对于农村劳动力素质与我国农村劳动力就业结构及其变迁、农村居民收入结构及其变迁、我国农业科学技术推广运用、我国农村经济及整个国民经济长期持续快速增长及我国农村城镇化的进程等问题研究论著众多，但是对于农村劳动力素质与我国农村社会经济发展关联性研究、综合性研究比较少。

(2) 从研究方法来看，从事定性研究的多，进行定量分析的少。

三 分析框架及研究方法

(一) 本书的分析框架

本书共由导论及七章构成。

导论。本章主要介绍研究的目的和意义，农村经济发展领域的理论综述以及分析的基本框架和分析方法。

第一章，中国农村劳动力素质的现状评价。要对中国农村劳动力素质与农村经济发展问题进行分析，就必须在梳理学术界对劳动力素质概念进行界定的基础上，对中国农村劳动力素质进行总体的把握。中国农村劳动力素质概况及比较，主要是通过对中国劳动力文化素质、技术素质、身体素质的城乡比较以及国际比较，从而对中国农村劳动力文化素质、技术素质、身体素质等总体状况进行客观的了解。概而言之，中国农村劳动力素质整体偏低。

第二章，农村劳动力素质与中国传统农业的改进。传统落后农业向现代高效农业转变是农村经济发展的大趋势，在这样一个转变过程中，多种生产要素发挥着重要的影响作用。本章从传统落后农业向现代高效农业转变入手，具体分析在传统农业改造过程中，资本、土地等要素作用相对减弱，而农村劳动力的素质影响作用加强，因此，必须加大教育投入的力度，全面提高农村劳动力的素质。本章主要通过定量分析和对比分析，具体分析提高农村劳动力的素质，对广泛利用知识进步和现代技术，从而提高现有农业经济的效率，促进中国从传统落后农业向现代高效农业转变的作用。这也是世界各国扶持贫困地区、改造传统农业生产的普遍经验之一。

第三章，中国农村劳动力素质与农村劳动力转移。农村劳动力的转移是一个自然的、历史的过程，是工业革命所带来的产业结构、社会结构大变革的必然结果。中国农村人口、劳动力比例远高于世界平均水平，农村劳动力转移是大势所趋，农村劳动力转移对中国农村经济发展带来巨大的经济效应。对于发展中国家而言，传统落后农业向现代高效农业转变，农村经济发展，基本条件是必须减少农民，调整和优化农村、农业产业结构，提高农业生产效率，实现农业产业化、现代化和农村城市化。

第四章，农村劳动力素质与中国农村产业结构调整和优化。产业结构调整、演变、升级的根本动力在于科学技术的进步和生产力的发展，不能脱离科技的发展水平和劳动力资源的数量结构和质量的状况。在产业结构的演变中，劳动力资源总是处于积极主动的地位。没有一定的劳动力素质作基础，仅仅依靠体制改革、产业政策倾斜、产权关系的调整难以达到产业结构调整的目的。通过历史的考察和定量分析发现：产业结构的高变换率会导致经济总量的高增长率，中国农村产业结构调整和优化也是如此。

第五章，农村劳动力素质与中国农业产业化、现代化和农村城镇化。农业产业化、现代化和农村城市化是中国农村经济和社会经济发展的必然趋势。本章正是围绕这一主题展开，主要分析中国农村劳动力素质状况对于中国农业产业化、现代化和农村城市化进程的影响，客观分析、梳理、测度它们之间的相关关系、作用方向和影响程度等。

第六章，农村劳动力素质养成条件与中国农村经济增长。农村劳动力素质对中国农村经济发展的影响，也体现在农村劳动力素质养成基本条件（普通教育、职业技术教育、营养、医疗卫生健康状况等）对中国农村经济增长的影响上。本章主要从中国农村劳动力接受普通教育、职业技术教育以及营养健康水平对中国农村经济增长影响进行计量分析，从中把握他们各自的相互关系和影响程度。

第七章，提高中国农村劳动力素质的路径选择。主要在把握中国农村劳动力接受普通教育、职业技术教育以及营养健康水平对中国农村经济增长影响程度的基础上，基于中国农村劳动力素质养成条件的特性，从中国农村劳动力普通教育、职业技术教育以及营养健康等基本纬度，探索通过提高中国农村劳动力素质促进中国农村经济发展的路径。

（二）本书的研究方法

研究中国农村劳动力素质与农村经济发展问题，从根本上说必须以马克思主义基本理论为指导原则，科学地运用唯物辩证法来观察和分析两者之间的关联性，并透过经济现象，准确把握农村劳动力素质对农村经济发展的影响方式、影响程度、作用方向等。

1. 唯物辩证法是方法论基础

方法论基础在经济理论研究中起着决定性的作用，因为它决定了研究经济问题的基本原则，也因此决定了研究的科学性。唯物辩证法是建立在唯物论基础上的辩证法，是揭示自然、人类社会和思维发展的一般规律的科学理论和方法，是研究和认识世界上任何事物的根本方法。它从现象到本质、从具体到抽象地研究经济问题，再由本质到现象、由抽象到具体地描述经济现象。只有这样，才能科学地揭示经济运动的规律性。因此，在研究中国农村劳动力素质与农村经济发展问题时，应该把唯物辩证法作为其方法论的基础，把它贯穿到研究的全过程中，以便透过复杂的经济现象，准确把握中国农村劳动力素质与农村经济发展两者之间关系的本质。

2. 理论研究与实践相结合的方法

理论和实践相统一是马克思主义认识论的基本原则。研究中国农村劳动力素质与农村经济发展关系问题应该强调和体现这一原则，力求将基本理论和政策理论较好地与中国农村劳动力素质和农村经济发展的现实状况相结合，在分析问题和提出政策建议过程中，以基本经济原理和政策理论为逻辑基础，探索通过提高中国农村劳动力素质促进中国农村经济发展的基本思路。

3. 定量与定性分析相结合的方法

中国农村劳动力素质与农村经济发展两者之间的关系，既有量的表现，又有质的规定性。因此，对于中国农村劳动力素质与农村经济发展两者之间关系研究既要分析它的量，又要分析它的质，把定量分析与定性分析结合起来。因为定性分析与定量分析是辩证统一的，两者相互补充、相辅相成。定性分析是定量分析的前提与基础，而定量分析只有建立在定性分析的基础上才能揭示出事物的本质和特征。通过定量和定性分析，结合中国农村劳动力素质的基本状况，从中国农村劳动力素质的具体分析场域、不同视觉，针对性地分析、梳理、测度农村劳动力素质与中国农村经济发展的相互关系、作用方向和影响程度等，为探索通过提高中国农村劳动力素质促进中国农村经济发展路径提供理论支撑。

第一章

中国农村劳动力素质的现状评价

劳动力素质主要指劳动者身体上的知识、能力和健康的总和。一般而言，劳动力素质主要通过体力因素和智力因素两方面来衡量。中国农村劳动力素质也主要指农村劳动力文化素质、技术素质、身体素质等方面。对中国农村劳动力素质的现状评价既要从农村劳动力素质养成基本要素——农村普通教育、职业技术教育、营养、医疗卫生健康状况等直接影响农村劳动者的知识、能力和健康状况等具体的因素入手进行分析，也要从中国农村劳动力素质整体进行把握、比较和评价。因此，本章主要从中国农村人口及劳动力结构、受教育程度、技术培训情况、卫生健康状况等几方面对中国农村劳动力素质进行基本分析、比较和评价。

第一节 中国农村劳动力智力素质现状

一 中国城乡人口和劳动力结构

（一）中国城乡人口结构

1. 中国农村人口的主体地位及其原因

中国自古以来就是一个传统的农业大国，农村人口一直是中国人口的主要组成部分，占据绝对的多数。这种格局在1949年中华人民共和国成立后不仅没有得到根本改变，反而在一些特定的时期有进一步加剧的趋势。出现这种情况原因是多方面的：（1）出于经济计划管理需要，中华人民共和国成立后不久，即开始实施城乡二元户籍制度，严格户籍管理制度使城市和乡村被分割成为两块在经济上缺乏联系的孤岛，市民和村民身份的变更（主要由村民变为市民）只能在政策允许的极小的缝隙才成为可能，城乡之间人口自由流动的主渠道基本上被人为的制度所阻隔。(2) 1949年中华人民共和国成立后，随着"三大改造"的完成，私营经济、个体经济基本被消灭殆尽，使得城市和乡村之间的千丝万缕的经济上的联系被斩断。(3) 人口政策失当。自古以来中国人就是把"多福"与"多子多孙"联系在一起的，"人多力量大"的号召及相应的政策取向，把中国人的这种传统观念推向极致，中国人口数量急剧膨胀，农村人口也很快由1952年的50319万人增加到1983年80734万人，最多达到1995年的85947万人[1]。使得中国农村长期存在的人多地少的矛盾进一步加剧，农业先进科学技术的推广和应用，特别是农业机械的推广和使用受到了较大的制约。

2. 20世纪80年代以来中国城乡人口结构的新变化

从表1—1可以看出，由于中国长期以来农耕经济的主体地位以及20世纪50年代以来开始实施的城乡分割的"二元户籍制度"，直到1980年中国农村人口比例仍然占总人口的80%以上。此后，随着中国经济体制改革的进一步深入，中国经济发展速度逐步加快，经济实力明显增强，经济结构不断优化，第一产业对劳动力的需求迅速减少，大量的农村劳动力开始游离农村，寻求更好的工作机会；与此同时，随着中国改革开放的深入，对中国农村人口流动的一些严格的制度性限制逐步放宽，加之随着经济快速发展，非农产业和部门迅速壮大，城市化步伐不断加快。因此，中国农村人口比重在20世纪80年代以后迅速下降。1978年农村人口比例仍然占总人口的82.08%，到2006年这一比例下降到56.10%，下降了26个百分点。中国农村人口数量和比例的迅速下降，不仅意味着中国经济的发展开始由传统农业经济为主体的经济形态向现代化经济的转变；同时，经济发展和科学技术水平的不断提高，也对农村劳动力的素质提出了更高的要求。

---

[1] 资料来源：《中国统计年鉴》各年，中国统计出版社。

表1—1　　　　　　　1978—2006年中国城乡人口结构

年份	人口数（万人）	城镇人口（万人）	比重（%）	乡村人口（万人）	比重（%）
1978	96259	17245	17.92	79014	82.08
1980	98705	19140	19.39	79565	80.61
1985	105851	25094	23.71	80757	76.29
1990	114333	30195	26.41	84138	73.59
1995	121121	35174	29.04	85947	70.96
2000	126743	45906	36.22	80837	63.78
2001	127627	48064	37.66	79563	62.34
2002	128453	50212	39.09	78241	60.91
2003	129227	52376	40.53	76851	59.47
2004	129988	54283	41.76	75705	58.24
2005	130756	56212	42.99	74544	57.01
2006	131448	57706	43.90	73742	56.10

资料来源：《中国统计年鉴》，中国统计出版社2007年版。

3. 与世界其他国家相比，中国农村人口比重依然偏大

与世界其他国家相比，中国人口的城乡分布仍向农村倾斜，城镇化水平甚至未达到发展中地区的一般水平，与发达地区的差异更是显著。2007年中国农村人口比重为55.1%，而2003年世界其他国家农村人口为51.7%，发达国家和地区仅为25.5%（见表1—2）。

表1—2　　　　　　　1950—2007年世界人口城镇化水平　　　　　单位：%

年份	中国	世界平均	发达地区
1950	11.2	29.1	52.5
1955	13.5	30.9	55.5
1960	19.8	32.9	58.6
1965	18.0	34.7	61.7
1970	17.4	36.0	64.7
1975	17.3	37.3	67.2
1980	19.4	39.2	69.2

续表

年份	中国	世界平均	发达地区
1985	23.7	41.1	70.5
1990	26.4	43.2	71.8
1995	29.0	45.1	73.0
2000	36.2	47.1	73.9
2007	44.9	48.3*	74.5*

资料来源：2000年以前中国数据来自相关年份《中国统计年鉴》；世界数据来自 Population Division of the Department of Economic and Social Affairs of the United Nations Secretariat, World Urbanization Prospects: The 2003 Revision。"*"为2003年世界数据。2007年中国数据来自《中国城市发展报告（2007）》，新华网：2008年4月1日。

（二）中国城乡劳动力结构

1. 中国农村劳动力结构有所下降

数量如此众多的农村人口，也意味着中国农村拥有极其丰富的劳动力资源。从表1—3：1978—2005年中国城乡劳动力结构可以看到，随着人口和劳动力数量绝对量的增加，中国农村劳动力数量仍然处于上升的态势，数量由1978年的30637.8万人，增加到2005年的50387.3万人，净增加19749.5万人；但是，农村劳动力比例相对减少，由1978年的76.35%下降到2005年的66.45%，下降了近十个百分点。说明随着中国经济发展，农村劳动力数量相对减少。但是，与最发达国家近2%的农业劳动力相比，比重明显偏高。

表1—3　　　　1978—2005年中国城乡劳动力结构

年份	劳动力总量（万人）	农村劳动力（万人）	农村劳动力比例（%）
1978	40152	30637.8	76.35
1980	42361	31835.9	75.15
1985	49873	37065.1	74.32
1989	55329	40938.8	73.99
1990	64749	42009.5	64.88
1995	68065	45041.8	66.17

续表

年份	劳动力总量（万人）	农村劳动力（万人）	农村劳动力比例（%）
2000	72085	47962.1	66.53
2001	73025	48228.9	66.04
2002	73740	48526.9	65.80
2003	74432	48971.0	65.79
2004	75200	49695.3	66.08
2005	75825	50387.3	66.45

资料来源：《中国统计年鉴》2007年数据计算所得，中国统计出版社。

2. 中国农村人口与农村劳动力结构不一致

随着中国经济的发展，农村劳动力虽然有所下降，然而，与同时期中国农村人口比例下降了25个百分点相比，农村劳动力比例下降幅度显然要小得多。这里主要有几方面的因素影响：（1）城乡劳动力统计标准上的差异，城市劳动力有明确的退休时间限制和规定，而农村劳动力基本没有；（2）城市劳动力平均有更长的在学校学习的时间；（3）在城乡户籍制度改革的过程中，对于符合入籍城市条件的农村老人和小孩相对有一定的政策优惠。

二 中国农村劳动力受教育程度

（一）中国农村劳动力接受普通教育状况

人口素质既是衡量一个国家教育发展状况的重要指标，也是衡量一个国家未来发展潜力的重要标尺。而衡量人口素质高低的一个重要指标就是人均受教育年限。

1. 中国劳动力受教育程度不断提高

中国教育持续协调健康发展。各级各类教育入学率进一步提高，国民受教育机会扩大，受教育水平进一步提高。目前中国国民人均受教育年限超过了8.50年，新增劳动力平均受教育年限提高到10年以上。全国总人口中有大学以上文化程度的已达7000多万人，从业人员中有高等教育学历的人数已位居世界前列，中国正在加速完成从人口大国向人力资源大国的转变。①

2006年，6岁及以上人口平均受教育年限达到8.50年，比1990年提高了2.24年，比2000年提高了0.88年（见表1—4）。劳动力人口的受教育水平也有所提高。16岁及以上人口平均受教育年限是反映劳动力人口受教育水平的常用指标之一。2006年人口变动抽样调查数据显示，全国16岁及以上人口平均受教育年限接近初中毕业水平。

表1—4　　　1990—2006年中国各种受教育程度人口占总人口比重

年份	大专以上（%）	高中（%）	初中（%）	小学（%）	人均受教育年限（年）
1990	1.42	8.04	23.34	37.17	6.26
1995	2.03	8.26	27.31	38.43	6.72
2000	3.61	11.15	33.96	35.70	7.62
2001	4.09	11.53	34.35	33.83	7.68
2002	4.41	11.66	35.25	32.74	7.73
2003	5.15	12.54	35.68	31.35	7.91
2004	5.42	12.59	36.93	30.44	8.01
2006	6.21	13.31	42.16	29.01	8.50

资料来源：根据人口普查、1%人口抽样调查和人口变动情况抽样调查资料计算。

与此同时，近年来，中国文盲人口数量不断减少，文盲率持续下降。2006年，中国人口粗文盲率（15岁及15岁以上不识字或识字很少的人口占总人口的比重）降低到9.31%，比1990年时的15.88%下降了6.57个百分点。自1990年以来的16年间，中国文盲率下降幅度达到41.37%（见表1—5）。劳动力人口的文盲率下降幅度更大。中国15—45岁青壮年文盲率由1990年的10.38%大幅度减少到2006年的3.12%，下降了7.26个百分点（见表1—5），下降幅度接近70%。说明近年来中国劳动力受教育程度普遍得到不断提高。

---

① 《教育部：我国国民人均受教育年限超过8.5年》，中华网2007年10月16日。

表 1—5　　　　　　　　1990—2006 年全国人口文盲率

年份	粗文盲率（％）	15—45 岁青壮年人口文盲率（％）
1990	15.88	10.38
1995	12.04	6.14
2001	10.99	4.09
2006	9.31	3.12

资料来源：根据人口普查、1％人口抽样调查和人口变动情况抽样调查资料计算。

2. 中国农村劳动力受教育程度仍相对处于较低水平

（1）中国劳动力受教育程度城乡差异明显

与世界各国一样，中国教育发展也存在不均衡性。中国广大的农村是教育发展的薄弱地区，城乡教育不论在规模上，还是在质量上都存在较大的差距。这就使得农村适龄人口的平均受教育年限远不如城市人口，城、乡之间在受教育程度方面的差异比较突出。

表 1—6 显示：2000 年全国城乡每十万人拥有的大专及以上教育程度人口数分别为 8899 和 492 人，所占比例分别为 8.899％和 0.492％，城市比农村高 8.4 个百分点；而全国城乡每十万人拥有的小学及以下教育程度人口数分别为 23488 和 42756 人，所占比例分别为 23.488％和 42.756％，城市比农村低 19.268 个百分点，差距相当明显。

表 1—6　　2000 年全国城乡每十万人拥有的各种受教育程度人口数　　单位：人

区域	大专及以上	高中和中专	初中	小学及以下
城镇	8899	21265	35233	23488
农村	492	5316	33266	42756

资料来源：数据来源于 2000 年第五次全国人口普查结果。

从人均受教育程度来看，2000 年中国 6 岁及以上人口平均受教育年限城镇为 7.3 年，乡村为 6.3 年，乡村比城镇低 1 年；到 2004 年，中国 6 岁及以上人口平均受教育年限城镇上升为 9.43 年，乡村提高为 7 年，乡村比城镇低 2.4 年。2000—2004 年中国 6 岁及以上人口平均受教育年限虽然都有所提高,但从两者提高幅度两相比较,也存在较大差异:城镇提高了2.13年,乡村为1年。从中国文盲人口的城乡分布对比上,乡村人口粗文盲率也明显地高于城镇。2004年,全国城镇人口粗文盲率为4.91%,乡村人口粗文盲率高达10.71%,后者比前者高一倍多。具备一定科学素养的农村居民仅占0.4%,比城市居民比例3.1%低近7倍。[①]

城乡教育发展水平差别较大,造成农村转移进城人员的整体素质和技能水平相对于城镇居民而言比较低,通常他们很难就地转入较高一级技能较强的工作及开拓新的就业空间,从而制约了他们自身的生存和发展能力以及生活水平的提高。

(2)与国外发达国家差距明显。与国外发达国家比较,中国农村劳动力文化程度差距更大。20世纪70年代,发达国家农民大学以上、高中学历所占比例:法国为7%、60%,日本为5.9%、74.8%,德国大学以上学历为7%。[②] 大专以上学历所占比例与中国农村劳动力2006年6.21%比例相当,高中学历所占比例则明显高于中国农村劳动力13.31%的水平(见表1—4)。

(二)中国农村劳动力接受职业技能受训状况

1. 中国农村劳动力职业技能受训程度偏低

美国人类学家沃尔夫认为:传统农民主要追求维持生计,他们是身份有别于市民的群体;传统农民是社会学意义上的身份农民,它强调的是一种等级秩序;传统农民是"世袭"的,具有强制性,不可选择性;传统农民是当地"土生土长"的,难以流动,具有封闭性;传统农民对于经营素质、科技知识、资金投入等方面的条件可有可无、可多可少,几乎没有什么约束。长期以来,中国农村劳动力基本扮演着传统的农民角色。

20世纪80年代以来,随着中国经济体制改革的进一步深入和社会主义市场经济体制的进一步完善,中国农村劳动力传统农民的角色有了较大

[①] 段成荣:《中国人口受教育状况分析》,《人口研究》2006年第1期。
[②] 邱秀丽:《发展农民职业技术教育提高农民科技文化素质》,《山东省农业管理干部学院学报》2006年第1期。

程度的改变，开始向新型的现代农民转化。但是，由于中国农村劳动力受教育程度和职业技能受训程度偏低，这一转化过程从总体上看仍然较为缓慢。据统计：目前中国农民平均受教育年限只有7.3年，全国92%的文盲半文盲在农村。在中国4.9亿农村劳动力中，高中以上文化程度仅占13%，初中文化程度占48%，小学文化程度占39%，其中文盲半文盲占7.6%。从职业技能来看，中国农民接受过短期技术培训的只占20%左右，接受过初级职业技术培训或教育的占3.4%，接受过中等职业技术教育的占0.13%，而没有接受过技术培训的竟高达76.4%。目前在发达国家，农村技术推广人员与农村人口比为1∶100，而中国为1∶1200，平均1万亩耕地不足1名农村技术人员。因此，中国农村劳动力的95%以上仍属于体力型和传统经验型农民。[①] 大量农民没有接受过基本的职业技术教育，缺乏科学素质和专业技能，不具备现代化生产对劳动者的初级技术要求。比较而言，接受过技术培训的劳动力比例要高得多。据统计：城镇新就业人员中，70%接受过培训。企业职工中技术工人的比重，初级工占60%，中级工占36%，高级工占4%。[②] 大量的农村劳动力由于素质不高，缺乏就业技能，难以向非农产业和城镇转移，难以获得更好的稳定就业和更高收入的机会。

2. 中国农村劳动力职业技能状况与中国社会经济发展的需要不相适应

（1）社会主义市场经济发展和新型的生产方式、经济增长方式的转变，中国农村劳动力对于自身职业技能提升要求迫切。一项名为"当代农村青年状况"的调查发现，农村青年对科技有潜在的渴求，他们在分析身边人致富的主要原因时，把"能力强、会经营、善管理"（43.3%）和"有文化、有技术"（42.9%）排在第一、第二位，66%的农村青年将"致富的愿望和目光"放在农业科技知识（44.0%）和实用技术（57.4%）上。[③]

（2）社会主义新农村建设对中国农村劳动力职业技能提升有了新要求。社会主义新农村建设需要大批"有文化、懂科技、会经营"的新型农

---

① 《95%农村劳力属体力型农民教育培训力度将加大》，人民网2006年11月6日。
② 培训就业新闻，www.lm.gov.cn/old/gb/content/2003-02/22/content_5748.htm。
③ 郗杰英：《我不再是你印象中的农民了》，《中国青年报》2002年1月29日。

民，而新型农民在经营素质、科技知识、劳动技能、管理经验、资金投入等方面或某一方面则必须具备良好的条件，具有很强的约束性。近年来，部分中国学者提出的"新农民"即指具备现代化素质的新农民。新农民要满足五个条件：应当是解决温饱的农民，完善9年义务教育的农民，掌握劳动技能的农民，有创业精神的农民，知荣知耻的农民。由传统农民向"有文化、懂科技、会经营"的新型农民的转变，必须通过大量科学文化、职业技术等方面的培训才能实现。

(3) 中国政府及相关职能部门长期以来的引导、扶持给中国农村劳动力职业技能提升提供了重要的保证。近年来，中国政府充分利用广播、电视、电信、互联网等远程教育方式，在对广大农民广泛开展农业实用技术推广服务和科技普及的基础上，大力开展了农业科技培训和农村劳动力转移就业培训，大力发展高、中等农业职业教育。1999—2005年，全国1200多个县实施"跨世纪青年农民科技培训工程"，培训农村青年骨干350万人。2005年，全国教育系统实施教育部农村劳动力转移培训计划和农村实用技术培训计划，共培训农村转移劳动力3270万人次，在全国农民实用技术培训毕（结）业的4793.18万人次中，教育部门和集体办的农民技术培训学校所承担的培训量达4687.05万人次，占培训总数的97.79%。[①]

第二节 中国农村劳动力身体素质的现状

身体素质是人口素质的自然条件和基础，是劳动力素质的重要组成部分。一般而言，身体素质是指人体在运动中所表现出来的速度、力量、耐力、灵敏及柔韧等方面的机能能力。从劳动力身体素质的角度来说，身体素质，是劳动者体格和精力的统称，是人的劳动能力的基础，直接反映了人体从事某项工作的能力，反映了身体承受负荷的状态。这不仅与人的生理特点有关，而且与锻炼程度、营养状况、卫生医疗保健状况也密切相关，特别是营养状况、卫生医疗保健状况对于中国农村劳动力身体素质有

---

① 《95%农村劳力属体力型农民教育培训力度将加大》，人民网2006年11月6日。

着极大的影响。因此，对于中国农村劳动力身体素质及其比较分析主要从以下几个方面展开。

一 中国农村劳动力的营养状况

影响中国农村劳动力营养状况的因素很多，直接影响因素主要包括收入状况、消费水平、消费结构等（注：以下分析主要以农村人口代替）。

（一）中国农村劳动力的收入和消费性支出偏低

1. 中国城乡居民人均收入和消费水平迅速提高

（1）中国城乡居民收入和消费性支出快速增长。1980—2006年中国城乡居民收入和消费性支出快速增长。从城乡居民收入来看，2006年全国城镇居民年人均可支配收入达到11759元，比1980年的477.6元增长2362.10%；农村居民人均纯收入3587元，比1980年的191.3元增长1775.06%。与此同时，城乡居民消费支出平稳增长，2006年城镇居民全年人均消费性支出约8697元，比1980年的468元增长了1578.33%；农村居民人均生活消费支出2829元，比1980年的173元增长了1535.26%。（2）中国城乡居民家庭恩格尔系数显著下降。从表1—8可以看到，中国城镇居民、农村居民家庭恩格尔系数分别由1978年的57.5%和67.7%下降到2005年的36.7%和45.5%，下降幅度分别为20.8%和22.1%。说明在此期间，中国城乡居民人均消费水平得到迅速提高和改善。（3）发展性和享受性消费、服务性支出比重提高。交通通信、文教娱乐、医疗保健等发展性和享受性消费的支出大幅度增加，所占比重稳步提高。随着汽车进入家庭，电脑和手机等电子产品的普及，交通和通讯成为消费新亮点。随着居民生活水平的提高，服务性消费的需求不断上升，居民消费支出逐步向服务性消费支出分流。2006年，城镇居民、农村居民人均服务性消费支出比2002年分别增长了47.9%和1.8%（见表1—7）。

2. 中国城乡居民人均收入水平和消费水平差距进一步拉大

从城乡居民人均收入来看：1980年城乡居民人均收入比例约为2.50∶1，到2006年这一比例高达3.28∶1，收入差距进一步扩大；从城乡居民人均消费水平来看：1980年城乡居民人均消费性支出比例约为2.70∶1，到2006年这一比例高达3.07∶1，农村居民人均消费性支出一直大幅度低于城市居民。从中国城乡居民家庭恩格尔系数比较来看，农村居民的消费水平也一直大幅度低于城市居民，差距也非常明显。2006年中国城乡居民家庭恩格尔系数分别为35.8%和43.0%，相差7.2个百分点；2006年中国农村居民家庭恩格尔系数大致相当于中国城镇家庭1999年的水平，相差约为7年（见表1—8）。

表1—7　　　1980—2006年中国城乡居民收入和消费性支出　　　单位：元

年份 类别	1980	1989	1997	2004	2005	2006
城镇居民人均可支配收入	477.6	1374	5160	9422	10493	11759
农村居民人均纯收入	191.3	602	2090	2936	3255	3587
城镇居民人均消费性支出	468	1211	4186	7182	7943	8697
农村居民人均生活消费支出	173	535	1617	2185	2555	2829

资料来源：《中国统计年鉴》2006、2007，中国统计出版社。

表1—8　　　　　　中国城乡居民家庭恩格尔系数　　　　　　单位：%

类别 年份	城镇居民家庭恩格尔系数	农村居民家庭恩格尔系数
1978	57.5	67.7
1980	56.9	61.8
1985	53.3	57.8
1990	54.2	58.8
1995	50.1	58.6
1999	42.1	52.6
2000	39.4	49.1
2001	38.2	47.7
2002	37.7	46.2
2003	37.1	45.6
2004	37.7	47.2
2005	36.7	45.5
2006	35.8	43.0

资料来源：《中国统计年鉴》2006、2007，中国统计出版社。

(二) 中国农村居民家庭食品消费结构有待进一步优化

1. 中国城乡居民家庭食品消费比例迅速下降

2006年在城镇和农村居民家庭生活中，反映食品支出占消费总比例的恩格尔系数分别下降至35.8%和43.0%，与1978年的57.5%和67.7%相比，分别下降了约21.7和24.6个百分点（见表1—8）。与此同时，城镇和农村居民用于旅游花费和文教娱乐支出比重增加，1997—2006年城镇和农村居民用于旅游花费分别从599.8元、145.7元增加到766元、222元；用于文教娱乐支出比重分别从1989年的11.1%和5.7%提高到13.8%和10.8%（见表1—9）。这表明随着社会经济的迅速发展，中国居民消费结构得到了显著改善。

表1—9　　　　　　　　中国城乡居民生活基本情况比较

类别 \ 年份	1989	1997	2004	2005	2006
城镇人均国内旅游花费（元）	—	599.8	731.8	737.1	766
农村人均国内旅游花费（元）	—	145.7	210.2	227.6	222
城镇居民家庭文教娱乐支出比重（%）	11.1	10.7	14.4	13.8	13.8
农村居民家庭文教娱乐支出比重（%）	5.7	9.2	11.3	11.6	10.8

资料来源：《中国统计年鉴》2006、2007，中国统计出版社。

2. 中国城乡居民家庭食品消费的质量提高、结构优化

2006年中国城乡居民家庭人均消费粮食分别为75.92千克和205.62千克，比1990年分别减少54.80千克和56.46千克，分别降低了72.18%和27.46%；2005年城乡居民家庭消费肉禽及制品分别为32.83千克和22.42千克，比1990年的25.16千克和12.60千克分别增加7.67千克和9.82千克，增加了30.48%和77.94%；2005年城乡居民家庭消费蛋及制品、奶及制品、水产品也比1990年分别增加43.45%、287.04%、63.20%和95.43%、276.31%、131.92%（见表1—10、表1—11）。

表1—10　　1990—2006年农村居民家庭平均每人主要食品消费量　　单位：千克

种类＼年份	1990	2000	2001	2002	2004	2005	2006
粮食（原粮）	262.08	250.23	238.62	236.50	218.26	208.85	205.62
蔬菜	134.0	106.74	109.30	110.55	106.61	102.28	100.53
食油	5.17	7.06	7.03	7.53	5.29	6.01	5.84
肉禽及制品	12.60	18.30	18.21	18.60	19.24	22.42	22.31
蛋及制品	2.41	4.77	4.72	4.66	4.59	4.71	5.00
奶及制品	0.76	1.06	1.20	1.19	1.98	2.86	3.15
水产品	2.13	3.92	4.12	4.36	4.49	4.94	5.01
食糖	1.50	1.28	1.43	1.64	1.11	1.13	1.09
酒	6.14	7.02	7.10	7.49	7.84	9.59	9.97
瓜果及制品	—	18.31	20.33	18.77	16.97	17.18	19.09
坚果及制品	—	0.74	0.82	0.78	0.73	0.81	0.89

资料来源：《中国统计年鉴》2006、2007，中国统计出版社。

表1—11　　中国城镇居民家庭平均每人全年购买主要商品数量　　单位：千克

种类＼年份	1990	1995	1999	2000	2005	2006
粮食	130.72	97.00	84.91	82.31	76.98	75.92
鲜菜	138.70	116.47	114.94	114.74	118.58	117.56
食用植物油	6.40	7.11	7.78	8.16	9.25	9.38
猪肉	18.46	17.24	16.91	16.73	20.15	20.00
牛羊肉	3.28	2.44	3.09	3.33	3.71	3.78
家禽	3.42	3.97	4.92	5.44	8.97	8.34
鲜蛋	7.25	9.74	10.92	11.21	10.40	10.41
水产品	7.69	9.20	10.34	11.74	12.55	12.95
鲜奶	4.63	4.62	7.88	9.94	17.92	18.32
水果（瓜果）	41.11	44.96	54.21	57.48	56.69	60.17
坚果及果仁类	3.21	3.04	3.26	3.30	2.97	3.03
酒	9.25	9.93	9.61	10.01	8.85	9.12

资料来源：《中国统计年鉴》2006、2007，中国统计出版社。

3. 中国农村居民家庭食品消费的质量、结构有待进一步改善

根据《中国居民膳食指南（2007）》要求，在中国居民平衡膳食宝塔中，谷类食物位居底层，每人每天应摄入 250—400 克；蔬菜和水果居第二层，每天应摄入 300—500 克和 200—400 克；鱼、禽、肉、蛋等动物性食物位于第三层，每天应摄入 125—225 克（鱼虾类 50—100 克，畜、禽肉 50—75 克，蛋类 25—50 克）；奶类和豆类食物合居第四层，每天应吃相当于鲜奶 300 克的奶类及奶制品和相当于 30—50 克的大豆及制品。第五层塔顶是烹调油和食盐，每天烹调油不超过 25 克或 30 克，食盐不超过 6 克。[①] 表 1—10 显示：从 1990—2005 年农村居民家庭平均每人主要食品消费量和结构来看，农村居民的粮食、蔬菜、食糖消费量有所下降，肉、蛋、奶、水产品等具有较高质量的消费数量增加。从膳食结构看，农村居民的膳食结构正在发生变化，食品消费的水平和质量有了较全面的改善。但是，与《中国居民膳食指南（2007）》对食品消费结构的要求还有较大的差距。

（三）中国农村劳动力的营养状况

1. 中国城乡居民膳食质量明显提高

中国城乡居民能量及蛋白质摄入得到基本满足，肉、禽、蛋等动物性食物消费量明显增加，优质蛋白比例上升。根据 1997 年《中国营养改善行动计划》要求，全国人均热能日供给量 2600 千卡，蛋白质 72 克，脂肪 72 克。20 世纪 90 年代以来，全国居民摄入能量比较稳定，摄入的蛋白质总量中动物性蛋白质所占的比重有了一定增长，膳食质量显著改善。通过 90 年代后期部分地区典型监测表明，居民人均每日摄入能量 2387 千卡，蛋白质 70.5 克，脂肪 54.7 克。2002 年中国城镇居民人均摄入能量 2137.5 千卡，蛋白质 69.1 克，脂肪 85.6 克；农村居民人均摄入能量 2297.9 千卡，蛋白质 64.9 克，脂肪 72.6 克，基本达到了营养素供给量标准。但是，与 2010 年农村居民食物与营养发展目标（人均每日摄入能量 2320 千卡，其中 84% 来自植物性食物，16% 来自动物性食物；蛋白质 75 克，其中 27% 来自动物性食物；脂肪 65 克，提供的能量占总能量的 24%。人均每年主要食物摄入量为：口粮 165 千克，豆类 13 千克，蔬菜

---

① 《中国居民膳食指南（2007）》，中国网 2008 年 1 月 15 日。

140千克，水果30千克，食用植物油10千克，食糖8千克，肉类26千克，蛋类13千克，奶类7千克，水产品13千克），仍有较大差距（见表1—12）。

表1—12　　　　中国城乡居民营养素摄入量（每标准人日）

种类	城市			农村		
	1982年	1992年	2002年	1982年	1992年	2002年
能量（kcal）	2450.0	2394.6	2137.5	2509.0	2294.0	2297.9
千卡（kL）	10250.8	10019	8943.2	10497.7	9598.1	9614.2
蛋白质（g）	66.8	75.1	69.1	66.6	64.3	64.9
脂肪（g）	68.3	77.7	85.6	39.6	48.3	72.6
膳食纤维（g）	6.8	11.6	11.2	8.7	14.1	12.4
视黄醇（ug）	103.9	277.0	226.5	32.7	94.2	124.6
视黄醇当量（ug）	147.3	605.5	552.8	107.8	409.0	450.3
硫胺素（mg）	2.1	1.1	1.0	2.6	1.2	1.0
核黄素（mg）	0.8	0.9	0.9	0.9	0.7	0.7
抗坏血酸（mg）	109.0	95.6	83.1	138.0	102.6	92.3
钙（mg）	563.0	457.9	493.3	750.0	378.2	371.8
铁（mg）	34.2	25.5	23.8	38.6	22.4	23.1
磷（mg）	1574.0	1077.4	975.1	1644.0	1047.6	982.1

资料来源：《三部门全国营养调查：中国居民营养与健康现状》，央视国际，中国网2004年10月12日。

2. 中国农村劳动力营养状况需进一步改善

从中国农村劳动力与世界各主要地区人均卡路里供应量比较来看，尽管中国城乡居民生活水平、营养健康状况明显改善，但仍然低于世界水平。据统计：1992年中国农村居民人均卡路里供应量2294.0千卡，低于1988—1990年发展中国家人均卡路里供应量2473千卡，远低于发达国家人均卡路里供应量3404千卡水平（见表1—13）。到2005年底，中国没有解决温饱的贫困人口还有2365万，2000多万尚未解决温饱的贫困人口营养明显缺乏，营养不良仍是贫困地区主要营养问题。与此同时，由于营养过度造成失衡，相关疾病患病率不断攀升，有些因营养过剩形成的慢性病城乡差别已不显著，并呈现出低龄化趋势。

表1—13　　　　　　世界各主要地区人均卡路里供应量　　　　单位：千卡

分类\年份	1961—1963	1969—1971	1979—1981	1988—1990
发展中国家	1940	2117	2324	2473
发达国家	3031	3216	3289	3404

资料来源：FAO, Production Yearbook Various Issues.

二　中国农村劳动力的卫生健康状况

(一) 中国城乡居民的卫生健康状况不断改善，但依然存在差距

1. 中国城乡的医疗卫生服务体系、医疗卫生机构条件不断改善

从表1—14和表1—15可以看出，从1978—2006年，中国卫生机构人员数和卫生机构床位数增长迅速。卫生机构人员数由1978年的310.6万

表1—14　　　　　　1978—2006年中国卫生机构人员数

类别\年份	总计（万人）	卫生技术人员（万人）	医生（万人）	护师、护士（万人）	每千人口医生数（人）
1978	310.6	246.4	103.3	40.7	1.08
1980	353.5	279.8	115.3	46.6	1.17
1985	431.3	341.1	141.3	63.7	1.36
1990	490.6	389.8	176.3	97.5	1.56
1995	537.3	425.7	191.8	112.6	1.62
2000	559.1	449.1	207.6	126.7	1.68
2001	558.4	450.8	210.0	128.7	1.69
2002	523.8	427.0	184.4	124.7	1.47
2003	527.5	430.6	186.8	126.6	1.48
2004	535.7	439.3	190.6	130.8	1.50
2005	542.7	446.0	193.8	135.0	1.52
2006	562.0	462.4	199.5	142.6	1.54

资料来源：《中国统计年鉴》2006、2007，中国统计出版社。

人增加到 2006 年的 562.0 万人，每千人口医生数也从 1978 年的 1.08 人增加到 2006 年的 1.54 人；同时，卫生机构床位数由 1978 年的 204.2 万张增加到 2006 年的 351.2 万张，每千人口医院、卫生院床位数也从 1978 年的 1.93 张增加到 2006 年的 2.53 张。到 2006 年底，中国拥有医疗、预防、保健、监督等各级各类医疗卫生机构近 30.90 万个，其中，医疗机构 29.8 万个，专业医疗技术人员 462.4 万人，病床数 351.2 万张，与改革初期的 1978 年相比，分别增长了 82.03%、87.66% 和 71.99%。中国医疗卫生机构条件不断改善也使得城乡居民的卫生健康状况得到更好的保障。但是，与发达国家每千人口医生数 3.8 人和每千人口医院床位数 3.6 张相比差距仍然较大。

表 1—15　　　　　　　中国卫生机构床位数

类别 年份	总计（万张）	医院、卫生院（万张）	疗养院（万张）	妇幼保健院（万张）	其他卫生机构（万张）	每千人口医院、卫生院床位数（张）
1978	204.2	184.7	5.1	1.2	13.2	1.93
1980	218.4	197.1	6.8	1.6	12.9	2.02
1985	248.7	222.9	10.6	3.5	11.7	2.14
1990	292.5	259.2	12.3	4.7	16.3	2.32
1995	314.1	279.6	11.6	5.1	17.7	2.39
2000	317.7	290.8	9.7	7.1	10.1	2.38
2001	320.1	290.2	9.5	7.4	13.6	2.39
2002	313.6	290.7	6.9	8.0	8.0	2.32
2003	316.4	295.5	4.8	8.1	8.0	2.34
2004	326.8	304.7	5.4	8.7	8.2	2.40
2005	336.8	313.5	5.2	9.4	8.7	2.45
2006	351.2	327.1	4.6	9.9	9.6	2.53

资料来源：《中国统计年鉴》2006、2007，中国统计出版社。

2. 中国人口的出生率和死亡率已与发达国家水平相近

根据国家统计局 2007 年《中国统计年鉴》,2006 年全年中国人口出生率为 12.09‰,略高于发达国家的 11.18‰ 的平均水平,与 1975 年相比下降了 10.9 个千分点;死亡率为 6.81‰,低于发达国家的 9.18‰ 的平均水平,与 1975 年相比下降了 0.5 个千分点。由于人口的粗死亡率受到人口年龄结构的影响,随着人口逐渐老化和高龄人口的增加,今后中国人口的死亡率水平可能会有所提升。数据显示,中国人口的出生率和死亡率已与发达国家水平相近,说明中国城乡居民的卫生健康状况正得到不断的改善(见表1—16、表1—17)。

表 1—16　　　　中国与其他部分国家人口出生率比较　　　　单位:‰

国家\年份	2004—2006	1990	1985	1980	1975
中国	12.1*	21.1	21.0	18.2	23.0
美国	14.1	16.7	15.7	16.2	14.0
澳大利亚	12.4	15.4	15.7	15.3	16.9
法国	12.3	13.5	13.9	14.8	14.1
挪威	11.9	14.3	12.3	12.5	14.1
荷兰	11.4	13.3	12.3	12.8	13.0
英国	10.9	13.9	13.3	13.5	12.5
葡萄牙	10.9	11.8	12.8	16.4	19.1
波兰	10.6	14.3	18.2	19.5	18.9
瑞士	9.8	12.5	11.6	11.3	12.3
日本	9.6	9.9	11.9	13.7	17.2
意大利	9.1	9.8	10.1	11.2	14.8

表 1—17　　　　中国与其他部分国家人口死亡率比较　　　　单位:‰

国家\年份	2004—2006	1990	1985	1980	1975
中国	6.8*	6.7	6.8	6.3	7.3
美国	8.3	8.6	8.7	8.9	8.9

续表

年份 国家	2004—2006	1990	1985	1980	1975
澳大利亚	7.4	7.0	7.5	7.4	7.9
法国	9.1	9.3	10.1	10.2	10.6
挪威	9.5	10.7	10.7	10.1	9.9
荷兰	8.7	8.6	8.5	8.1	8.3
英国	10.2	11.2	11.8	11.8	11.9
葡萄牙	10.4	10.4	9.6	9.9	10.4
波兰	10.0	10.2	10.3	9.8	8.7
瑞士	8.4	9.5	9.2	9.2	8.7
日本	8.8	6.7	6.2	6.2	6.4
意大利	10.2	9.4	9.5	9.7	9.9

资料来源：中国数据源于《中国统计年鉴》各年、《2004年统计公报》。"＊"为2006年数据，其他国家为2004年数据，来自美国普查局，International Database；其他年份数据来自U-nited Nations，Month11y Bulletin of Statistics，June，1997。

3. 中国农村劳动力的卫生健康费用支出大、比例高

从表1—18（1998—2005年中国卫生总费用）可以看到：在1998—2005年中国卫生总费用中，政府预算卫生支出始终在16.0%左右徘徊，而居民个人卫生支出始终都在52.2%以上，少数年份甚至达到60%。在OECD国家中，卫生总费用的绝大部分是由政府承担的。在其中三十个国家中，只有五个政府承担的份额小于70%。[1] 中国城乡居民个人的卫生健康费用支出大、比例高无疑会对其疾病产生不利影响，特别是对于大部分甚至全部医疗费用由自己承担的中国农村居民家庭而言，更是如此。一些农村居民由于得不到及时有效的治疗，小病拖成大病，直接影响到患者的健康甚至生命；部分农村患者家庭"因病返贫"，患者及其家庭成员的生活水平、健康水平都会面临严重的威胁。

---

[1] 王绍光：《中国公共卫生的危机与转机》，《比较》2003年第7期。

表 1—18　　　　　　　1998—2005 年中国卫生总费用　　　　单位：亿元

支出分类＼年份	1998	1999	2000	2001	2003	2004	2005
卫生总费用	3776.5	4178.6	4586.6	5025.9	6584.1	7590.3	8659.9
政府预算卫生支出	587.2	640.9	709.5	800.6	1116.9	1293.6	1552.5
社会卫生支出	1006.0	1064.6	1171.9	1211.4	1788.5	2225.4	2586.4
居民个人卫生支出	2183.3	2473.1	2705.2	3013.9	3678.7	4071.4	4521.0
卫生总费用构成（%）	100.0	100.0	100.0	100.0	100.0	100.0	100.0
政府预算卫生支出（%）	16.0	15.8	15.5	15.9	17.0	17.0	17.9
社会卫生支出（%）	29.1	28.3	25.5	24.1	27.2	29.3	29.9
居民个人卫生支出（%）	54.8	55.9	59	60.0	55.8	53.6	52.2

资料来源：《中国统计年鉴》2006、2007，中国统计出版社。

（二）中国城乡居民的卫生健康状况差距明显

1. 农村劳动力健康结果指标落后于全国平均水平

2000 年中国人均期望寿命为 71.4 岁，其中，农村居民为 69.55 岁，城镇居民为 75.21 岁，两者相差近 6 岁。从 1991 年到 2004 年，农村居民孕产妇死亡率已从 100/10 万下降至 63.0/10 万，减幅要高于城镇水平，但仍是后者的 2.4 倍；农村新生儿死亡率从 37.9‰ 下降到 17.3‰，而城市仅为 8.4‰；农村婴儿死亡率从 58.0‰ 下降为 24.6‰，仍高于全国平均水平；农村 5 岁以下儿童死亡率从 71.1‰ 降至 28.5‰，比城镇高出 16 个千分点之多。2003 年农村居民两周患病率和慢性病患病率为 139.5‰ 和 120.5‰，比 1998 年分别增长了 2 和 7 个千分点（见表 1—19）。

表 1—19　　　　　　　中国城乡居民主要健康指标

区域＼分类	人均期望寿命（岁）	孕产妇死亡率（1/10 万）	新生儿死亡率（‰）	婴儿死亡率（‰）	5 岁以下儿童死亡率（‰）	慢性病患病率（‰）
农村	69.55	63.0	17.3	24.6	28.5	120.5
城市	75.21	26.1	8.4	10.1	12.0	239.6
全国	71.4	48.3	15.4	21.5	25.0	151.1

资料来源：卫生部统计信息中心的《2003 年国家卫生服务调查》和《2005 年中国卫生事业发展情况统计公报》。慢性病患病率为 2003 年数据，其余均为 2004 年数据。

2. 农村劳动力卫生服务需求与利用率低、可及性差

表1—20显示：2003年国家卫生服务调查结果显示：农村居民两周就诊率为139.2‰，与1998年相比下降了15.4%。未就诊率达到了45.8%，其中，因经济困难未就诊比例为38.6%，比1998年上升了2.0%。农村居民年住院率为3.4%，与前两次调查结果比较基本没有变化，未住院率达到30.3%，经济困难因素所占比重从1998年的64.0%上升到75.4%，而城市却在下降。正是由于许多农民该看病不敢看、该住院不敢住，导致原本匮乏的农村卫生资源得不到充分利用，到2005年年末，乡镇卫生院诊疗人次从1985年的11亿人次下降为6.79亿人次，入院人数从1995年最高的1960万人次降至1622万人次，病床使用率从1985年的46.0%下降到37.7%。

表1—20 中国城乡居民卫生服务需求与利用、可及性

区域\类别	两周就诊率（‰）	未就诊率（%）	因经济困难未就诊率（%）	年住院率（%）	未住院率（%）	因经济困难未住院率（%）	每千人口病床数（张）	每千人口卫技人员数（人）
农村	139.2	45.8	38.6	3.4	30.3	75.4	1.42	1.00
城市	118.1	57.0	36.4	4.2	27.8	56.1	3.51	4.93
全国	133.8	48.9	—	3.6	29.6	—	2.40	3.46

资料来源：卫生部统计信息中心的《2003年国家卫生服务调查》和《2005年中国卫生事业发展情况统计公报》。每千人口病床数、每千人口卫技人员数为2004年数据，其余均为2003年数据。

根据第五次全国人口普查数据，中国城乡人口比例大约为36%和64%，而农村居民只拥有30%—40%的卫生资源。从医院床位来看，1982—2001年，我国农村医院病床由122.1万张下降为101.7万张，占全国床位总数比重从60.0%跌至34.2%，平均每千农业人口拥有约1.42张病床，而城市的平均数字为3.51张。每千农业人口拥有的乡村医生和卫生员从1975年的1.55降到2004年的1.00，不仅数量下降，且技术水

平不高,农村卫生院卫生技术人员中本科及以上学历者只占1.6%,有81.5%的人员只有中专及以下学历。

3. 农村劳动力疾病经济负担重,医疗保障水平低

第三次国家卫生服务调查发现,与1993年比较,城乡合计年人均门诊费用和住院费用在排除了物价因素后,平均每年以14.0%左右的速度上升,超过了国民经济和全国人均收入增长速度。面对相同价格的医疗费用,城乡居民的支付能力和筹资机制有显著差别。一方面,城市居民人均可支配收入远高于农村居民,农村居民个人卫生支出额及其占纯收入和生活消费支出比例均低于城市居民;另一方面,农村医疗保障制度覆盖水平落后于城市。2003年居民医疗保障方式调查显示,城市享有城镇职工基本医疗保险的人口比例为30.4%,公费医疗4.0%,劳保医疗4.6%,购买商业医疗保险占5.6%;在农村参加合作医疗的人口比例为9.5%,各种社会医疗保险占3.1%,购买商业医疗保险占8.3%,没有医疗保险占79.1%。有关调查资料显示,中国农民因病致贫、因病返贫的比例已高达40.0%—60.0%(见表1—21)。

表1—21　　　　中国城乡居民个人医疗保健支出和医疗保障

类别区域	个人支出(元)	占可支配收入(%)	占生活消费支出(%)	合作医疗(%)	基本医疗(%)	公费医疗(%)	劳保医疗(%)	纯商保(%)	自费(%)
农村	130.6	4.0	6.0	9.5	1.5	0.2	0.1	8.3	79.1
城市	528.2	5.6	7.4	6.6	30.4	4.0	4.6	5.6	44.8

资料来源:卫生部统计信息中心的《2005年中国卫生统计年鉴》。个人卫生支出、占可支配收入、占生活消费支出为2004年数据,其余均为2003年数据。

概而言之,与中国城镇劳动力素质和世界平均水平相比,中国农村劳动力无论是文化素质、技术素质,还是身体素质都处于相对比较低的水平,这无疑会对中国农村经济发展乃至整个宏观经济发展带来不利的影响。

第二章

农村劳动力素质与中国传统农业的改进

传统农业向现代农业转化是世界农业发展的大趋势，传统农业向现代农业转化的一个重要标志就是农业生产方式的改变和农业生产效率的大幅度提高。当前，在传统农业改造过程中，相对于资本、技术以及土地制度的改革起到的影响作用，加大实施对于农村人口素质的投资，如农村教育和农业技术研究投入的力度，全面提高农村劳动力的素质，广泛利用知识进步和现代技术，从而提高现有农业经济的效率，是最实际、最经济的方法。实际上，这也是世界各国扶持贫困农村地区、改造传统农业生产的普遍经验之一。

第一节 中国传统农业的特征及其增长的制约

一 中国传统农业的技术特征

（一）传统农业的含义

什么是传统农业？舒尔茨认为："完全以农民世代使用的各种生产要素为基础的农业。"[①]"传统农业应该被作为一种特殊类型的经济均衡状

[①] ［美］西奥多·W. 舒尔茨著，梁小民译：《改造传统农业》，商务印书馆1987年版，第4页。

态",其特征是:(1)技术状况长期保持不变;(2)持有和获得生产要素的偏好和动机保持不变,即人们没有增加传统使用的生产要素的动力;(3)由于上述原因,传统生产要素的供给、综合利用和需求处于长期均衡状态。① 美国农业发展经济学家史帝文斯和杰巴拉也指出:"传统农业可以定义为这样一种农业,在这种农业中,使用的技术是通过那些缺乏科学技术知识的农民对自然界的敏锐观察而发展起来的……建立在本地区农业的多年经验观察基础上的农业技术是一种农业艺术,它通过口授和示范从一代传到下一代。"② 由此可知,传统农业主要是以传统农业经验的传承为基本特征,技术水平相对不变。因此,传统农业对农业劳动力素质要求较低。

由于传统农业的生产技术进步极为缓慢,导致传统农业中农业生产率和农民的收入水平的低下,传统农业中农民的生产成果在扣除维持农民自身和家庭的基本生活资料之外所剩无几。因此,传统农业也经常被称为生存农业。

(二)中国传统农业的特征

自古以来,中国就是一个传统的农业大国,和西方发达国家农业相比,中国传统农业具有以下典型特征:

1. 农业生产工具和技术等传统生产要素较少变化

在农业发展史上,农业发展的每个阶段,同生产工具的材质和农耕动力都有极为密切的关系。一般认为,同原始农业相对应的生产工具是木、石、骨质工具,其农耕动力是人力;同传统农业相对应的生产工具是铁质工具,其农耕动力是畜力;而同现代农业相对应的生产工具是优质的钢铁工具,其农耕动力是拖拉机和机引农具。中国传统农业在其存在和发展的每一阶段,作为其生产要素重要构成部分的生产工具和农耕动力不能说没有变化和改进,但主要是表现在量上而非质上,到后期甚至量上的改进也停滞了。也就是说,同西欧相比,中国传统农耕工具和动力的演进不仅持

---

① [美]西奥多·W. 舒尔茨著,梁小民译:《改造传统农业》,商务印书馆1987年版,第24页。
② [美]史帝文斯、杰巴拉:《农业发展原理》(英文版),1988年版,第60页。

续时间长,更重要的是表现在后期不但没有突破,反而停下了演进的脚步。从秦汉时期到明清时期农具基本上没有新创造,甚至有些大型高效农具也罕见了,有些地方甚至从牛耕退回人耕。

农业劳动力的素质和技能也较少变化。尽管从秦汉以来劳动力的总量呈现明显的不断增长的趋势,同一时期教育、文化也在缓慢发展,但是相对于大众的需求来说,教育资源始终是极为稀缺的资源,能够接受系统文化教育者在社会总人口中是极少数,对提高劳动生产率至关重要的劳动者技能主要是靠个体的经验传授,而不是规范化的系统的集体培养。因此,直到近代中国农业劳动者基本是在前辈的经验范围内使用传统工具从事生产经营活动。

2. 地权配置在权力干预下循环进行,农业经营效率长期停滞甚至倒退

从形式上看,中国封建社会土地产权配置主要是在以下主体之间频繁地循环流转:地主、官僚、自耕农。而且,地权频繁流动在很多情况下是伴随着权力的分配和集中进行的,所以地权配置比例是一个周而复始不断循环的过程。与地权配置结构相联系,以一家一户为单位的耕作制度长期稳定。这样一种情况使得财富不能长期有效积累,对财富的占有无法成为社会进步的推动力。因此,尽管在特定条件下,生产效率曾经达到很高的水平,但是其可挖掘的潜力毕竟有限。例如,粮食亩产从唐中期至鸦片战争前期(742—1839)共 1097 年,年均增长只有 0.073%。[①] 至于劳动生产率,除了唐宋时期有较快发展外,宋明时期几近停滞,到鸦片战争前期甚至大大下降了。在传统技术条件下,尽管对土地的开垦和利用已达到天然许可的极限,但是仍解决不了问题,人均占有粮食总体上趋于减少。随着人口的增加,供给显得日益紧张,明清以降,甚至出现生存危机。

3. 耕织牢固结合,手工业的发展始终受到严重制约

中国不同于西欧,种植农业在农业经济中始终占据核心地位,畜牧业则居于补充和从属的地位,农民通过精耕细作和以耕织结合为主要内容的

---

① 孔庆峰:《中国传统农业经济结构长期延续的原因探析》,《山东社会科学》2004 年第 7 期。

多种经营，维持简单再生产，这种情况从秦汉以来直到近代没有太大的变化。由于这种传统农业经济结构相当完善和稳定，本身既不易被突破，又难以实现像西欧那样的体制外的经济发展。同时，手工业的发展始终受到严重制约。在中国传统农业社会，手工业主要的生产环节基本上没有与农业分开，而是与种植农业一起构成小农家庭经济密不可分的一部分，其组织形式始终是经验相传的手工作坊，无法形成独立的手工业部门，因而也无法成为制度演进的推进力量。因此，中国传统农业经济尽管曾取得了辉煌的成就，但是到16世纪晚期达到它的鼎盛期后基本处于衰落之中。此后虽然在某些经济指标上例如耕地面积和亩产量还有所增加，劳动生产率和人均福利却停滞甚至降低了。

显然，中国传统农业也主要是以世代相传的生物和自然生产要素为基础，以自给自足生产为目的，以封建租佃和小农生产为经营方式的相对静态的农业经济形式。其外在表现是生产工具简陋，劳动者知识贫乏，生产技术原始，劳动力投入巨大，生产方式封闭僵化，经济发展缺乏外部刺激。农民世代使用的传统农业经济所包含的各种类型的农业要素，投资的收益率很低，农民倾向于并在事实上已耗尽了他们所能支配的包括自身在内的一切生产要素的有利性。在传统的农业生产模式下，生产技术变化很少，品种、耕作及肥料的使用已经相对比较熟悉，传统的小农农业根据长期的生产经验，已经把其中所能支配的生产要素作了最佳配置，不能再像过去那样依靠增加传统要素或是提高传统要素的配置提高农业生产的效率了，而且增加传统要素的边际效用也十分低下。如果不具备农业技术更新所需要的科学试验组织、科学方法和技术知识等资源，传统农业已经明显缺乏促进生产增长的潜力，扩大再生产难以发展，生产力水平长期停滞不前。继续依靠传统的农业增产方法、手段和知识资源，已经不能带动日渐羸弱的传统农业向前发展。

二 中国传统农业增长的源泉及其制约

如前所述，虽然传统农业生产技术的停滞制约了中国传统农业的发展，但是中国传统农业生产也并非完全停滞不前，而是处于缓慢增长的态势。特别是在16世纪晚期以前的中国传统农业经济成就了举世闻名的中国传统农业文明。

人口增长和土地扩张对中国传统农业增长的作用及其制约

从历史上看，中国传统农业社会经济增长的源泉也主要是由于传统生产要素的增加，即人口的增长和土地的扩张。

表 2—1　　　　　中国传统农业要素报酬率水平及变化表

分类 时期	人口（万人）	耕地（百万市亩）	人均耕地（市亩/人）	土地生产率（市斤/市亩）	劳动生产率（市斤/劳力）
唐朝	6230	424	6.8	145	2465
宋朝	8979	729.7	8.02	161	3220
元朝	—	—	—	174	—
明朝	13000	698.6	5.37	254	3412
清朝	41280	1147	2.8	323	2261

资料来源：孔庆峰：《简论中唐以来传统农业的要素生产率》，《文史哲》2002年第6期。

就土地生产率来讲，从唐中期到鸦片战争前夕（742—1839）共1097年，从145市斤增至323市斤，年均增长0.073%。其中从唐中期至明中后期（742—1578，约836年），呈梯次递增，增幅较小，只有0.0677%，扣去重大灾害和王朝更替时期的战乱与恢复年份约1/3的时间，用560年的正常年景计算，年均增长为0.10%。这说明，一方面传统农业经济一直在发展着，另一方面这发展又是极缓慢的。依据前面的数据，唐、宋、明、清各代粮食产出总量分别为615亿市斤、1175亿市斤、1774亿市斤、3705亿市斤。以唐代为基准，宋代增长了91%，明代增长了188%，而清代则增长了502%。但是绝对量的增加说明不了太多的问题，还要看增长的原因和人均量的变化情况。如果说清代以前粮食总量增加的主要原因是新垦地的增加，清代更多的则是靠劳动力的投入。据吴承明估算清代劳动力的单位面积产量较前代有了很大提高，粮食总量也有了大幅度增加，但是人均水平却明显下降了。表面上看人口增长的贡献率达80%，新垦地的贡献率则只有20%，而清代以前的这一组数字正好是颠倒过来的。

而且，唐、宋、明、清各代人均占有粮食分别为 980 市斤、1308 市斤、1364 市斤、897 市斤。仍以唐代为基准，宋代增长了 33.5%，明代增长了 39.2%，清代则下降了 8.5%。①

这说明依靠传统生产要素的增加，即通过人口的增长和土地的扩张促进传统农业经济发展的模式日益受到制约。具体表现在以下几方面：

1. 中国土地开发潜力日趋缩小

从中国历史发展上看，随着人口的扩张，对土地的需求量不断扩大，经过数千年的开垦和拓殖，一些容易开垦、产出较高的比较肥沃的土地基本被开垦殆尽，剩下来的土地要么土壤贫瘠、不适合耕种，要么难于开发、开发成本较高。即便如此，这种待开发的土地也非常有限。有学者根据 20 世纪 60—70 年代国外部分学者估计的结果进行概算和比较，世界上大约有 32 亿公顷土地可以被用于种植作物，约占世界陆地面积的四分之一，其中 14 亿公顷已投入耕作，18 亿公顷还有待开发，后者为前者的 130%。发展中国家作为一个整体，可耕地潜力为 20.38 亿公顷，其中 7.53 亿公顷已被利用，占可耕地潜力的 37%；12.85 亿公顷未被利用，占可耕地潜力的 63%。

从地域上来看，各地区可耕地开发的潜力极不平衡。南美洲拥有可耕地面积 6.79 亿公顷，但土地利用面积只有 0.77 亿公顷，还有 6.02 亿公顷土地未被开发，占总量的 88.7%。非洲土地利用情况基本类似，已耕地面积（1.58 亿公顷）约占可耕地面积（7.32 亿公顷）的 22%。比较而言，亚洲的可耕地潜力令人担忧，已开发的耕地面积为 5.18 亿公顷，约占估计可耕地总面积 6.27 亿公顷的 82.6%，未开发的可利用耕地仅为 17.4%。②

中国耕地面积统计数字出入较大。按照国家统计局公布的数字，1992 年中国耕地面积为 9542 万公顷，而后来推算出来的数据则为 1.27 亿公顷。统计显示，中国目前有待开发的可耕地面积 1300 万公顷。如根据前面公布的数据，待开发耕地占现有耕地面积总量分别为 13.6% 和 10%。可见，再依靠传统生产要素——耕地面积的扩张来促进中国传统农业经济

---

① 许涤新、吴承明：《中国资本主义的萌芽》，人民出版社 1985 年版，第 190 页。
② 郭熙保：《农业发展论》，武汉大学出版社 1995 年版，第 138—139 页。

增长，可能性很小。1980—1989 年，耕地面积的增加对世界谷物产量增长的贡献下降到仅为 2.4%。① 1952—1992 年，中国粮食播种面积减少了 11%。②

2. 在中国传统农业社会，人口增长带来的压力比带来的促进作用更大

中国传统农业要素报酬率水平及变化表显示：从唐朝到清朝，尽管土地生产率有较大程度的提高，从 145 市斤/市亩增加到 323 市斤/市亩（粮食），但由于人口的大量增加，从 6230 万人增加到 41280 万人，其劳动生产率反而从 2465 市斤/劳力下降到 2261 市斤/劳力（粮食）。显然，在生产技术和生产条件没有得到极大改观的情况下，人口的大量增加意味着人均占有粮食的减少。依据前面的数据：唐、宋、明、清各代粮食产出总量分别为 615 亿市斤、1175 亿市斤、1774 亿市斤、3705 亿市斤。以唐代为基准，宋代增长了 91%，明代增长了 188%，而清代则增长了 502%。但是从人均粮食占有量的变化情况：唐、宋、明、清各代人均占有粮食分别为 980 市斤、1308 市斤、1364 市斤、897 市斤。仍以唐代为基准，宋增长了 33.5%，明增长了 39.2%，清则下降了 8.5%（见表 2—1）。和前面各代相比，尽管清代的单位面积产量较前代有了很大提高，粮食总量也有了大幅度增加，但是人均却明显下降了。显而易见，在传统农业社会，由于农业生产技术的停滞和土地开发潜力日趋缩小，人口的大量增加、更多劳动力的投入虽然使农作物单位面积产量较以前有了很大提高，但是这种主要依靠更多劳动力的投入来增加土地收获量的生产方式又更加依赖于劳动人手的增加，从而进一步刺激生育率，形成恶性循环，即所谓"马尔萨斯陷阱"。截至 2006 年底，中国人口总量已经超过了 13 亿，人口压力巨大。因此，中国农村经济发展更加不可能单纯依靠人口增长来实现。

三　农地制度改革和农业技术进步的作用及其约束

显然，主要依靠传统生产要素的增加——人口的增长和土地的扩张已

---

① 《1989 年生产年鉴》（英文版），1990 年版。
② 郭熙保：《农业发展论》，武汉大学出版社 1995 年版，第 145 页。

经无法实现中国传统农业社会经济的增长。因此，许多学者开始从传统农业社会的文化特征、制度结构、地理环境和生产要素的技术特征等角度探索造成传统农业停滞的原因，并对此提出了一些相应的对策。虽然不同学者各自的看法和意见相差颇大，但归结起来，有两点是大家几乎可以达成共识，即土地制度的改革和技术水平的提高。据此，一些学者寄希望从土地制度和技术的角度解决传统农业的问题，通过促进农业的发展以提高农民的收入水平。[①] 但是，从历史上来看，这种作用并不明显。

1. 中国农地制度改革的作用及其约束

从历史上看，土地制度主要包括大规模的现代化农业或畜牧业、种植园农业、大庄园、家庭农场或独立自耕农、租佃、分成制、在外地主、公社制农业和集体农业等形式。[②] 这些土地制度虽然有些是经济本身自然演化的结果，但更多的是与超经济力量的干预有关。不同的土地制度对农业产出具有重要的影响。

在中国，这种农地制度的改革同样引起不同的结果，起到了不同的作用。中华人民共和国建立后，主要进行过两次较大规模的农地制度改革：(1) 在20世纪50年代中后期，通过农地制度的改革，彻底改变了在中国延续了几千年的土地私有制，逐步建立起了"队为基础，三级所有"的农村土地集体所有制经济的模式，变土地私有制为土地公有制；(2) 在20世纪70年代末、80年代初开始的建立在农村集体土地所有制基础上的中国"农村家庭联产承包责任制"。这两次农地制度的改革虽然目标一致，都是希望通过土地制度的改革，促进农业生产、发展农村经济、增加农民收入，但是其结果却大相径庭：前者严重制约了中国农村各生产要素潜力的发挥，制约了中国农村社会经济的发展；后者则在较大程度上激发了中国农村各生产要素的潜力，特别是使中国农民的生产积极性、主动性得到了充分的发挥，中国农业生产、农村经济和中国农民收入都得到了较大程度的发展和提高。

但是，随着中国经济体制改革的深入，目前中国"农村家庭联产承包责任制"的激励功能日渐消退，其自身的缺陷也日渐显露，要求进一步深

---

① 汤光平、何樟勇：《传统农业制度与人力资本形成》，《天府新论》2003年第1期。
② 吉利斯、波金斯等：《发展经济学》（中文版），中国人民大学出版社1998年版，第414页。

化中国农村土地制度改革的呼声日渐高涨。据此，少数学者倾向于把原有的双重或三重所有制改为单一的土地私有制。少数学者认为，实行土地的私有化是解决农业产出和提高农民收入的有效办法。事实上，从前面的介绍和分析我们可以了解到，中国农地制度的改革确实起到了一定的促进作用，但是这种土地制度改革同样面临较大的约束：

（1）这种私有化的中国农地制度的改革无法从根本上改变中国从历史上形成的人多地少的格局。中国是一个传统的农业社会，由于历史、文化和社会等多方面因素的影响，中国农民数量一直居高不下，人多地少的矛盾十分突出，这也成为中国农业和农村经济发展的基本制约因素。私有化的中国农地制度的改革根本无法改变这一现状。

（2）这种私有化的中国农地制度的改革极有可能再现在中国传统的封建土地所有制土地分配格局下，少地或失地的广大农民失去最基本的生活保障和人格尊严的局面。目前，中国农村土地的基本生活保障功能从总体上来看日渐消减，但在农村仍然存在大量主要依靠土地生存的农民，特别是其中中低收入的"弱势群体"，他们对土地的依赖程度更高、保护能力更弱。私有化的中国农地制度的改革，极有可能使这部分"弱势群体"的权益遭受破坏，而这显然与中国社会主义制度是不相容的。

（3）这种私有化的中国农地制度的改革并不能保证实现很高的规模利益。支持土地私有化的最强有力的依据是土地经营的规模化。在广大的平原地区，农民对分散化小块土地的经营缺乏规模效应。土地私有化后，由于平原地区的土地存在潜在的规模利益，故在利益的驱动下，通过兼并的方式有可能获取这种潜在利益，并实现帕累托改进。但是，这种私有化以后的兼并，必须满足下列条件才能实现：当农民放弃土地的所有权后他必须有机会获得可供替代的就业机会，并且，在新的就业岗位上所获得的收益流的贴现值，大于原农业的收益流的贴现值。当农民放弃土地后，如果无法获得一种新的就业岗位，这种兼并的实现需要一个很高的规模利益作为保证，即这种利润至少要等于农民农业技能的转化所获得的收益加上土地要素所获得的利得。就目前中国经济发展的基本情况来看，尚不能完全具备以上条件。而且，即便具备以上条件，当前中国农村土地经营权的流转同样可以满足通过兼并的方式获取潜在的规模效益、实现帕累托改进的要求。事实上，我们知道，土地的私有化只不过是更好地界定了土地的产权,促使农民更有效地处置自己的土地,至于土地对产出的贡献率对人均收入的影响,却并不会有太大的变化。

综上所述,目前中国农地制度进一步深化改革固然会在一定程度上激励和促进农业生产、农村经济的发展、提高中国农民的收入水平,但其作用将会是十分有限的。

2. 农业技术进步的作用及其约束

许多学者认为,传统农业之所以长期处于一种低水平的均衡状态,是因为缺乏一项新的技术或一种新的要素打破这种低水平的均衡,故引入一项新技术以调整传统农业经济的投入结构,是促使农业产量增加和使其从封闭状态走向开放结构的首要因素。但是,嵌入一项新的技术或生产要素,对于传统农业经济状况并非是一件容易的事。正如舒尔茨所言:"传统农业的概念就意味着,对所有生产活动都有长期形成的定规。引入一种新生产要素将意味着,不仅要打破过去的常规,而且要解决一个问题,因为新要素的生产可能性要取决于还不知道的风险和不确定性。"[1]

对于传统农业经济对新技术所具有的"内在抵抗力",加塔克和英格森特对此作了更详细的归纳。他们将其归结为六点因素,即:(1)缺乏适宜的替代技术;(2)农民对技术缺乏知识和了解;(3)承担风险的能力很低;(4)投资资金缺乏;(5)现代投入品供给不足;(6)传统制度的障碍。[2] 由此可见,对于落后的传统农业而言,引入一项新的生产技术已非易事。但让问题更进一步,事情远非就此结束。我们知道,即使在传统农业中成功地引进了一项技术,并使产出得到增加,仅仅是解决了农民的产量问题。使农民的经济福利、生活水平得到提高的,主要不是农业产量的最大化,而应是收入的最大化。我们知道,农产品需求的收入弹性和价格弹性都很小,如果仅仅是农业产量的增长,往往会导致"谷贱伤农"的现象,农民的收入往往不会随着农业产量的增长而增加。据此,仅靠农业本身来提高农民的收入,结果很难收到预期的效果。提倡在传统农业经济中引进一种技术,以此来发展农业,恐怕如迈耶所说的是一种"城市偏向

---

[1] [美]西奥多·W. 舒尔茨著,梁小民译:《改造传统农业》,商务印书馆1987年版,第26页。

[2] 谭崇台:《发展经济学》,山西经济出版社2000年版,第199—200页。

(urbanbias)",把"资源配置给农业部门主要不是为了提高（农民的）经济福利，而是由于它使用这些资源来支持城市工业增长。农村部门的发展得到拥护，但不是为了在那里生活和工作的人民"。[①] 由此可见，仅靠农业技术进步，依然无法解决中国农业和农村经济发展过程中的一些基本问题——农业生产发展、农村安定有序、农民收入增加、生活富裕。

因此，舒尔茨（1964）在其名著《改造传统农业》的开篇和结尾写下了几乎相同的话：一个像其祖辈那样耕作的人，无论土地多么肥沃或他如何辛勤劳动，也无法生产出大量食物；一个受传统农业束缚的人无论土地多么肥沃，也不能生产出许多食物。节约与勤劳工作并不足以克服这种类型农业的落后性。在面对传统农业的困境时，怎样打破这种"内卷化"，（格尔兹，1963）即一种生态稳定性、内向性、人口快速增长、高密度的耕作过程是实现从传统农业到现代农业转变的关键之所在。

第二节　农村劳动力素质与中国传统农业的改进

　　如何才能实现从传统农业到现代农业的转变呢？舒尔茨认为，传统农业的转变过程路径主要有两条：（1）对生产要素的全面技术化。实质就是建立在农业技术全面进步上的生产力的飞跃。新生产要素的引入和投入量的增加，可以发挥要素技术化的外部效益，可以提高各种要素的生产效率，推动农村生产力的快速发展。只有这种全面的技术进步才能打破传统因素的束缚，实现传统农业的转变。这样传统农业就无法摆脱外来因素的刺激，从而促使劳动生产率的提高和生产方式的全面转变。舒尔茨认为，化肥、新品种及先进生产技术等要素在大多数发展中国家是有效供给的，因采用新要素或增加投入所引起的产出增加将产生广泛的示范效应，从而使传统农业的生产方式被现代农业生产方式所取代。（2）全面提高农民素质。舒尔茨重视生产要素技术化的目的，是为了突出人力投资在农村经济启动中的重要作用。他指出，用现代科学技术和现代劳动技能武装起来的

---

① 谭崇台：《发展经济学》，山西经济出版社2000年版，第198页。

农民才是改造传统农业、启动农村经济的根本力量源泉。人力资源，是生产要素中最活跃、最具主导性和最可技术化的因素，任何先进的科学技术，只有被广大农民所接受和掌握，才能有效地转变为农业生产力。所以，不断加强对农民的技术培训和文化科技教育，全面提高农民的素质，充分发挥农民在改造传统农业中的积极作用。

事实上也是如此，传统落后农业向现代高效农业转化的一个重要标志就是农业生产方式的改变和农业生产效率的大幅度提高。在传统农业改造过程中，加大一些特殊的要素投入，特别是加大实施提高农村人口素质的投资，全面提高农村劳动力的素质，不断增加对农业生产技术和农业投入水平，以创造新的农业投入；广泛利用知识进步和现代技术，从而提高现有农业经济的效率，是最实际、最经济的方法。这也是世界各国扶持贫困地区、改造传统农业生产的普遍经验之一。

一 中国农村劳动力素质与农业科学技术的推广和应用

农业技术（technology），是指一系列工具、手段、方法、工艺、程序等的总称，它不仅作用于生产过程，同时也涉及生产的组织和管理过程；既作用于物，同时亦作用于人，而根本的则在于对人的能力的提升，提高其在变化的、复杂环境中的适应性和能动性。因此，农业技术不仅要作用于自然，降低农业生产中的自然风险，更重要的是要作用于人与人所关联的社会，以减少农业生产的社会风险，并在同市场的关联中，控制市场风险。

现代农业（大农业）的基础是现代工业、现代科技和现代管理，即以现代工业装备农业，以现代科技武装农业，以现代管理理论和方法管理农业。现代农业的基本特征是科学化、商品化和集约化；根本目的是提高土地生产率、资源产出率、劳动生产率和产品商品率，满足社会进步、经济发展和人民生活提高的需要。19世纪末20世纪初，随着西方国家工业化的发展，传统农业开始向现代农业转变。第二次世界大战后，现代农业迅速发展，占世界耕地总面积的46%，世界总人口24%的工业化国家先后实现了由传统农业向现代农业的历史性转变。而推动农业这一历史性转变的主要因素是农业科学技术（农业机械技术、农业生物技术）的推广和应用。

在中国，农业科学技术的推广和应用同样与农村劳动力素质的高低有着密切的关系。

（一）中国农业科技发展阶段

20世纪以来，中国农业科技发展主要经历了三个主要的阶段：

1. 20世纪前半期的传统技术发展阶段。这一阶段的主要技术特征是土地及劳动生产率均十分低下，农业部门的资本有机构成极低，农业的产出主要受自然条件所制约，农业社会的特征十分突出，食品安全得不到保证。

2. 传统技术改造与过渡的阶段。这一阶段的主要特点是对传统农业技术进行改造的开始。这一改造主要表现在以改土、改肥、改良品种为主的对传统技术的改良。这一阶段的技术特点是劳动密集型的技术投入使得土地生产率得到改善与提高，农业部门的资本有机构成有明显的提高，国民的食品安全有明显改善。但农业仍主要受自然环境的制约，仍呈现典型的传统特征。

3. 传统技术与现代技术共存的"二元技术"发展阶段。这一阶段的主要特点是由于人口长期滞留在农业部门，技术变革趋向于土地生产率的提高。因此以现代良种、化肥及灌溉等土地替代型技术的进步成了这个阶段技术发展的主要方向。这一阶段土地生产率显著提高，农业资本的有机构成提高，农业产出虽受自然条件影响，但已摆脱了其根本的制约。但这个阶段中劳动生产率并未随着土地生产率的提高而同步改善。农业科技进步的主要贡献是通过土地生产率的极大提高而初步解决了中国人的吃饭问题。其技术需求模式主要是劳动密集与资本替代型。然而由于启动的技术创新的激励严重异化，使得农业资源的配置无法有效地成为技术创新的动力，从而造成劳动与资本替代型技术出现长期的供给不足从而形成了科技落后于农村经济发展的局面。

（二）高技术对农业技术的改造

舒尔茨认为，传统农业投资不足，根源不在于储蓄少或缺少企业家，而在于投资收益率太低，刺激不了人们投资的积极性。"为有源头活水来"，舒尔茨指出，改造传统农业的根本出路，在于引进新的生产要素，以提高投资收益率，给沉寂的传统农业，注入"活水"。高技术对传统农业的改造最明显的表现便是高技术对农业技术的改造，主要表现在以下几个方面：

1. 农业机械化技术

用高新技术改造传统农业机械技术，从世界范围来看，西方发达国家农业机械化基本都已达到很高的水平。但是由于各国情况不同，机械化的特点也有所不同。地少人多的国家和地区如日本，以小型为主；法国、英国、德国、意大利等国土地资源条件中等，农业机械以中型为主；英国、加拿大、澳大利亚等，农业机械以大型为主。但是各国在机械化体系建设中，实行的都是按大小不同、作物不同形成农机系列，使生产中每一作业都有合适的机械，而且农业机械向"一机多用"方向发展。在发达国家，随着液压操作、自动挂结及电子、激光等先进技术的广泛应用，农牧业机械化生产中已很少需要辅助劳力，现在除鲜食水果和某些蔬菜外，已全面实现机械化，并在自动化、大型温室工厂生产、无土栽培和机器人应用等未来农业方面取得了很大进步。

2. 农副产品加工技术

农副产品加工可以大大提高农产品的价值和农业的经济效益，促进农业发展。目前世界各国纷纷采用现代科学技术尤其是农副产品加工业。在食品加工和包装机械化、自动化方面，美国研制成功了很多高效的仪器设备，并广泛应用于农产品的加工、仓储和灭菌。日本利用微机控制的豆腐自动制造机，每小时生产豆腐5000块。低温浓缩、冷冻浓缩和反渗析等技术，在俄罗斯已广泛用于牛奶、番茄汁及果汁加工业。在灭菌技术方面，国外使用较多的有冷藏灭菌、加热灭菌、脱水干燥灭菌等技术。微波灭菌在日本已应用于火腿、香肠、水产加工食品及袋装湿式食品等。另外还有过滤灭菌、沉降除菌和低温快速冷冻等新技术。

3. 水产养殖技术

目前世界水产品总量的（包括海藻和水生植物产量）10％来自水产养殖。海淡水养殖业日益受到重视，海淡水养殖技术也得到了迅速发展。各国在海水养殖方面，如苗种选育、工厂化人工育苗、饵料配制等技术上都有了长足进展。海洋生物技术的发展使得人们在牡蛎、扇贝、鲍鱼等海洋生物养殖方面有了重大突破,同时在海水养殖的疾病诊断与预防等方面都有长足的进步。空间技术的发展使人们可以利用卫星来预测寒暖流来预测鱼汛,及时地把握捕捞时机,增加收入。

4. 农业生物技术

植物基因工程是随着分子遗传学的发展而发展起来的。分子遗传学已经探明了控制植物代代相传的遗传物质,逐渐找到了控制植物各个性状的基因。在此基础上,科技工作者便可以以一种"工程"的方法,把不同植物,甚至动物的控制优良性状的基因,转移到我们所需的植物中去,实现该植物性状的改良。

比较而言,世界农业技术的整体发展水平显然要快得多。从20世纪50年代以来,世界农业技术的发展已经进入了农业信息技术的时代。发展大致经过三个阶段:第一个阶段是20世纪50—60年代的广播、电话通讯信息化及科学计算机阶段;第二个阶段是20世纪70—80年代的计算机数据处理和知识处理阶段;第三个阶段是20世纪90年代以来农业数据库开发、网络和多媒体技术应用和农业生产自动化控制等的新发展阶段。目前,在农业信息技术方面处于世界领先地位的国家有美国、德国、日本等。美国是农业信息技术的领头羊,日本、德国、法国等发达国家紧随其后;印度等发展中国家虽然起步较晚,但发展较快。相比之下,虽然从20世纪50年代以来中国农业科学技术的推广和应用也得到了长足的进步,但总体上来看仍然显得比较迟缓。除了中国特殊的自然经济条件、制度因素等方面的制约,农村劳动力素质相对偏低也是其中重要的障碍。

(三) 中国农村劳动力素质对农业科技推广的激励与制约

农业劳动者既是直接从事农业生产的生产者,也是农业技术的使用者,还是农业技术创新的推动者,农业劳动者素质的高低直接关系着农业技术应用水平的高低,从而影响着技术效率的高低。如果劳动者素质得不到提高,一方面先进的技术可能不被接受,另一方面即使新技术被接受了,也可能由于使用不当而难以发挥作用。技术的进步与提高,离不开劳动者素质的提高。

1. 中国农村劳动力素质状况对农业科技推广的制约

从第一章的介绍我们知道，自20世纪50年代以来中国农村劳动力素质显然有了明显的提高。从前面的分析可以看到，中国农村劳动力素质具有几方面的特点：总体上提高速度较快；整体上素质偏低；由于大量劳动力游离出农业生产经营领域，近年来农业劳动力素质有所下降。中国农村劳动力素质特点对中国农业科技推广应用形成极大的制约。

(1) 中国农村劳动力的受教育情况对农业技术进步的制约。目前，中国4.97亿农村劳动力中，高中及以上文化程度的不到11%，初中程度的占50.38%，小学及小学以下的占38%，其中不识字或识字很少的还占7个多百分点；全国文盲、半文盲的90%以上集中在农村。根据固定观察点的系统调查，2004—2006年，留乡务农的农民劳动力，从受教育程度来看，有高中以上文化程度的只占到8%左右，从事农业为主的劳动力只有5%；从年龄来看，平均年龄在49岁以上，其中从事农业为主的劳动力，平均年龄在45岁以上；从性别结构来看，留乡务农的劳动力当中，以妇女同志居多，外出打工的农民当中，有65.8%是男性，34.2%的是女性。外出务工的农民受教育的程度相对高一些，通过分析，大概是8.3年。[1] 中国农村劳动力文化程度偏低，不利于新知识、新技术的接受和学习，制约中国农业技术的进步。《2001年世界发展指标》的数据显示：1997—1999年期间，中国农业劳动生产率为316美元，仅相当于日本的1.03%，韩国的2.58%，巴西的7.35%，约为印度的80%。[2] 中国农村劳动力的文化程度低以及高层次文化程度人员比重过低，必将影响农业的技术进步和生产效率。

(2) 中国农村劳动力的科技素质对农业技术进步的制约。中国农村劳动力接受过职业技术培训很少。《2001年中国公众科学素养调查报告》显示，中国具备基本科学素养的农村农民仅占0.4%，仅为城市居民3.19%的七分之一；81%的农民对农业新技术、新产品表示出消极的观望态度；而早在20世纪90年代初，欧共体国家公众中具备基本科学素养的比例就

---

[1] 《农业部官员：我国农村劳动力素质总体结构性下降》，新华网综合2008年4月25日。
[2] 苏力华：《矛盾与对策：农村劳动力素质现状及分析》，《农业经济》2007年第1期。

已达5%，美国为12%。① 美国在19世纪末，40%的人口以务农为职业，是所有职业中从业人数最多的行业。然而，到了1997年，美国劳动力中农业从业者所占的比重已经下降到不足2%，数量从1940年的1250万人下降到290万人，从1948年到1996年农业GNP的年增长率达到1.9%左右。② 近期调查显示：一年之内接受过一次科技培训的中国农村劳动力不足三分之一，接受过三次以上的技术培训的农民不足3%。2007年，对外出就业的农村劳动力进行调查，经过培训的占到外出就业劳动力的19.2%，不到20%。抽样调查表明，在中国农村知道两种化肥农药经过主要技术的基本知识和技能的农民大概只有30%左右。③ 因此，农业新技术很难传授到农民手中，致使农业科学技术的推广和应用的"最后一公里"的问题非常突出。

2. 中国农村劳动力素质对农业科技推广和应用的激励

从前面的分析可以看到，中国农村劳动力素质虽然整体上素质偏低，但总体上提高速度较快。中国农村劳动力素质这种特征表现在对中国农业科学技术推广和应用的激励上：

（1）中国农业科技推广和应用的速度加快。与中国农村劳动力素质总体上提高速度较快相适应，从总体上来看，现阶段中国农业科学技术呈现不断上升的势头，农业技术水平不断提高。表2—2数据显示：1985—2005年中国农业技术进步率总计为17.8%，年均农业技术进步率为0.89%，增长势头良好。

（2）中国农业科技推广和应用具有连续性和整体性特征。表2—2数据显示：中国农业技术进步率虽然个别年份有一定波动，但整体上具有连续性增长的态势。1985—1996年间除1985年、1991年两年技术进步率出现负增长外，十年间基本保持了技术进步率的增长态势。进入1996年后，由于大量农村劳动力游离出农业生产经营领域，使得近年来农业劳动力素质有所下降，使得农业技术进步增长率陷入了长达八年的负增长时期，但2003年、2004年又重新出现了较大幅度的增长。中国农业的技术进步率

---

① 苏力华：《矛盾与对策：农村劳动力素质现状及分析》，《农业经济》2007年第1期。
② 张宇萍、韩一军：《国外农业增长方式转变的理论及经验》，《世界农业》2007年第5期。
③ 《农业部官员：我国农村劳动力素质总体结构性下降》，新华网综合2008年4月25日。

呈现出非常明显的两阶段性质：第一阶段主要是从 1985—1994 年，此阶段技术进步率虽然一直处于正增长状态，但波动剧烈，其中 1987 年、1990 年、1993 年、1994 年的技术进步率都接近或达到 3% 的高位，而 1985 年、1988 年、1989 年、1991 年却陷于停滞，呈现出高峰和低谷交替出现的情况，起伏巨大；第二阶段为 1995—2005 年，此时期内相邻年份农业技术进步率的波动趋于平稳，连续性较强，短期内呈稳定状态，在较长时期内具有连续性和整体性（见表 2—2）。中国农业的技术进步率的这种状况基本上与农业劳动力素质状况相对应。

表 2—2　　　　　　历年中国农业技术进步率的估算值

年份	技术进步率	年份	技术进步率	年份	技术进步率
1985	−0.0070	1992	0.0364	1999	−0.0146
1986	0.0374	1993	0.0372	2000	−0.0131
1987	0.0282	1994	0.0114	2001	−0.0009
1988	0.0011	1995	0.0024	2002	−0.0054
1989	0.0016	1996	−0.0022	2003	−0.0014
1990	0.0371	1997	−0.0194	2004	0.0371
1991	−0.0118	1998	−0.0086	2005	0.0325

资料来源：黄振华：《技术进步、人力资本与中国农业发展——1985—2005 年中国农业技术进步率的实证与比较》，《财经问题研究》2008 年第 3 期。

二　中国农村劳动力素质与农业生产效率

比较而言，中国农村劳动力素质对农业生产效率（主要分析农民收入）作用更加显著。在传统农业中，农业生产主要依靠传统经验和技术的传承，农村经济发展几乎排除了最富有生产性作用的脑力的投入。实际上，这也是由传统农业社会本身的特点所决定的。在传统农业社会，由于生产的目的主要是满足自己消费，而不是用于交换，故基本上不存在因交易带来的机会主义风险，也不存在因相对价格变化所产生的不确定性。在以自给自足为主的农业生产中，如果把自然灾害等不可控性因素排除在外，一切都是确定的和透明的，或者说信息是充分的。因此，生活于其中的人们，也无需把时间、注意力配置在对信息的搜集上和知识的增加上。由于选择集的单一，生产的封闭，使用的要素又是世代相传的，因此几乎不需要运用脑力来改善对农业生产的发展。人们之所以从外界获得各种知识、信息和技能，较大成分的动机是为了提高自身的计算能力、分析能力和工作能力。大家不惜追加各种投资以提高自身能力的最终目的，是为了扩大其选择集和获得更多的收益。

提高农村劳动力素质则是现代农业经济发展的一项基本要求。现代农业经济主要是一种以交换为主的经济，人们的产出主要不是为了仅供自己消费，而是为了交换，人们的行为更多地取决于他人对其经济活动的评判。因此，生产方需要收集各种信息（包括市场和成本方面的信息），以优化其生产行为，而这则需要不断提高人们的计算能力和工作能力。随着人们需求的多样化和偏好的易诱导、易变性以及农业生产技术变动速度加快，制度创新频繁，结果农产品的相对价格因供需的变化而经常发生变动，这就造成了外部世界的不确定性。外部世界的不确定性和理性的有限性，为市场中的各种异质性的主体提供了寻利的基础。人们为了克服有限理性的约束和尽力消除不确定性给自己带来的危害，以及更好地从市场的不确定性中寻找获利的机会需要获得更多的信息、知识和技能，以提高自身的计算能力和工作能力，或总称为竞争力。由此可见，市场经济有一种内在的激励机制促使人们更多地运用自己的脑力，不断提高劳动者的素质。

（一）劳动力素质对于经济增长作用的理论探讨

1. 国外学术界的理论探讨

国外学术界对于劳动力素质通常用"人力资本"或者"人力资源"来代替。20世纪60年代美国经济学家舒尔茨（Schultz T. W.）批判了物质资本决定论，提出了人力资本的概念，强调人力资本是经济增长的原动力。舒尔茨从长期的农业研究中发现，从20世纪初到50年代，促使美国农业产量迅速增加和农业生产率提高的重要因素已不是土地、人口数量或资本存量的增加，而是劳动者的知识和技术水平的提高，提出了"人力资本对经济增长起决定性作用"的观点。20世纪80年代出现了以罗默（Paul Romer）、卢卡斯（Robert Lucas）等为代表的新经济增长理论，强调人力资本对外部效应的核心作用,指出人力资本是"增长的发动机"。阿格亨和豪伊特(Aghion & Howitt,1991)发现人力资本积累和人力资本存量影响经济增长的速度。曼昆、罗默和威尔(Mankiw、Romer & Weil,1992)将人力资本作为一种外生的生产要素引入 Solow 模型,很好地解释了各国经济增长的异同。对人力资本和经济增长的实证研究也进一步表明人力资本在经济增长中的作用和贡献;卢卡斯(Lucas,1988)将人力资本作为一种生产要素放入生产函数,指出经济持续增长的原因在于人力资本能够持续增长。多数的实证研究都证实了人力资本对经济增长具有显著的促进作用。

2. 中国学术界的基本观点

中国目前关于人力资本的相关研究主要集中在经济增长、收入分配以及人力资本的收益率等领域:李建民(1999)利用人力资本理论和经济模型分析,认为中国的经济增长有赖于人力资本的增加;沈利生、朱运法(1999)通过人力资源开发与经济增长的计量模型,测算了物质资本和人力资本增长对经济增长的贡献率;王金营(2001)估算了1978—1998年中国的人力资本存量,并对中国的人力资本和经济增长关系进行了实证检验,测量了人力资本水平对经济增长的贡献;沈坤荣(2003)分析了中国地区经济发展差异的原因,指出人力资本水平的差异是造成地区间经济增长差异的重要原因。对农村地区的人力资本问题研究较少,且多以定性说明,定量研究较少,周晓(2003)利用中国1989—1995年29个省的数据说明人力资本对农村地区经济增长的促进作用,且这种作用在经济较发达地区更为明显。李勋来、李国平等(2005)选取1983—2002年为研究区间分析了中国农村人力资本与农村产出增长的关系,以验证中国是否存在"农村人力资本陷阱"问题,结果表明虽然人力资本对中国农村产出的贡献率低,但其作用却是显著的。以上研究结果表明,对现代农业经济来说,农民的知识、技能、健康等人力资本存量的提高,对于经济发展的贡献远比物质资本和劳动力资本的增加重要,提高农村人力资本水平是发展现代农业和提高农民收入的有效途径。

(二)农村劳动力素质与中国农业生产效率的关联性

农村劳动力素质与中国现代农村经济发展的关联性可以从农村劳动力

劳均受教育程度与农业生产率（收入水平）、农村劳动力劳均职业技术水平与农业生产率、农村劳动力身体素质与农业生产率等几个方面进行具体的分析和概括。

1. 中国农村劳动力劳均受教育程度与农业生产效率

当前农业经济发展过程中，农业劳动力素质与现代农业生产率之间的正相关关系首先表现在中国农村劳动力劳均受教育程度与农业生产率的关系上，而这又可以通过中国农村劳动力劳均受教育程度与劳均纯收入表现出来。

（1）中国农村劳动力劳均受教育程度与劳均纯收入呈现明显的正相关关系

2001年与1997年相比，由于受到多方面因素的影响，中国农村平均劳均收入总体上呈现下降的态势，平均劳均收入从1997年的3372.81元下降到2001年的2673.13元（见表2—3）。但是，受教育程度不同的农村劳动力群体，其劳均收入之间的变化趋势有着明显的差异。总体上看，文盲半文盲劳动力的劳均收入，呈迅速下降趋势；具有小学文化程度的劳

表2—3　　　中国农村不同文化程度劳动力劳均纯收入比较　　　单位：元

受教育年限	1997年	1998年	1999年	2000年	2001年
平均	3372.81	3108.98	2998.56	2596.45	2673.13
1年以下	2499.74	2107.76	1892.23	1794.02	1596.69
2年	1790.12	2044.63	1539.75	1697.97	1875.31
3年	2944.88	2408.38	2087.99	1775.49	1505.74
4年	2458.74	2316.75	1890.44	1602.72	1804.21
5年	2729.85	2495.22	2259.35	2199.54	2349.01
6年	3095.14	2732.08	3108.30	1920.73	2132.56
7年	2941.10	2998.22	2818.83	2420.01	2748.08
8年	4615.51	4390.89	4324.12	4013.05	3369.75
9年	5850.88	4699.79	4262.35	3579.75	3892.55
10年以上	4610.45	4619.09	4978.11	3768.03	4919.20

资料来源：农业部农村固定观察点资料（1996—2001年）。

动力，其劳均收入下降幅度较文盲半文盲小；初中文化程度的劳动力其劳均收入略有下降；而高中以上文化程度的劳动力，其收入水平呈上升趋势。可见，随着农村劳动力受教育水平的提高，劳均收入下降的幅度逐渐缩小，最终为负值。说明农村劳动力受教育水平越高，其劳均收入的抗干扰力和抗波动力越强。有关农业部农村固定观察点资料十分清晰地展现了中国农村劳动力劳均受教育程度与劳均纯收入的这种正相关的关系。

(2) 中国农村人均农业收入与受教育程度呈现明显的正相关关系

中国农村居民不同的人均收入群体与他们的受教育程度呈现明显的正相关关系。从中国人均农业收入高低分组的受教育情况比较可以看出，不同收入水平的五个组对应的平均农业收入分别为 615.6 元、1099.8 元、1428.4 元、1824.1 元、2711.3 元，低收入户和高收入户的收入差距达到 2095.7 元，其对应的平均受教育年限分别为 6.52 年、6.95 年、7.17 年、7.43 年、7.81 年，呈现梯次分布的态势，低收入户和高收入户的平均受教育年限的差距达到 1.29 年。从对这五组的文盲半文盲率和高中文化程度所占比例进行比较可以看出，文盲半文盲率在低收入户中占的比例仍然高，占 11.2%，而高中文化程度所占比例较低，仅占 7.0%；相反，对于高收入户，文盲半文盲率明显低于低收入户，只占 3.9%，而高中文化程度比例明显增高，占 14.7%（见表 2—4）。

表 2—4　　中国农村人均农业收入高低分组的受教育情况比较

人均农业收入分组	人均农业收入（元/人）	平均受教育水平（年）	文盲半文盲率（%）	高中程度率（%）
低收入户	615.6	6.52	11.2	7.0
中低收入户	1099.8	6.95	7.8	8.6
中等收入户	1428.4	7.17	6.1	9.8
中高收入户	1824.1	7.43	4.9	11.7
高收入户	2711.3	7.81	3.9	14.7

资料来源：《2006 中国农村住户调查年鉴》，中国统计出版社。

(3) 中国农村人均非农业收入与受教育程度呈现明显的正相关关系

中国农村人均非农业收入与受教育程度同样呈现明显的正相关关系。

统计资料显示：2005年中国农村按收入高低分组的人均非农收入分别为368.7元、803.1元、1266.6元、1266.6元、1945.7元、4351.5元，低收入户和高收入户的收入差距达到3982.8元；与之相对应的是，中国农村劳动力平均受教育年限分别为6.52年、6.95年、7.17年、7.43年、7.81年，呈现梯次分布的态势，低收入户和高收入户的平均受教育年限的差距达到1.29年。从对这五组的文盲半文盲率和高中文化程度所占比例进行比较可以看出，中国农村劳动力中文盲半文盲率在低收入户中占的比例仍然较高，占11.2%，而高中文化程度所占比例较低，仅占7.0%；反过来，在高收入户中，文盲半文盲率所占比例仅为3.9%，文盲半文盲率明显低于低收入户，而高中文化程度所占比例则为14.7%，高中程度比例比低收入户高7.7个百分点。这说明农民受教育程度越高，对增加非农收入的影响也越大，二者同样呈现明显的正相关关系（见表2—5）。

表2—5　　　　2005年按收入高低分组的人均非农收入情况

农民收入分组	人均非农收入（元/人）	平均受教育年限（年）	文盲半文文盲率（%）	高中程度比率（%）
低收入户	368.7	6.52	11.2	7.0
中低收入户	803.1	6.95	7.8	8.6
中等收入户	1266.6	7.17	6.1	9.8
中高收入户	1945.7	7.43	4.9	11.7
高收入户	4351.5	7.81	3.9	14.7

资料来源《2006中国农村住户调查年鉴》，中国统计出版社。

从纵向的历史数据来看，1985年，中国人均非农收入仅为104.4元，2005年达到了1549.4元，中国农民非农收入在这20年间增长了1445元，增长幅度为13841%。这其中除了其他一些影响因素（如经济体制改革深化、市场经济发展、技术水平提高等）以外，与同时期中国农村劳动力受教育状况不断改善、科技文化水平不断提高有直接的对应关系。1985—2005年中国农村劳动力平均受教育年限由5.168年提高到7.122年，平均提高1.954年，提高幅度为37.81%；文盲半文盲率由27.9%下降到6.9%，下降了21个百分点；高中程度比率由7.3%提高到12.7%，提高了 5.4 个百分点（见表 2—6）。

表 2—6　　中国农村人均非农收入与农村劳动力受教育状况

年份	人均非农收入（元）	平均受教育（年）	文盲半文盲（%）	高中比率（%）
1985	104.4	5.168	27.9	7.3
1988	189.1	5.3609	24.83	7.25
1990	201.4	5.616	20.7	7.5
1993	306	6.064	15.3	8.9
1995	523	6.259	13.5	9.6
1998	847.2	6.658	9.6	10.7
2000	1038.9	6.835	8.1	11.1
2003	1264.1	6.973	7.4	11.8
2005	1549.4	7.122	6.9	12.7

资料来源：《2006 中国农村住户调查年鉴》，中国统计出版社。

（4）农村居民收入状况不同地区和受教育程度呈现明显的正相关关系

从农村居民收入状况的地区分布来看，不同收入水平的地区与其受教育程度也呈现正相关关系。从 2003 年中国各地区农村居民文化程度和收入表可以看出，在人均收入 3000 元以上的地区农村居民受教育程度比例，小学及以下文化程度、初中文化程度、高中及以上文化程度比例为 31.75%、51.76%、16.50%；而同期，人均收入在 2000—3000 元和 2000 元以下的地区农村居民受教育程度：小学及以下文化程度、初中文化程度、高中及以上文化程度比例则分别为 35.47%、52.75%、11.79% 和 54.39%、37.13%、8.48%，农村居民人均收入水平较高的地区，人均受教育程度也越高。人均收入 3000 元以上的地区农村居民小学及以下文化程度比例比人均收入在 2000 元以下的地区农村居民少 22.62%，初中文化程度、高中及以上文化程度比例则分别高 14.63% 和 8.02%（见表 2—7）。

从上面的分析可以得到这样的结论：农村居民人均收入状况与其受教育程度呈现明显的正相关关系，即农村居民人均受教育程度越高，其人均收入水平也越高；而且，这种正相关关系不是单向的，而是双向的；也就是反过来说，农村居民人均收入水平越高，他们对教育促进收入水平提高的认识也就越深。

表 2—7　　　　2003 年中国各地区农村居民文化程度和收入表　　　单位：%

地区\文化程度	文盲	小学	初中	高中	中专	大专及以上
人均 3000 元以上	5.18	26.57	51.76	12.06	3.27	1.17
人均 2000—3000 元	5.49	29.98	52.75	9.40	1.89	0.50
人均 2000 元以下	19.09	35.30	37.13	6.99	1.13	0.36

资料来源：《中国农村统计年鉴》，中国统计出版社 2004 年版。

（5）不同国家居民收入状况和受教育程度同样呈现明显的正相关关系

不同国家居民收入状况和受教育程度同样存在正相关关系。通过表 2—8、表 2—9 对比分析，从中国与印度、墨西哥及韩国人均收入情况来看，1990—2002 年四国人均收入都得到较快的增长，分别从 320 美元、390 美元、2830 美元、5740 美元增加到 960 美元、470 美元、5920 美元、9930 美元；但增长幅度有所差异，分别为 200%、20.51%、109.18%、72.99%，中国增长幅度最大，墨西哥及韩国次之，印度最低。墨西哥及韩国虽然此前收入相对水平较高，但仍然以较高幅度增长，比较而言，印度收入水平、增长幅度都处于较低水平。2002 年四国教育指数、成人识字率（%）、初中高等教育入学率（%）分别为 0.83、0.59、0.85、0.97，90.9、61.3、90.5、97.9，68、55、74、92。中国、印度、墨西哥及韩国收入水平、增长幅度恰好与人文发展指数相一致。

表 2—8　　　中国、印度、墨西哥及韩国人均收入情况比较　　　单位：美元

地区\年份	1990	1999	2000	2001	2002
中国	320	780	840	900	960
印度	390	440	450	460	470
墨西哥	2830	4450	5100	5550	5920
韩国	5740	8530	9010	9490	9930

资料来源：《国际统计年鉴》，中国统计出版社 2004 年版。

表2—9　　2002年中国、印度、墨西哥及韩国人文发展指数比较

国家 \ 发展指数	教育指数	成人识字率（%）	初中高等教育入学（%）
中国	0.83	90.9	68
印度	0.59	61.3	55
墨西哥	0.85	90.5	74
韩国	0.97	97.9	92

资料来源：《国际统计年鉴》，中国统计出版社2004年版。

(6) 中国农村居民收入和受教育程度正相关关系的实证分析

农村居民收入和受教育程度正相关关系也可以通过不同受教育年限的边际报酬和劳均收入弹性计算得到验证（见表2—10）。各种受教育年限的边际报酬与劳均收入弹性均为正值，这说明在任何受教育水平（年限）上，提高农村劳动力受教育水平均可以提高农民收入，农民纯收入水平与劳动力受教育水平之间具有正相关关系。并且，随着农村劳动力平均受教育年限增加，劳均收入弹性逐渐增大。即高教育水平农村劳动力的教育投资收入弹性更大。根据模拟结果，以2001年数据为例，当农民平均受教

表2—10　　2001年中国不同受教育年限的边际报酬和劳均收入弹性

平均受教育年限（年）	劳均纯收入（元）	边际报酬（元）	劳均收入弹性
1年以下	1596.69	36.40	0.0228
2年	1875.31	42.76	0.0456
3年	1505.74	34.33	0.0684
4年	1804.21	41.14	0.0912
5年	2349.01	53.56	0.114
6年	2132.56	48.62	0.1368
7年	2748.08	62.66	0.1596
8年	3369.75	76.83	0.1824
9年	3892.55	88.75	0.2052
10年以上	4919.2	112.16	0.228

资料来源：白菊红、袁飞：《农民收入水平与农村人力资本关系分析》，《农业技术经济》2003年第1期。

育年限为 1 年以下时，农民平均受教育年限每增加 1 年，劳均收入增加 36.4 元，当农民平均受教育年限为 10 年以上时，农民平均受教育年限每增加 1 年，劳均收入则增加 112.16 元。农村劳动力受教育水平越高，进一步提高农村劳动力受教育水平使劳均收入的增加速度越快。所以，提高农村劳动力受教育水平，尤其是进一步提高农村劳动力受教育水平可以导致劳均收入水平的较快速度增加，从而促进整体农民收入水平的提高。

孙敬水、董亚娟的实证分析[①]也表明农村居民收入状况和受教育程度呈现明显的正相关关系（见表 2—11）。回归结果显示，由各级教育所形

表 2—11　中国各级教育对农业产出的分析（因变量为 LnY）

		模型 I	模型 II
解释变量	LnK	0.479*** (23.841)	0.45*** (22.21)
解释变量	LnEDU0	−0.079*** (−5.403)	−0.028* (−1.757)
解释变量	LnEDU1	−0.239*** (−8.130)	−0.128*** (−3.809)
解释变量	LnEDU2	0.276*** (8.007)	0.315*** (8.625)
解释变量	LnEDU3	0.016 (0.832)	0.025 (1.121)
解释变量	LnEDU4	0.015** (2.582)	0.004 (0.699)
控制变量	LnLAND	—	−0.104*** (−3.977)
控制变量	LnSTA	—	−0.136*** (−4.522)
控制变量	LnENG	—	0.027*** (2.972)
常数项	CONS	2.901*** (13.32)	2.089*** (7.665)
模型效应	Adj-R2	0.999	0.999
检验	DW 值	1.433	1.252

资料来源：孙敬水、董亚娟：《人力资本与农业经济增长：基于中国农村的 Paneldata 模型分析》，《农业经济问题》2006 年第 12 期。

注：其中*、**和***各表示系数通过 10%、5% 和 1% 的显性检验；括号内为系数的 t 统计量值。其中，EDUi 表示具备 i 级（类）教育程度（或者受过 i 年教育）的人力资本存量。劳动力按教育程度分为：文盲半文盲（EDU0）、小学文化程度（EDU1）、初中文化程度（EDU2）、高中文化程度（EDU3）和大学及以上（EDU4）5 类劳动力。

---

① 孙敬水、董亚娟：《人力资本与农业经济增长：基于中国农村的 Paneldata 模型分析》，《农业经济问题》2006 年第 12 期。

成的人力资本对农业经济增长的作用有很大的差别：文盲或半文盲和小学文化程度的劳动力估计弹性系数显著为负，这说明较低水平的人力资本成为农业生产中的障碍因素；初中教育程度的劳动力系数弹性显著为正且弹性系数较大，成为现代农业生产中的最主要人力资本源泉；高中和高等以上教育程度的劳动力弹性系数为正但不显著。究其原因，由于目前我国高中教育主要是在高考的指挥棒下以升学率为主要目标，没有为农业生产培养合适的技术人才，同时，这部分教育程度的劳动力外流性强，参与农业生产的人数较少，没有考上大学的人多数进城打工，尤其是受过高等教育以上的劳动力绝大多数留在城市工作，很少返乡参与农业生产活动。

张宁、陆文聪通过"丹尼森"理论的应用[①]对农村劳动力素质进行测评同样证实了中国农村居民收入和受教育程度的正相关关系。

"丹尼森"理论假定如果每个人在其他方面都一样，只是受教育年限不一样，那么，不同的受教育水平的贡献，就会反映在他们生产的相对价值或边际产品的差别上，在按照边际产品进行分配条件下，这种差别就反映在他们收入的差别上。根据这种理论的假定，我们按照中国文化教育特点把教育年限分为六个等级，以初中毕业的等级和劳动为标准，求出其他五个等级劳动收入相对差别（见表2—12）。

通过表2—12可以看出，如果把一个初中程度的劳动力算作一个劳动投入量的话，那么，一个高程度的劳动力就等于1.24个劳动量，而一个未受过教育的劳动力只等于0.75个劳动投入量。

表2—12   "丹尼森法"的教育等级及其权数修正结果   单位:%

教育等级（文化程度）	平均收入相当于初中程度劳动力收入的百分比	不同教育程度劳动力的年均收入比
不识字或识字很少	75	10.3
小学文化程度	89	12.3

---

① 张宁、陆文聪：《中国农村劳动力素质对农业效率影响的实证分析》，《农业技术经济》2006年第2期。

续表

教育等级（文化程度）	平均收入相当于初中程度劳动力收入的百分比	不同教育程度劳动力的年均收入比
初中文化程度	100	14.2
高中文化程度	124	17.2
中专文化程度	147	19.2
大专及大专以上	189	26.8

数据来源：根据《中国农业统计年鉴》相关指标进行测算，中国统计出版社。

2. 中国农村劳动力技术素质与农业生产率

如前所述，传统农业主要是以传统农业经验的传承为基本特征，技术水平相对不变。因此，由于传统农业的生产技术进步极为缓慢，导致传统农业中农业生产率和农民的收入水平的低下，传统农业中农民的生产成果在扣除维持农民自身和家庭的基本生活资料之外所剩无几。这段概括明确揭示了农业的生产技术进步与农业生产率之间极为密切的关系。农业的生产技术进步表现在很多方面，技术的发明、技术的推广应用等都是其中的重要影响因素，但这都离不开中国农村劳动力技术水平的提高，特别是对于现代农业及相关技术而言更是如此。

2001年中国农民家庭技术培训与农民纯收入显示：目前中国农村家庭劳动力接受过职业教育和技术培训的相当少，2001年不足8%。但是，家庭劳动力接受技术培训的状况却影响着农户家庭的劳均收入水平（见表2—13）。农村劳动力中接受过职业教育和技术培训的农户其家庭劳均纯收入明显高于没有接受过培训的农户。2001年，劳动力受过技术培训的农户其平均家庭劳均纯收入比未接受过培训的农户绝对收入高1135.01元，是未接受职业教育和技术培训农户收入的1.44倍；而且，家庭劳动力中接受过职业教育和技术培训的劳动力越多，家庭劳均纯收入水平越高。可见，农民的农业技术培训和农业职业教育与农民收入水平之间呈现明显的正相关关系。

表 2—13　　　　　中国农民家庭技术培训与农民纯收入

家庭受过培训的劳动力数量（个）	家庭劳均纯收入（元）	样本数
0	2592.97	901
1	3673.25	59
2	3964.43	10
3	4160.41	2

资料来源：农业部农村固定观察点资料（2001）。

来自于中国农村一些相关的具体的统计数据也验证了两者呈现明显的正相关关系的真实性。据报道：贵州省农业厅实施的新型农民科技培训工程，从 2006 年以来，在 23 个县、200 个村培训基本学员 2.95 万人。抽样调查显示，实施培训项目区域的农民，人均年收入由培训前的 2065 元增加到培训后的 3068 元，增幅达 30%。省委组织部通过开展农村党员干部现代远程教育工程，在全省建立乡镇站点 2127 个、村级站点 27609 个，这些站点充分发挥现代远程教育的强大优势，组织农民学习种植养殖等实用技术，每年促进农民人均增收 110 元以上。[①]

3. 中国农村劳动力营养和健康状况与农业生产率

从前面的分析可知，劳动力素质主要通过体力因素和智力因素两方面来衡量。中国农村劳动力素质与生产率或收入水平之间相关性研究也主要从这两方面展开。一般而言，营养和健康状况与生产率或收入水平之间相关性，显示劳动者的体力因素与收益之间的关系。中国农村劳动力营养和健康状况对农业生产率影响主要通过劳动力就业及其参与程度实现。有学者在塞拉利昂做过农户劳动力营养状况与生产率关联性研究，从研究的情况来看，两者之间存在一个正相关的关系，农户劳动力摄取的卡路里水平每提高 10%，家庭农产品产量就增加 3.3%。[②] 在中国农村，营养的改善会大大有助于农民收入的增加。认为卡路里对产出的影响展现了一种边际影响趋近于零的"非线性"关系，其边际影响为零的转折点约在家庭人均卡路里拥有量为 3128 千卡的水平。也就是说，在家庭人均卡路里拥有量

[①]　《贵州 561 万农民参加技术培训人均年收入增长 30%》，《贵州日报》2008 年 6 月 20 日。
[②]　斯特劳斯：《更好的营养能提高生产率吗？》，《政治经济学杂志》第 94 卷，1986 年第 2 期。

达到3128千卡之前，人均卡路里拥有量的增加会带来收入的增加，而当家庭人均卡路里拥有量超过3128千卡后，卡路里增加对收入不再产生影响甚至带来收入水平的下降。总的来看，卡路里拥有量每增加1000千卡，家庭种植业收入将会增加1051元，卡路里拥有量每增加1%，种植业收入会相应增加0.57%。在达到边际影响为零的转折点之前，卡路里拥有量每增加1000千卡，家庭种植业产值将增加到1534元，这时卡路里拥有量的产出弹性为0.68，即卡路里拥有量每增加1%，种植业收入会相应增加0.68%。而家庭劳动力因病无法工作的时间每增加一个月，种植业收入将减少2300元。[①]

可见，中国农村劳动力营养和健康状况与农业生产率同样呈现明显的正相关关系。

---

① 张车伟：《营养、健康与效率——来自中国贫困农村的证据》，《经济研究》2003年第1期。

第三章

中国农村劳动力素质与农村劳动力转移

农村劳动力的转移是一个自然的、历史的过程,是工业革命所带来的产业结构、社会结构大变革的必然结果。发端于 18 世纪英国的第一次工业革命及其后相继爆发的第二、第三次工业革命不仅极大地提高了社会生产力水平,同时也推动了传统农业社会向现代工业社会的大转变。与传统农业部门相比较,工业部门更少受到自然条件的制约,其技术水平、生产自动化、社会化程度、生产规模提高得更快,带来的经济效益也更加明显。工业部门的迅猛扩张,一方面使传统农业部门与新兴工业部门之间比例、结构发生根本性的改变,使传统农业部门比例、规模相对缩小。工业革命对农业部门的技术辐射力也使农业部门的技术水平、劳动生产率水平得到进一步的提高,农业部门对农业劳动力的需求会进一步减少;另一方面也导致城市工业和其他非农产业部门对农村劳动力的大量需求;同时,新兴工业部门带来的较传统农业部门更高的经济效益进一步加快了农村剩余劳动力非农化的进程。虽然如此,从历史上看这一进程在一定程度上依然受到农村劳动力素质高低的影响和制约。当前,中国正处于传统农业社会向现代工业社会的转变过程中,农村劳动力向非农领域的转移是大势所趋,如何准确把握中国农村劳动力素质与农村劳动力转移之间的关系,对促进中国农村劳动力转移具有积极的作用。

第一节 农村劳动力转移理论概述

农村劳动力转移是一个世界性的课题,曾引起经济学、政治学、教育学、社会学和人口学学者的广泛关注,国内外有关农村劳动力转移的文献很多,最具代表性的主要有以下几方面的观点。

一 国外学术界对农业劳动力转移的解读[①]

1. 古典经济学的创始人威廉·配第观点

威廉·配第把一国人口划分为两大类:即从事物质财富或国家具有实际效用和价值的物品的生产的人,以及不生产这些东西的人;提出要用一切方法来限制非生产性劳动的人数,增加在物质生产领域中就业的人数,从而最大限度地增进一国的物质财富。威廉·配第最早从经济发展的角度揭示了人口流动原因,他指出:比较利益差异的存在,会促使社会劳动者从农业部门流向工业部门和商业部门。

2. 唐纳德·博格等人提出的"推力—拉力"理论

唐纳德·博格等人认为:人口流动是两种不同方向力的作用的结果,一种是促使人口流动的力量,另一种则是阻碍人口流动的力量。"推力—拉力"理论认为,在市场经济和人口自由流动的情况下,人口迁移和移民搬迁的原因是人们可以通过搬迁改善生活条件。

3. 刘易斯—费景汉—拉尼斯的二元经济模型(1954)

刘易斯认为经济发展依赖于现代工业部门的扩张,而现代工业部门的扩张又需要农业部门提供丰富而廉价的劳动力。现代工业部门的劳动者的工资是由劳动的边际产品价值决定的,但农业部门的劳动力价格并不是按边际产品价值原则决定的,在农村几乎保留着"无限供给"的边际生产力为零的劳动力,从而,现代工业部门的工资水平高于传统农业部门的农民收入水平,如果劳动力的流动不受限制,传统农业部门的劳动力必然涌向工业部门,只要工业部门投资和生产扩大,农村就可以源源不断地输送劳动力,直到传统农业部门的剩余劳动力被全部吸收,二元结构消失。在刘易斯的二元经济结构模型中,工业资本在农村劳动力转移过程中起着决定性的作用,而农业只是为工业的发展提供廉价劳动力。该模型将乡村→城市人口迁移视为劳动力平衡机制,它能使劳动力由劳动力过剩部门向劳动

---

① 常志有、郭雪莲:《农村劳动力转移问题研究综述》,《经济师》2007年第5期。

力不足的部门转移,从而在这两个部门实现工资或收入的均等。模型的核心是一个二元经济:一端是存在大量边际生产率近于零的劳动力的传统农业;另一端是能实现充分就业的现代城市工业。费景汉(John C. H. Fei)和拉尼斯(G. Ranis)认为刘易斯没有足够重视农业在促进工业增长中的作用,也没有注意到农业由于生产率提高而出现剩余产品是劳动力持续流入工业部门的先决条件。于是,他们对刘易斯模型进行了补充和完善,他们认为,人口增长与生产率增长是劳动力转移过程中两个关键变量,控制人口增长对劳动力转移只具有长期效果,而生产率的提高在短期内就能对劳动力转移产生影响。生产率的提高主要有两条途径:资本积累与技术进步。并且他们强调了农业对工业的贡献不仅仅在于它向工业部门提供劳动力,而且它还为工业部门提供农业剩余,因此,如果农业剩余不能满足工业扩张后新增工业劳动力对农产品的需求,劳动力转移就会受到阻碍。

4. 乔根森(Jorgenson,D. W.)(1961)观点

乔根森继承并发展了在刘易斯—费景汉—拉尼斯模型中关于农业剩余对劳动力转移的影响,但他认为,在发展中国家,农村不存在边际生产率为零或低于实际工资的剩余劳动。乔根森认为农业剩余是劳动力从农业部门转移到工业部门的充分和必要条件,并且认为农业剩余规模越大,劳动力转移规模就越大,两者是同比例增长的。只有农业发展了,农业部门才有可能向工业部门提供劳动力;工业发展不取决于资本规模大小,而取决于有没有农业剩余,影响经济长期发展的因素可以归纳为人口规模和农业剩余。当农业人均产出率达到人均农产品消费的临界水平时,人均收入的增加额就会转向对工业品的需求上,这时便出现了农业剩余。在这个前提下,农业人口才有可能向工业部门转移。

5. 舒尔茨—克拉克—库兹涅茨的观点

舒尔茨认为:资源配置能力是人力资本的一部分,所以,劳动力配置也是一种人力资本投资。劳动力配置是对劳动力的一种理性安排,即根据社会经济发展目标,合理组合,以求得最大的社会经济效益。舒尔茨认为,劳动力从低生产率部门转移到高生产率部门,可以提高整个经济的总生产率,从而促进资本积累和经济增长。克拉克认为:随着经济的增长,人均国民收入的提高,劳动力首先由第一产业向第二产业转移;随后又从第一、第二产业向第三产业转移。劳动力转移的基本趋势是:第一产业的

就业量将减少，第二、第三产业的就业量将增加。劳动力发生转移的原因在于经济发展使各产业间出现收入的相对差异。库兹涅茨认为：农业部门国民收入在整个国民收入中的比重，以及劳动力在全部劳动力中的比重，随时间推移不断下降；与此对应，工业部门的国民收入在整个国民收入中的比重大体呈上升趋势，而工业部门的劳动力的比重大体不变或略有上升；服务部门的劳动力相对比重几乎在所有国家都是上升趋势，但国民收入的相对比重却未必与劳动力的相对比重保持同步。

6. 托达罗模型

托达罗（1969）研究了发展中国家的人口流动，对农村人口流入城市和城市失业同步增长的矛盾现实做出了合理的解释，认为农村劳动力向城市转移是城乡预期收入的差异造成的。概括地说，托达罗模式涵盖了以下几点内容：（1）人口流动的基本力量来源于迁移者对比较收益与成本的合理经济考虑，这种考虑还包括心理因素。（2）是预期的而非现实的城乡工资差异使人们作出移入城市的决策。这种预期的差异主要包括两个因素：工资水平和就业概率。而就业概率的大小又由城市失业率的高低和城市新创造就业机会的多少来决定。如果城市的工资为农村工资的一倍，那么只要城市失业率不超过50%，农村劳动力就会不断地向城市流动。（3）农村劳动力获得城市工作机会的概率和城市的失业率呈反比。（4）人口流动率超过城市工作机会的增长率，不仅是可能的，而且是合理的。在城乡预期工资差异很大的条件下，情况必然如此。托达罗不仅突破了在解释城乡人口流动原因上的传统局限，还特别强调农村和农业部门的发展的重要性，认为消除发展中国家二元经济结构不是依靠农村人口不断流入城市来实现的，而是从提高农业生产能力，改善农村生活条件入手，使工农差别和城乡差别不断缩小，最终使二元性完全消失。

二　国内学术界对中国农村劳动力转移问题的理解

1. 朱农（2005）认为：工业化和经济发展总是伴随着大规模的农村向城市（乡→城）劳动力流动。而这种流动会带来收入的提高、产业的升级换代，最终推动现代部门的发展。在中国，大量的农村剩余劳动力束缚在有限的耕地上，不把他们从农村转移出去并合理地运用，不仅是对劳动力资源的浪费，使其劳动力得不到发展，而且使这部分劳动力成为社会财富的消耗者。随着农业生产力水平提高、人口的持续增加和耕地面积的逐年减少，耕地上所需的劳动力大大减少，中国农业劳动力数量与土地、资本等资源的这种对比状况决定了农业中无疑有大量剩余劳动力。

2. 刘乃全（2005）、陈家富（2004）认为：中国改革开放以来的农村劳动力转移是工业化初期快速扩张的产物。劳动力转移只是就业空间的简单转移，劳动力性质本身没有变化，仍然保留着农民身份，保留着土地，是一种"离乡不离土，进厂不进城"的兼业式转移，是农村劳动力的初级转移或称之为劳动力的"一次转移"。"一次转移"的特征为：东部沿海经济发达地区是劳动力的主要流入地区，由于劳动力自身受教育的程度、素质等因素的制约，外出劳动力的就业结构主要集中于制造加工、建筑、商业服务业等。劳动力流动的表现为：由经济落后地区、相对发达的地区向经济最发达的地区的流入。农村劳动力"二次转移"，指通过对农村劳动力进行人力资本投资，提高农村劳动力就业技能和创业能力，依托市场机制调节和政策引导，实现农村劳动力由劳动密集型产业向资金、技术密集型产业和新兴产业、第三产业的转移，职业流动、身份转换和居所迁移同步发生，生活方式发生质的变化，进入城镇成为自谋职业的城镇居民。

3. 任太增、李刘艳（2004）认为：劳动力转移有助于提高城市化的质量。随着中国经济体制改革步伐的加快，进城谋生的农民越来越多，农民的大量进城，使中国的大中城市在20世纪90年代进入了一个快速扩张时期，其城市化水平也因此得到快速提高，但城市化的质量却令人担忧。

4. 其他主要观点：对农村劳动力"转移能力"的考察，可以从转移源头、转移空间、转移渠道三方面进行解读，从人的因素、制度因素、容量因素方面进行分析（李勋来、李国平，2005）。并且中国目前劳动力转移呈现出兼业型、体力型、富余型、无序型、无助型、弱势型（胡少华、刘欣，2005）。陈吉元、胡必亮构建了我国农业剩余劳动力转移的"推拉"模式，认为中国农业剩余劳动力转移机制可通过来自农业部门的推力所创造的供给量，及由来自非农业部门的拉力所引发的需求量之间的较量而得到说明和解释。赵耀辉（1997）提出受教育程度对农村劳动力非农参与具有重要作用，但并不能促进劳动力外出。农业部课题组（2000）提出农村劳动力转移的根本出路，是在继续发挥农业部门对劳动力蓄水池作用的基础上加快城镇化进程，形成统一的劳动力市场。苗瑞卿等（2004）提出户籍制度的改革和人力资本的提高是促进农村劳动力转移的最主要途径。刘建进（2002）的研究表明，人力资本对劳动报酬的影响越来越明显，其对劳动力转移的影响也较大。李实（1999）认为，外出劳动力对家庭总收入的边际贡献率明显高于非外出劳动力家庭中的边际贡献率。即使是非外出劳动力，其在外出劳动力家庭中的边际劳动生产率也高于在非外出劳动力家庭中的边际劳动生产率。[1]

第二节　中国农村剩余劳动力及其规模

农村劳动力转移的一个基本前提是农村存在大量的农村剩余劳动力，导致农业生产效率低下，通过实现农村劳动力转移提高农业生产效率。目前，学术界普遍认为，农村剩余劳动力的大量存在是当今发展中国家的基本特征，也一直是发展中国家摆脱"二元经济"结构的主要障碍。按照国内外学术界的基本观点，如果这些农村剩余劳动力不能转移到其他非农部门中去，农业劳动生产率就无法得到大幅度的提高，农业也就不可能从传统阶段进入现代化阶段。

中国自古以来就是一个传统的农业大国，不仅具有以农业为主的发展中国家经济的典型特征，而且由于长期以来人民公社制度、城乡二元户籍制度等制度性的约束，农村人口规模始终居高不下，农村人多地少的矛盾十分突出。据测算，2006年中国农民人均耕地面积为2.11亩，农村劳动力人均耕地面积为0.25公顷。[2] 因此，当前中国农村存在着数量庞大的剩余劳动力，其中大部分滞留在农村。这不仅是人力资源的巨大浪费，也直接制约着中国经济现代化的进程。

---

[1] 常志有、郭雪莲：《农村劳动力转移问题研究综述》，《经济师》2007年第5期。
[2] 《2006中国统计年鉴》，中国统计出版社2007年版。

一 农村剩余劳动力的界定

(一) 国外学术界对于农业剩余劳动力的理论探讨

农村剩余劳动力通常被定义为：这部分劳动力从农业部门中转移出去不会减少农业总产出，也就是说，他们的劳动边际生产率为零或接近于零。对此，不同学派的学者有不同的理解。

1. 刘易斯为代表的古典学派学者坚持认为农业部门存在着无限丰富的剩余劳动力，把这部分劳动力从农业部门中转移出去不会减少农业总产出，因为他们的劳动边际生产率为零或接近于零。

2. 舒尔茨为代表的新古典学派则否定农业中有任何剩余劳动的存在。舒尔茨 (1969) 利用 1918—1919 年印度流感时期农业劳动力减少 8% 而导致实际耕种面积减少 3.8% 等相关的数据，坚持认为在现有的生产条件下，农业生产要素已达到最优配置，农业劳动中不存在劳动边际生产率为零或接近于零的农业劳动力，从农业中撤出劳动力，必然会减少农业总产出。

3. 其他一些西方经济学家[①]认为，上述两派观点之所以存在分歧，根本原因就在于两派学者没有区分劳动者 (a man) 的边际生产率和劳动时间—人·时 (a man-hour) 的边际生产率的差异，边际生产率为零或接近于零主要是指劳动者 (a man) 的边际生产率为零或接近于零，如果以劳动时间—人·时 (a man-hour) 为单位来测定的边际生产率为零或接近于零则是不可想象的。

很显然，不论西方经济学家对于农业剩余劳动力如何进行修改和补充，农业剩余劳动力的传统定义（边际生产率等于零）是不能令人满意的，因为按照这样的标准，大部分的发展中国家不存在农业剩余劳动力，而这与发展中国家的实际情况显然不一致。相关资料[②]也证实了这一点。表3—1显示：第一、第二和第四栏都不符合农业剩余劳动力的传统定义。第一栏表示农业劳动力增加而同时农业劳动生产率和农业总产量增加，显

[①] [印] 阿马蒂亚·森:《就业、技术与发展》，1975年英文版。
[②] 郭熙保:《农业发展论》，武汉大学出版社1995年版，第163页。

然，增加的劳动力的边际生产率不等于零，而且是上升的。第二栏表示农业劳动人数、劳动生产率和农业总产值都同时减少了，说明减少的劳动力的边际生产率不等于零。第四栏表示农业劳动力人数减少而同时农业劳动生产率和农业总产量增加了，这是现代化农业所发生的情况，因而剩余劳动力不可能存在。只有第三栏，农业劳动力人数增加而劳动生产率和农业总产值都同时减少，才与传统农业剩余劳动力定义一致。就农业总产量而言，只有6个发展中国家存在农业剩余劳动，占发展中国家的6%；就农业劳动生产率而言，也只有20个国家存在农业剩余劳动，占发展中国家的20%。这显然与发展中国家实际是不一致的（见表3—1）。

表3—1　　1980—1989年世界农业经济活动人口与产量分析

	A、B增国家数		A、B减国家数		A增B减国家数		B增A减国家数	
	B1	B2	B1	B2	B1	B2	B1	B2
世界（123）	63	77	1	7	20	6	39	33
发展中国家（101）	63	77	1	3	20	6	17	15
发达国家（22）	0	0	0	4	0	0	22	18

资料来源：郭熙保：《农业发展论》，武汉大学出版社1995，第163页。

说明：A=农业经济活动人口，B=［B1，B2］，B1=农业经济活动人口人均产值，B2=农业总产量。

（二）中国部分学者对农村剩余劳动力的理解

自20世纪80年代初以来，随着中国农村经济体制改革的全面展开，中国"农村联产承包责任制"开始把中国农村劳动力从"人民公社"制的"集体劳动、统一管理、限制流动"的管理模式下解放出来，中国农村劳动力重新获得了自由支配自己的劳动的权利。由于城乡之间、地区之间比较利益的差异，几乎从20世纪80年代初中国农村经济体制改革全面展开伊始，中国农村剩余劳动力就开始以"农民工"的形式自发地流动和转移。80年代中期以后，这种流动和转移渐成规模而且规模不断扩大。与此同时，学术界对农业剩余劳动力特别是中国农业剩余劳动力问题的研究也不断深入，取得了不少令人鼓舞的理论成果，给中国政府制定相应的政策措施提供了有效的理论支撑。但是，就农业剩余劳动力的界定而言，中国众多学者的理解还存在比较大的差异，下面主要选取一些比较有代表性的理论观点：

1. 郭熙保认为[①]当一个国家（或地区）农业劳动者人均耕地面积长期呈现下降趋势时，那么就认为该国家（或地区）存在农业剩余劳动力。这个标准反过来说也成立：当一个国家（或地区）农业劳动者人均耕地面积长期呈现上升趋势时，那么就认为该国家（或地区）不存在农业剩余劳动力。这种定义的着重点在人均耕地面积的长期变化趋势上，该比重点在劳动边际生产率上的传统定义更为容易观察和判断一国（或地区）是否存在农业剩余劳动力，同时也摒弃了传统定义中技术不变的苛刻前提，使剩余劳动力的判断更贴近现实。

2. 张秀生等[②]认为：农村剩余劳动力是指，在一定的约束条件下，农村劳动力的供给量超过农业生产所需劳动力的数量而产生的剩余。当劳动力处于剩余状态时，其边际生产力趋于零。同时，基于农业生产具有明显的阶段性，可以把农村剩余劳动力分为绝对剩余劳动力和相对剩余劳动力。在播种和收获阶段，农业生产对劳动力的需求量大，此时超过农业生产需要的那部分劳动力是绝对剩余劳动力；而在农作物生长、管理阶段，农业生产对劳动力需求量较小，此时超过农业生产需要的那部分劳动力是相对剩余劳动力。

3. 李玉江[③]则把一定地域、一定时期、一定生产水准的条件之下，农业劳动力的供给多于农业劳动力的需求部分的劳动力定义为农业剩余劳动力。

4. 劳动部农村劳动力就业与流动研究课题组[④]认为现在的农业劳动力数与生产要素得到最适分配时的农业劳动力数之差即为农业剩余劳动力。

这些观点虽然表述不一、内容界定方面有所差异，但是主要都是从一定条件下，农业生产过程中所需劳动量作为考察的标准，以农业生产中劳动力的供求关系为基本出发点，承认当前中国存在农村剩余劳动力。

---

① 郭熙保：《农业发展论》，武汉大学出版社1995年版，第166页。
② 张秀生等：《中国农村经济改革与发展》，武汉大学出版社2005年版，第363页。
③ 李玉江：《农业剩余劳动力转移区域研究》，山东人民出版社1999年版。
④ 《中国农村劳动力就业与流动研究报告》，中国劳动出版社1999年版，第270页。

二 中国农村剩余劳动力规模

如何准确把握农村剩余劳动力规模,是科学、合理、有效地促进农村剩余劳动力转移的第一步。目前,关于中国农村剩余劳动力规模,各种测算方式很多,比较具有代表性的主要有以下几种形式:

1. 国际标准模型法

该方法由钱纳里和赛尔昆两位经济学家提出,他们通过对许多国家有关数据进行回归分析,得到与不同人均国内生产总值相适应的各部门劳动力份额和各部门产值份额的"国际标准结构",并用所研究的国家农业劳动力份额与该"国际标准结构"相比较,从而得出该国农业剩余劳动力较"准确"的估计值。把该模型应用到中国的情况,测得的实际结果是:在农业劳动力份额方面,中国的份额比国际标准份额高约20%,但在农业产值份额方面,中国的份额也比国际标准份额高约4%,两者相抵,得出农业隐性失业率约为16%左右。若按1999年全国农村劳动力数量4.7亿计,则国际标准模型法估算出中国农业隐性失业约为0.47亿至0.65亿。[①]

2. 经验估算法

这种估算方法主要是根据以往的经验,把与中国土地等自然条件基本相似的国家或地区平均每一个农业劳动力耕种的耕地面积作为参照标准来量化中国农业剩余劳动力规模。据报道:截至2006年10月31日,全国耕地面积为18.27亿亩,比上年度末的18.31亿亩净减少460.2万亩,中国耕地面积逼近18亿亩红线,说明中国目前人均耕地只有1.39亩,不足1.4亩。目前,从全国范围看,中国农村劳动适龄人口达4.89亿,全国耕地19亿亩(约占世界的7%),若在现有技术水平条件下按每个劳动力耕种10亩地计算,仅需农业劳动力1.9亿,加上在乡镇企业就业的劳动力1.3亿,仅有3.2亿的农村劳动力被充分利用,也就是说尚有1.7亿的

[①] 李仙娥、王春艳:《国内外关于农村剩余劳动力转移基本理论问题研究综述》,《经济纵横》2004年第4期。

农村剩余劳动力需要另寻出路。①

3. 农业生产函数测算法

主要从柯布—道格拉斯生产函数出发,分析农业生产总量达到最大时,各生产要素(仅指劳动力与耕地)按最优配置所需要的劳动力数量,从而推算出农村剩余劳动力数量。农业生产函数测算法也是测度农业剩余劳动力规模的重要方法之一。乐君杰②"最适劳动投入法"分析具有一定的代表性。这种测算方法先对某块耕地设定一个最佳劳动投入人员(或时间)的理论值,然后与实际的农业就业人员(或时间)进行比较,从而测算出剩余劳动力数量。

"最适劳动投入法"的关系式:

$$Ls = L - Ln - La \tag{1}$$
$$La = [\sum (Si \times Pi) \times W] / H \tag{2}$$
$$Ln = N + A + M \tag{3}$$

变量说明:

Ls:农村剩余劳动力数。

L:农村总劳动力数。

Ln:农村实际非农业劳动力数。

La:农业必要劳动力数(最佳总劳动投入人员数)。

Si:第 i 类农作物亩均必要劳动日数(天/亩)。

Pi:第 i 类农作物播种面积占总播种面积比(%)。

$\sum (Si \times Pi)$:农作物亩均必要平均劳动日数(天/亩)。

W:总播种面积(亩)。

$\sum (Si \times Pi) \times W$:全部耕地都种植农作物的必要总劳动日数。

H:农业劳动力人均有劳动能力的年劳动时间(天/人)。(假定为300天)

---

① 《人民日报》2007年4月13日。

② 乐君杰:《中国农村劳动力市场的经济学分析》,浙江大学出版社2006年版,第77—81页。

N：农村内部非农业劳动力人数。

A：林业、畜牧业、渔业及副业的劳动力数（假定为第一产业的10%）。

M：流向城市的农村外出劳动力数。

据测算：1986—2001年中国农村剩余劳动力规模从10372.1万人增加到11668.2万人（见表3—2）。

表3—2　　　　　1986—2001年中国农村剩余劳动力测算结果　　单位：万人，%

年份	亩均劳动日数	L①	La②	A③	N④	M⑤	Ls⑥=①-②-③-④-⑤
1986	22.83	37989.8	16463.8	3046.8	6393.5	1713.5	10372.1
1987	23.14	39000.4	16768.4	3087.0	6910.8	1759.1	10475.1
1988	23.84	40066.7	17270.6	3145.6	7319.4	1807.2	10524.0
1989	23.57	40938.8	17274.2	3244.1	7223.6	1846.5	11350.4
1990	23.04	42009.5	17093.5	3333.6	7273.1	1894.8	12315.4
1991	22.61	43092.5	16912.8	3418.6	7570.3	2397.1	12793.7
1992	22.99	43801.6	17129.1	3403.7	8299.9	2436.6	12532.4
1993	23.06	44255.7	17033.1	3325.8	9347.9	2653.7	11895.2
1994	23.74	44654.1	17597.1	3269.0	10169.2	3000.8	10618.0
1995	23.56	45041.8	17653.6	3233.5	10801.2	3243.0	10110.5
1996	23.98	45288.0	18273.3	3226.0	11073.5	3478.1	9237.1
1997	24.02	45961.7	18491.4	3243.5	11497.8	3791.9	8937.2
1998	19.82	46432.3	15427.7	3262.6	11735.0	4659.7	11347.3
1999	19.04	46896.5	14883.3	3291.2	11887.0	5680.6	11154.5
2000	18.43	47962.1	14403.7	3279.8	12889.9	6343.6	11045.1
2001	17.67	48228.9	13755.2	3245.1	13411.2	6149.2	11668.2

资料来源：乐君杰：《中国农村劳动力市场的经济学分析》，浙江大学出版社2006年版，第77—81页。

国务院发展研究中心课题组 2006 年对 17 个省（市、区）2749 个村庄调查显示，赋闲在家的农村青壮年劳动力平均每村约 48 人，比例为 17.82%。东部为 11.3%，中部比例 20.42%，西部 26.06%。[①] 其结果和前面估算方式所得到的结论基本吻合。

第三节　农村劳动力素质与中国农村劳动力转移

一　中国农村劳动力转移的必然性

（一）农村剩余劳动力转移的外在驱动力

所谓农村剩余劳动力转移的外在驱动力，是指随着生产力水平的不断提高，农业社会向工业社会的过渡，工商业、特别是工业发展，吸引农村劳动力和农村人口向城市转移。

1. 世界各国农村剩余劳动力转移

（1）欧美发达国家的农村剩余劳动力转移的纵向比较

世界各国经济发展史表明，随着生产力水平的不断提高，农业社会向工业社会的过渡，三大产业结构呈现以下明显的变动趋势：从部门从业人数占整个社会劳动力总量比重和部门产值占国民生产总值比重来看，第一产业（农业）这两个指标都会急剧下降，与此相应，第二、第三产业等非农产业部门的这两个指标会迅速增加。"配第—克拉克定理"也表明：随着经济的发展与人均国民收入水平的提高，劳动力会逐步从第一产业向第二产业转移，然后再向第三产业转移，在第一产业就业的人数会逐渐减少，而第二、第三产业的就业人数会逐渐增加。这种伴随社会生产力水平的提高，通过大力发展工商业，特别是工业，吸引农村劳动力和农村人口向城市转移，从而实现社会经济的转型，是世界各发达国家所普遍遵循的发展模式。这一点在工业革命的发源地——英国表现得尤为明显。

资料显示：随着生产力水平的提高，英国的工业化进程的进一步加

[①]《中国新农村建设推进情况总报告》，《改革》2007 年第 6 期。

快，吸引了大量的农村劳动力和农村人口向城市转移，都市人口比例迅速增加，而农村人口比例则不断下降。从1851年到1921年，英国都市人口比例从50.2%增加到79.3%；与此相反，英国农村人口比例则从49.8%下降到20.7%（见表3—3）。

表3—3　　　　　1851—1921年英国都市农村人口增减趋势　　　　单位：%

年份	都市	农村
1851	50.2	49.8
1861	54.6	45.4
1871	61.8	38.2
1881	69.9	31.1
1891	72.0	28.0
1901	77.0	23.0
1911	78.1	21.9
1921	79.3	20.7

资料来源：翟克：《中国农村问题之研究》，国立中山大学出版部，1933年，第439页。

（2）世界各国农村剩余劳动力转移横向比较

从总体的发展趋势来看，人均GNP（美元）水平越高，农业产值在整个GNP中所占份额就越低，农业劳动力在整个劳动力总量中所占份额也越低。这同样也说明，社会生产力水平越高，就越能吸引农村劳动力和农村人口向城市转移，从而压缩农村人口和农业劳动力的规模。

世界各国农村剩余劳动力转移从国家或地区的横向比较来看，也可以感受到一个国家的生产力水平（这里用人均GNP表示）往往与其农业劳动力和农村人口比重存在明显的负相关关系。下面的统计资料也证实了这一点：人均GNP 500美元以下的国家或地区，其农业劳动力份额均在50%以上；反过来，人均GNP 2000美元以上的国家或地区，其农业劳动力份额均在10%以下；少数人均GNP 20000美元以上的国家或地区（美国和联邦德国），其农业劳动力份额甚至在2%的水平（见表3—4）。

表 3—4　　　　　　世界各国农业产值和农业劳动力比较

国家	人口（百万人）	人均 GNP（美元）	农业产值份额（%）	农业劳动力份额（%）
孟加拉国	110.7	180	44	69.2
尼日利亚	113.8	250	31	65.1
印度	832.5	340	30	66.8
中国	1113.9	350	32	68.2
巴基斯坦	109.9	370	27	50.2
印度尼西亚	178.2	500	23	49.3
埃及	51	640	19	41
菲律宾	60	710	24	47.2
墨西哥	84.6	2010	9	30.6
巴西	147.3	2540	9	24.9
韩国	42.4	4400	10	25.7
意大利	57.5	15120	4	7.5
联邦德国	62	20440	2	3.8
美国	248.8	20910	2	2.4

资料来源：世界银行：《1991年世界发展报告》；联合国粮农组织：《1990年生产年鉴》。

2. 中国农村剩余劳动力转移

发达国家的上述变动趋势在20世纪80年代以来的中国也得到了印证，就像马克思所总结的那样："工业较发达的国家向工业较不发达的国家所显示的，只是后者未来的景象。"[1] 20世纪80年代，中国依然处于传统农业社会向现代工业社会转变的关键时期，但由于制度因素、市场因素、社会因素等多种因素的制约，约占整个劳动力总量80%的中国从业劳动力依然集中在农业部门，中国农业部门从业劳动力数量过大、比重过高等问题十分突出。随着中国经济体制改革的深入，中国由传统农业社会向现代工业社会转变速度进一步加快，中国社会经济结构、特别是三大产业结构发生急剧变化，第二、第三产业等非农产业部门的规模得到更为快速的发展和扩张，对劳动力的需求量不断扩大，要求农村剩余劳动力不断

---

[1] 《马克思恩格斯选集》第2卷，人民出版社1972年版，第206页。

流入非农领域；而第一产业等传统农业部门相对规模迅速缩小，加之农业科技的推广和应用，农业对劳动力的需求进一步减少，也加速了农村剩余劳动力不断流入非农领域的进程。

(二) 中国农村剩余劳动力转移的内在动力

所谓农村剩余劳动力转移的内在动力，是指农村剩余劳动力实现自身利益最大化的理性选择。中国农村劳动力作为一个市场的经济主体，在基本解决温饱问题之后，追求收入的最大化也就成为他们的一种理性选择。在这样一个选择的过程中，比较利益的差别必然成为中国农村劳动力选择就业的主要依据之一。在目前的中国，城乡收入的差别、农业与非农产业的收入差别比较明显，这也驱使中国农村劳动力在不同的地域和行业之间通过选择来配置自身的劳动力，以期实现自身利益的最大化。目前，中国农村剩余劳动力转移的内在动力主要体现在以下几方面：

1. 城乡收入的差别

20 世纪 50 年代中期开始，中国政府出于适应社会主义计划经济发展的需要，开始实施城乡"二元户籍制度"，城乡之间的直接的市场经济联系被人为阻断，代之以政府的计划调节和配置；城乡之间的人口自由流动受到极其严格的限制。与此同时，政府在城市和农村经济发展过程中，制定了明显有利于城市经济发展和城市居民生活的制度安排，城乡之间经济发展和城乡之间居民收入水平的差距逐渐拉大。此时，由于城乡之间的人口自由流动受到极其严格的限制，城乡之间经济发展和城乡之间居民收入水平的差距对农村人口和农村劳动力向城市和非农产业转移的拉动作用并没有显现出来。20 世纪 70 年代末开始的中国农村经济体制的改革，开始触发城乡之间居民收入水平的差距对农村人口和农村劳动力向城市和非农产业转移的拉动力。20 世纪 80 年代中期以后，随着中国经济体制改革的深入，限制城乡之间的人口和劳动力流动的制度壁垒开始有了一定程度的松动，城乡之间收入水平的差距对农村人口和农村劳动力向城市和非农产业转移的拉动作用日益凸显。

资料显示：从 1985 年到 2005 年，随着中国经济体制、政治体制改革的深入，中国经济发展迅速，城乡居民收入水平都有较大程度的提高，其中城镇居民人均可支配收入从739.1元增加到10493元，上涨约14.20倍；农村居民人均纯收入从397.6元增加到3225元，上涨约8.10倍。但是，由于中国农业和农村经济发展受到更多的自然因素、市场因素等的制约，因而城乡居民收入水平之间的差距不仅没有缩小，反而出现不断拉大的趋势，两者收入差距从1985年的1.8∶1扩大到2005年的3.31∶1。如果考虑城市居民实际享受的社会福利及住户改革使城市人多得到的财产收入，目前实际的城乡居民收入比应该在5∶1或者6∶1以上，两者之间的收入差距还要明显。虽然由于种种制度的限制，进入城市的农村劳动力和农村人口无法享有城市居民所享受的各种待遇和条件，城乡居民收入水平之间的巨大差距仍然激发了农村劳动力进入城市、进入非农产业就业，寻求自身收益最大化的热情。1985年农村外出劳动力达到2000万人，1990年突破5000万人，2000年突破8000万人，2005年突破1亿人，达到1.26亿人（见表3—5）。

表3—5　　　　　　　　中国城乡居民收入差距

年份	城镇居民人均支配收入（元）	农村居民人均纯收入（元）	二者之比
1985	739.1	397.6	1.8∶1
1990	1510.2	686.31	2.2∶1
1995	4283	1577.74	2.72∶1
1997	5160.3	2090.13	2.41∶1
1998	5425.1	2161.98	2.51∶1
2000	6280	2253.4	2.79∶1
2003	8472.2	2622.2	3.23∶1
2005	10493	3225	3.31∶1

资料来源：根据《中国统计摘要》、《中国农村统计年鉴》各年相关资料计算所得。

2. 农业与非农产业的收入差别

长期以来，中国农业与非农产业的收入差别一直较为明显，只是由于"人民公社"制等制度的约束，中国农村劳动力无法自主地支配自身的劳动力，这种农业与非农产业的收入差别对农村劳动力在不同的地域和行业之间流动的这种资源配置功能才未能表露出来。20世纪70年代末开始的中国农村经济体制的改革,使中国农民获得了更多的自主的支配自身劳动力的权利,农业与非农产业的这种比较利益的差别与中国农村劳动力就业选择的正相关关系才凸显出来。表3—5基本上反映了两者之间的关系:

根据表格上的数据,通过计量分析可得:中国农村劳动力从事农业与非农产业的收入差距的弹性系数为0.776,说明收入差距每增加1%,农村劳动力非农就业量增加0.776%(见表3—6)。

表3—6　　　　中国农业与非农产业的收入差别及非农就业

年份	农业与非农产业的收入差距(元/人,年)	非农就业量(万人)
1983	402.53	3770
1984	486.70	5439
1985	594.40	6385
1986	681.20	7220
1987	763.40	7906
1988	895.10	8477
1989	966.17	8362
1990	1015.37	11326
1991	1193.07	11885
1992	1348.67	12661
1993	1699.73	14279
1994	2057.33	15978
1995	2369.97	17627
1996	2379.57	19285
1997	2396.23	20312
1998	2996.00	23123
1999	3264.70	23853
2000	3641.27	24783
2001	3892.27	25720
2002	4350.07	26312
2003	4900.47	27394
2004	5449.27	29355

资料来源:根据《中国统计年鉴》、《中国农村统计年鉴》各年相关资料计算所得。

二 农村劳动力素质与中国农村劳动力转移

托达罗在《第三世界的经济发展》一书中指出,教育与迁移的关系比教育与出生率之间的关系更加密切。一个人受教育的程度,与他(她)要从农村迁移到城市的动机或倾向之间,存在着明显的正相关关系,具有较高教育程度的个人所预期的农村与城市之间收入的差额也较大,获得现代工业部门工作的机会也较多,更易于实现有效转移。文化水平低的劳动力通常只能滞留于依靠传统经验生产的有限领域,很难开拓新的就业门路和工作机会,也难以适应转移后的工作和生活。

中国农村劳动力的转移始于 20 世纪 80 年代初,迄今已经历了 20 多年。中国农村蕴藏着丰富的剩余劳动力资源,在 20 世纪 80 年代初中国的经济政治体制改革赋予农民更多的自由择业的权利后,中国农村劳动力的转移由少到多,规模由小到大,纷纷离开农村和农业去寻求更好的生产和生活条件。在这样一个转移的过程中,劳动力素质的高低具有决定性影响,具有较高的文化素质和工作技能的劳动者在劳动力转移中的比重逐渐提高。2004 年从事农林牧渔的就业比重为 61.57%,比 2000 年下降 6.81%;工业就业 10.94%,比 2000 年提高 2.37%;商、饮、服务业就业比重为 5.44%,比 1999 年提高 1.79%。2004 年,全国农村劳动力外出就业约 10260 万人,比上年增长约 440 万人,1998—2004 年年均转移农村劳动力 380 万人,平均年增长率为 4%。①

第五次人口普查表明:目前中国农村人口总数约 8 亿的农村人口,占全国总人口的 64%,农业劳动力占全国总劳动力的 50%,有 4.4 亿农村农业劳动力,其中剩余劳动力约占二分之一,大约 2 亿多。虽然经过过去 20 多年的经济改革与发展,已经有 1 亿多农民离开土地进入城市或者是其他非农领域就业。但是如果按工业化国家 5% 农业人口的标准,则大约 7 亿人口需要离开农村,寻求新的出路。而且,从潜在的农村就业压力来看,中国人口增长的势头虽然得到控制,但劳动适龄人口的未来供给量还是十分可观,由于农业用地的减少和农业劳动生产率的提高,估计每年还可能新

---

① 《中国劳动和社会保障年鉴》,中国统计出版社 2005 年版。

产生农业剩余劳力1600万。显然，中国在可见的将来仍将面临很高的农村就业压力。可见，中国农村劳动力流动将不会是经济发展中的短期现象。

（一）中国农村劳动力转移的效应分析

根据生产要素边际报酬递减规律，劳动力从经济相对落后的地区向经济比较发达的地区转移、由低生产率部门向高生产率部门的重新配置是经济发展的必然选择，因而，农业剩余劳动力由农业转移到劳动边际生产率相对更高的非农业部门中就业，对经济社会发展具有积极的推动效应。

1. 增加产出总量，推进经济增长

众所周知，中国是一个有着13亿人口的大国，占世界人口总量的22%，同时中国是一个传统农业大国，其中64%的人口在农村。世界银行等机构研究表明，劳动力由低生产率部门向高生产率部门的重新配置对GDP增长的贡献率大约为16%—20%。农业剩余劳动力转移到非农业中就业，将大大提高其劳动边际生产率水平，从而增加国内生产总值水平。农业剩余劳动力转移产生的国内生产总值增长效应一般可以推动国内生产总值增长5.2%—12.8%。据测算，一个农村劳动力在珠江三角洲等发达地区的贡献，折合成GDP约为全年3万元左右，除去自身的消费和带回家乡的费用，还剩余1.5万—2万元左右。以平均每人按最低贡献1万—1.5万元计算，四川省每年约有300万人到广东省打工，为广东省GDP所作的贡献每年约为300亿—450亿元。从输出地来看，农村剩余劳动力外出劳务已经成为该地区社会经济发展，特别是该地区农村社会经济发展的一条主路径。据统计，2002年四川省跨省输出劳务人员600万人，外出劳务收入247亿元，比上年增加12亿元，占四川农民人均可支配收入增量的18.9%。其中，195亿元作为农民生产和生活费用支出，由于乘数效用，这笔支出将产生887亿元的拉动作用，对四川省GDP的间接贡献率为18.2%。此外，外出劳务人员中有约2%—4%回乡创业。如四川省累计回乡创业人数达57万人，总投资120亿元，安置劳动力就业约100万人。其中，2002年新增回乡创业者13.86万人，投资13.1亿元，安置劳动力27万人。[1] 在未来30年中，

---

[1] 罗虹、钟宏武：《农村外出劳务的地位和作用》，《中国国情国力》2005年第2期。

如果劳动力转移的劳动力市场等障碍得以消除，使城市和农村居民收入水平大致相等的话，劳动力的部门间和地区间转移可以对GDP年均增长率贡献2—3个百分点，劳动力资源配置的正面效应将会更加充分地表现出来。清华大学中国经济研究中心的一项研究表明，在1979—1999年的20年中，农村剩余劳动力转移对中国GDP增长的贡献高达14%，即在GDP年均近9.6个百分点的增长中，农村剩余劳动力转移对GDP增长的贡献达1.4个百分点。①

2. 提高农民收入，促进农业发展

由于大量的农村劳动力从农业中转移出来，人地关系大大缓解，农业劳动边际生产率上升。随着农民的劳动平均产出水平上升，农民的收入水平也会随之提高，农民收入中高于维持生存所需的部分，可用于追加农业投资，农业本身也有可能得到较快的发展。1965—1977年是日本农业剩余劳动力迅速转移的重要时期。1965年日本每个农民年收入为14.6万日元，1978年，每1万名农民拥有的汽车量达到了65.7辆。随着农民收入的增加，日本农民的生活条件也得到了很大的改善，实现了生活城市化和电气化。在中国，1994年农村中纯农业劳动力的年纯收入为1826元，兼业者为4160元，非农业劳动者则为5200元，三者之比是1：2.28：2.85。以劳动日收入计，每个纯农业劳动力每日的纯收入平均为8元，约等于每个非农业劳动力每日纯收入的53%。2004年，农村剩余劳动力年平均务工收入6471元；全国农村居民人均纯收入2936元，而工资性收入人均为998元。可见，农村剩余劳动力转移就业有利于推动农民增收。②

3. 扩大非农业利润，加快工业化进程

农业剩余劳动力由传统的农业部门转移到现代经济部门，有利于促进城乡统一的劳动力市场的形成。城乡劳动力的市场竞争，使现代经济部门的工资水平上升势头变缓，企业相对人工成本下降，利润相应上升。同时，新转移到非农业部门就业的农业剩余劳动力还会为现代经济部门创造出新增利润，刺激现代经济部门追加投资、扩大再生产的能力，加快工业

---

① 中国经济网，2005年10月20日。
② 张勇：《农村劳动力转移就业现状、问题及对策》，《当代财经》2006年第7期。

化进程。

4. 摆脱旧观念的束缚、提高自身素质

农业剩余劳动力转移使农民告别世代繁衍生息的封闭乡野，卷入到现代社会生活的漩涡之中，所得的不仅是收入和技术，更重要的是，在精神上受到前所未有的现代化的洗礼。这对农民摆脱几千年来旧传统的束缚，克服在自给自足的小农经济环境中养成的墨守成规、不思变革与进取的秉性，具有重要的作用。

5. 农村劳动力的转移带来正面效应的同时也会带来一些社会问题

（1）由于走出的绝大多数人是有一定文化基础，体魄健壮的青年农民，留下的多为老弱病残和妇女儿童，农村劳动力的素质明显下降，严重影响了科学知识的普及和新技术的推广，部分地区出现农业劳动力不足的现象。（2）外出人员无法经营土地，对土地实行粗放式经营，耕地变荒现象大量出现，许多地区的农田和其他基础设施严重老化。（3）对输入地区来说，大量缺乏相应技术培训的农民工进城，其数量往往超过就业岗位的实际需要，造成就业困难，也给城市的治安、卫生、教育等管理工作带来了严重的困难。（4）由于各种条件的限制，流入城市的农村劳动力子女，无法像正常家庭的后代一样获得正常上学就业及技能训练的机会，使他们几乎是先天性地处于社会边缘状态；同时，由于亲情的缺失，他们比其他人更直接地感到各种社会压力，感到自己被父母、家庭、社会所抛弃，不利于其身心的健康成长。

（二）农村劳动力素质对中国农村劳动力转移的影响

2004年在中国劳动力七成左右的农村劳动力中，初中以下文化程度劳动力比重高达87.11%，其中文盲或半文盲劳动力占7.15%，小学文化程度占29.12%，初中文化程度占50.14%，高中文化程度的只占10.10%，中专文化程度的占2.11%，大专以上文化程度的仅占0.18%。在当年转移的农村劳动力中，小学以下文化程度的占当年转移总量的23.15%，初中文化程度的比重达62.19%，高中、中专文化程度的比重为10.12%，大专文化程度以上的占0.17%；经过专业培训的劳动力为12.17%。比较发现：占农村劳动力总量36.27%的小学以下文化程度的劳动力仅占当年转移总量的23.15%，而占农村劳动力总量63.73%的初中文化程度以上的劳动力占当年转移总量比重达76.85%。① 很显然，农村劳动力素质的高低对中国农村劳动力转移具有正相关性的影响。

1. 农村劳动力素质的高低影响农村劳动力转移的动机与意愿

农村劳动力是否实现转移，取决于其对迁移成本与收益的比较，在更大程度上取决于迁移预期收入。一般说来，文化素质高，具有较高技能的农村劳动力因为在城市能够找到更合适的岗位，对自己有较高的迁移预期收入，其迁移的动机和意愿更为强烈。农村劳动力是否迁移也与其获取信息和做出决策的能力有关。具有较高文化水平的农村劳动力能更为有效地对劳动力市场信息进行收集、加工和判断，他们有更为广泛的现代信息获取渠道，其获取的信息质量高、数量多，决策的正确程度较高，正面强化了其动机和意愿。因此，农村劳动力素质越高，其转移就业的意愿就越强烈，反之亦然。

有关中国的实证研究说明，农村劳动力素质的高低影响农村劳动力转移的动机与意愿。根据国家统计局的调查：2005年，在外出务工劳动力中，文盲占1.7%，小学文化程度占14.8%，初中文化程度占67.3%，高中文化程度占10.7%，中专及以上文化程度占5.5%，近85%的外出务工劳动力具备初中以上文化程度，而留在农村的劳动力中80%以上是小学文化程度。较高素质的劳动力都跑出来打工。罗泽利（Rozelle，1999）调查了中国200个村发现，受过较好教育的年轻人更愿意出来打工。罗伯特（Robert，2001）利用上海的调查资料证实，具有初中以上文化程度的劳动力不愿意在家务农。②

统计资料显示：1985年，中国农村劳动力的平均受教育年限为5.17年，非农劳动力6714万人，农村劳动力的非农就业占总就业人数的18%；1990年，非农劳动力人数增加到8673万人，所占比例增至20%；2000年，非农劳动力人数增长为15615万人，所占比例也增长为32%。中国农村劳动力的平均受教育年限与非农劳动力占农村劳动力比例呈现明显的正相关关系。从1985—2000年，中国农村劳动力的平均受教育年限从5.17年增至6.85年，非农劳动力占农村劳动力比例从18%增至32%

---

① 数据来源：中国统计数据库。
② 盛来运：《中国农村劳动力外出的影响因素分析》，《中国农村观察》2007年第3期。

(见表3—7)。说明农村劳动力素质越高,转移就业的意愿就越强烈。

表3—7　　　　中国农村非农劳动力比例与受教育年限

年份	非农劳动力人数（万人）	非农劳动力占农村劳动力比例（%）	农村劳动力平均受教育年限（年）
1985	6714	18	5.17
1990	8673	20	5.48
1995	12707	28	6.28
2000	15615	32	6.85

资料来源：国家统计局农村社会经济调查总队。

2. 农村劳动力素质的高低影响农村劳动力转移就业的竞争力

(1) 农村劳动力素质的高低直接影响其转移就业结构

2006年,中国农村外出就业劳动力从事的主要行业分布为：工业24.14%、商业经营9.18%、建筑业20.17%、运输业6.15%、餐饮业9.14%、美容美发1.18%、家政服务1.14%、伤病护理0.14%、其他服务业25.14%。从事各业的比重近年来变动幅度不大,农民工就业的稳定性正趋于增强。调查表明,2005年进城务工农民平均年龄只有28.6岁,40岁以上的进城务工农民仅占16%。在建筑业中,进城务工农民占到80%以上,在加工制造业中进城务工农民占到68%。[1] 不难看出,进城务工农民主要集中在技术含量低、工资低的行业。农村转移劳动力所从事的工作多以简单体力型劳动（如建筑业、制造业等）和青春型劳动（如餐饮服务、居民服务等劳动服务业）为主要特征,以体力、青春乃至健康为筹码的就业形式决定了转移劳动力的就业年限是极其有限的,这也就决定了其无法获得永续性的收入来源。提高农村劳动力素质,增强其职业技能,有利于他们进入更多的行业工作,扩大就业范围,增加就业机会。

事实上也是如此,随着社会主义市场经济体制的完善,中国城乡统一的劳动力市场的建立,农村剩余劳动力中,年轻力壮,具有一定文化基础和职业技能的群体将在就业竞争中处于明显有利地位。而且,随着科学技

---

[1]　张红宇：《我国农村劳动力转移就业的现状与政策建议》,《理论视野》2007年第7期。

术的发展和生产条件的改善，经济水平的提高和经济结构的调整，单纯依靠简单体力劳动的岗位就会越来越少，竞争将会趋于激烈，而技术含量高的技能型岗位将会增加，对技能型劳动力的需求必将增大，劳动力素质的高低将成为决定转移者就业机会和就业范围的关键因素。

（2）农村劳动力素质的高低直接影响其转移就业收入结构

中国农村非农劳动力即使进入了同一个行业领域，但由于文化水平不同，其所处的岗位和生产能力不同，其得到的收入也是不同的。据国家统计局农村社会经济调查总队 2000 年"乡村劳动力调查基层表"关于农村劳动力的就业和流动状况专项调查的数据进行分析：农村转移劳动力的文化教育水平与农村转移劳动力的汇寄款额显著正相关。农村转移劳动力每增加 1 年的教育水平每年可增加的汇寄款为 198 元，受过专业培训的农村转移劳动力的汇寄款额平均水平高出 13.7%。2000 年，农村转移劳动力中，文盲半文盲程度的劳动力的平均汇款为 3193.03 元，小学文化程度为 4123.49 元，初中文化程度为 4429.14 元，高中和中专文化程度的平均汇款在 5000 以上，大专以上的为 6036.62 元。对于从事同一行业的不同文化程度的劳动力，其平均汇款也是有很大差别的，例如同是从事建筑行业，小学文化程度的劳动力平均汇款 3902.95 元，高中文化程度的平均汇款为 5140.95 元，从事商业饮食业的劳动力，小学文化程度的平均汇款为 4377.19 元，高中文化程度的为 5293.29 元，总的来说，随着劳动力文化程度的提高，平均汇款额也在上升（见表 3—8）。

表 3—8　中国不同文化程度从事不同行业的非农劳动力的汇款情况　　单位：元

行业	文盲半文盲	小学文化程度	初中文化程度	高中文化程度	中专文化程度	大专及以上
工业	3768.85	4056.29	4322.85	5133.08	4787.98	5478.72
建筑业	2528.48	3902.95	4351.86	5140.95	6164.74	5956.47
商饮业	2909.74	4377.19	4275.93	5293.27	6302.06	6183.57
文教卫	3272.33	4405.60	4448.64	4895.89	4747.38	5725.75

资料来源：国家统计局农村社会经济调查总队。

3. 农村劳动力素质的高低影响农村剩余劳动力转移的规模与速度

中国自改革开放以来,中国农村人口,特别是农村劳动者受教育水平的状况得到进一步的改善。但整体水平依然落后于城镇水平,更与发达国家、部分发展中国家农村人口教育水平有较大差距,直接制约了农村剩余劳动力转移的规模与速度。2000 年,中国农村转移劳动力的平均受教育年限为 8.01 年,农村劳动力受教育年限为 6.84 年,转移劳动力的平均受教育年限大大高于平均水平。农村非农劳动力中文盲半文盲率为 1.2%,初中文化程度比率为 61.24%,高中文化程度的比率为 18.03%,大专及以上文化程度的占 1.4%,初中文化程度和高中文化程度的总共占了总数的 79.29%;而农业劳动力中初中文化程度和高中文化程度总共只占 50.26%,其中,高中程度的比率仅为 7.85%,大专及以上程度的在农业劳动力中仅占了 0.8%,相反文盲半文盲率却高达 11.27%(见表 3—9)。大部分的非农劳动力平均文化水平在初高中阶段,而农业劳动力却在小学和初中阶段,由此也可以看出,具有较高文化水平的农村劳动力更容易转移到其他非农行业。

表 3—9　　　　中国非农劳动力和农业劳动力受教育状况　　　　单位:%

人群	文盲半文盲	小学文化程度	初中文化程度	高中文化程度	大专及以上
非农劳动力	1.2	18.14	61.24	18.03	1.4
农业劳动力	11.27	38.47	41.77	7.85	0.08

资料来源:国家统计局农村社会经济调查总队。

浙江省农调队的抽样也显示:1995—2001 年浙江省转移的农村劳动力中,小学及以下文化程度的平均年转移率为 51.5%,而初中、高中及以上文化程度的分别为 71.4%、81.9%,均明显高于小学及以下文化程度的[1]。在农村劳动力中,具有较高文化水平的更容易进入非农行业。因其具有较高的文化水平,具有较强的学习能力和适应能力,这样的劳动力更容易被其他非农行业所接受,所以具有较好的流动能力。农村转移劳动

---

[1] 张芙桦:《论浙江农户的生产投入偏好》,《浙江统计》2002 年第 2 期。

力的文化程度明显高于农村劳动力的文化教育程度,主要表现为初中、高中文化程度的农村转移劳动力的比例增大,小学及以下文化程度的农村转移劳动力的比重减少。由此可见,文化程度越高的农村劳动力越容易实现就业转移,其非农化就业水平也越高。

有学者根据山东省相关资料分析[①],山东省1988年以来农村劳动力的就业分布看,就业结构的变化是很大的。农业的就业比重由1988年的74.28%下降为2002年的64.16%,下降了10.12个百分点,减少农业劳动力人数为322万人。相应的,非农就业比重上升了10.12个百分点。利用相关数据资料,对劳动力受教育年限与就业结构变动关系进行分析,经计算证明,非农就业与劳动者受教育年限呈现高度正相关关系($R^2=0.7737$),农业就业与劳动者受教育年限呈高度负相关关系($R^2=0.7711$)。这表明随着农村劳动力受教育程度的提高,文化素质高的农村劳动力向非农转移的比重越大,教育对农村劳动力就业非农化的作用越来越大(见表3—10)。

表3—10　　　1988—2002年山东省农村劳动力就业与劳均受教育情况

年份	乡村劳动力(万人)	农业(%)	非农就业(%)	劳均受教育年限(年)
1988	3227.05	74.28	25.72	6.25
1989	3271.84	74.66	25.34	6.49
1990	3348.29	74.90	25.10	6.69
1991	3479.11	76.09	23.91	7.16
1992	3532.95	74.37	25.63	7.28
1993	3568.91	73.04	26.96	7.47
1994	3561.71	71.02	28.98	7.56
1995	3572.53	69.81	30.61	7.70
1996	3565.01	69.43	30.57	8.06
1997	3588.65	69.60	30.40	8.14
1998	3595.83	69.16	31.64	8.09
1999	3619.51	68.36	31.64	8.17

---

① 王兴国:《农村人力资本投资与就业关系分析》,《江西农业学报》2006年第4期。

续表

年份	乡村劳动力（万人）	农业（%）	非农就业（%）	劳均受教育年限（年）
2000	3639.63	67.66	32.34	8.29
2001	3653.70	66.63	33.37	8.34
2002	3695.18	64.16	35.84	8.36

资料来源：王兴国：《农村人力资本投资与就业关系分析》，《江西农业学报》2006年第4期。

事实上也是如此，近年来随着中国农村劳动力素质不断提高，外出就业的农村劳动力迅速增加。据全国农村固定观察点系统调查推算，从1995年到2006年全国农村劳动力外出就业数量由5066万人增加到了11891万人，预计今后几年，每年劳动力转移新增人数将维持在500万—700万左右，增长速度在5%—6%。[①]

4. 农村劳动力素质的高低影响农村剩余劳动力转移的稳定性

市场经济条件下，就业机制的特征是能进能出、竞争上岗，素质较低的转移者很容易被素质较高的转移者所代替。农村劳动力在转移到其他非农行业的时候，工作的情况会影响到其工作的时间长短、工作转换的难易等。部分农村劳动力由于文化水平低，经常找不到工作，即使找到工作，也都为临时性、季节性工作，很不稳定，其中有一部分人会因为不能适应在外的工作或其他的原因而返乡。而相对来说，具有较高的文化水平或参加过培训的农村转移的劳动力更具有竞争力，返乡的比例较小。与之相应的是，与科技文化素质高的劳动者相比，文化技术素质低的农民工的合法权益也更易受到雇主的侵害，更易重返农村。

据国家统计局农村社会经济调查总队2000年"乡村劳动力调查基层表"，关于农村劳动力的就业和流动状况专项调查的数据进行分析：农村劳动力素质的高低与农村剩余劳动力转移的稳定性呈现明显的正相关关系。在2000年中国农村转移劳动力和返回劳动力中，农村转移劳动力的文化程度分别为文盲和半文盲1.20%，小学18.14%，初中61.24%，高中、中专18.02%，大专以上1.40%；返回劳动力的文化程度分别为文盲

---

① 张红宇：《我国农村劳动力转移就业的现状与政策建议》，《理论视野》2007年第7期。

和半文盲 5.88%，小学 25.72%，初中 56.73%，高中、中专 11.57%，大专以上 0.10%（表3—11）。与农村转移劳动力的文化程度分布相比较，小学文化程度以下农村转移劳动力返回率大大高于其转移率，初中及以上文化程度农村转移劳动力返回率大大低于其转移率，说明文化程度低的农村转移劳动力返回的可能性更大。

表3—11　　　中国农村转移劳动力和返回劳动力受教育状况　　单位：%

人群	文盲、半文盲	小学文化程度	初中文化程度	高中、中专文化程度	大专及以上	技术培训
返回劳动力	5.88	25.72	56.73	11.57	0.10	10.40
转移劳动力	1.20	18.14	61.24	18.02	1.40	29

资料来源：国家统计局农村社会经济调查总队。

另外，受过专业培训的返回劳动力占返回劳动力总数的 10.40%，比农村转移劳动力中受专业培训的比例 29% 低近 19 个百分点。总体上看，文化程度高的农村转移劳动力的转移相当稳定，返回比例很小。未受专业培训、文化程度低的转移劳动力返回的可能性较高些。

据统计：2006年全部农村外出就业劳动力中，有稳定就业岗位的占 57.8%，比上年提高了 2.9 个百分点；有就业岗位但是不稳定的占 37.6%，比上年下降了 3.0 个百分点；没有找到工作的占 4.2%，比上年下降了 0.3 个百分点。[1] 可见，随着农村转移劳动力科技文化素质进一步提高，农村剩余劳动力非农转移的稳定性也进一步提高。

---

[1] 《农村劳动力外出就业稳定性增强》，中央政府门户网站（www.gov.cn），2006年2月18日。

第四章

农村劳动力素质与中国农村产业结构调整和优化

农村产业结构调整和优化是传统农业经济向现代农业和现代工业经济转变的重要条件,不仅使农村劳动力就业结构不断调整和优化,对总要素生产率的增长带来重大影响,而且对农村经济发展、农民收入增长促进作用也十分明显。从发达国家的经验来看,农村产业结构调整过程实质上是由单一的高产型农业向高效多元化的农村经济转变的过程,是由低素质的体力型农业向高素质的智力型综合经济转变的过程,也是由传统的资源型农业向高科技知识型农村经济转变的过程。因此,不断提高农村劳动力素质对中国农村产业结构调整和优化有着非常重要的影响作用。

第一节 农村产业结构理论和实践的演进

农村产业结构调整和优化实践的演进由来已久,特别是在传统农业经济向现代农业和现代工业经济转变过程中,形成了非常丰富的产业结构和农村产业结构的基本理论。

一 产业结构和农村产业结构的基本理论

产业结构是指生产要素在各产业部门间的比例构成和它们之间相互依

存、相互制约的联系。① 产业结构理论，是以研究产业间的比例关系为对象的应用经济理论。它通过对产业结构的历史、现状及未来的研究，寻找产业结构发展变化的一般趋势，为规划未来的产业结构，为制定产业结构政策服务。② 长期以来，西方产业结构理论主要形成了三次产业划分理论、产业布局理论、结构调整理论和演变趋势理论等几大体系。③ 产业结构理论是经济发展理论的重要组成部分，在市场经济条件下，西方产业结构理论已成为指导各国产业发展和调整的主导理论。

（一）产业结构及农业产业结构理论主要观点

1. 配第—克拉克定律

产业结构理论的思想来源可以追溯到17世纪。威廉·配第在17世纪第一次发现了世界各国国民收入水平的差异和经济发展的不同阶段的关键原因是由于产业结构的不同。他于1672年出版的《政治算术》就通过考察得出结论：工业比农业收入多，商业又比工业的收入多，即工业比农业、商业比工业附加值高。英国经济学家科林·克拉克在威廉·配第研究成果基础上，深入地分析研究了就业人口在三次产业中分布状况的变动趋势，认为：随着经济的发展，人均国民收入水平的提高，劳动力首先由第一产业向第二产业移动；当人均国民收入水平进一步提高时，劳动力将由第二产业向第三产业移动。克拉克认为，造成劳动力从第一产业向第二、第三产业转移的原因是由经济发展中各产业间收入相对差异，即人们总是向高收入的产业移动。这一规律不仅可以从一个国家经济发展的时间序列分析中得到印证，而且，还可以从处于不同发展水平的国家在同一时点上的横断面比较中得到类似的结论。人均国民收入水平越高的国家，农业劳动力所占的比重相对越小，第二、第三产业劳动力所占比重相对越大；反之，人均国民收入水平越低的国家，农业劳动力所占比重相对越大，而第二、第三产业劳动力所占的比重相对越小。

---

① 宋涛：《调整产业结构的理论研究》，《当代经济研究》2002年第11期。
② 李伟等：《对传统产业结构理论的再认识》，《昆明理工大学学报》2000年第2期。
③ 赵儒：《中国产业结构调整战略思考》，《当代经济研究》1998年第4期。

2. 库兹涅茨法则

库兹涅茨在 1941 年的著作《国民收入及其构成》中就阐述了国民收入与产业结构间的重要联系。他通过对大量历史经济资料的研究得出重要结论，即：库兹涅茨产业结构论，产业结构和劳动力的部门结构将趋于下降。他将产业结构重新划分为"农业部门"、"工业部门"和"服务部门"，并使用了产业的相对国民收入这一概念来进一步分析产业结构。由此，使克拉克法则的地位在现代经济社会更趋稳固。库兹涅茨在 1965 年出版的《经济增长与结构》中，进一步收集和整理 20 多个国家的庞大数据，从国民收入和劳动力在产业间的分布入手，对伴随经济增长的产业结构变化作了分析研究。他认为，随着经济发展和产业结构的变化，国民经济部门结构变动规律如下：（1）农业部门（即第一次产业）实现的国民收入，随着年代的延续，在整个国民经济收入中的比重（国民收入份额）与农业劳动力在全部劳动力中的比重（劳动力份额）一样，同样处于不断下降之中；（2）工业部门（即第二次产业）的国民收入的相对比重，大体看来是上升的，然而工业部门劳动力的比重，将各国的情况综合起来看是大体不变或略有上升的；（3）服务部门（即第三次产业）的劳动力比重，差不多在所有国家都是上升的，国民收入的相对比重则未必与劳动力相对比重的上升同步，大体上保持不变或略有上升。

3. 刘易斯—费—拉尼斯模式

刘易斯在荷兰社会学家波克观点的启发下，于 1954 年写出著名论文《劳动力无限供给下的经济发展》，建立二元结构模式来论证劳动力由乡村向城市转移的问题。后来，费景汉和拉尼斯等人又在刘易斯理论的基础上进一步发展，成为刘易斯—费—拉尼斯模式。他们把二元结构的演变分为三个阶段。第一阶段类似于刘易斯模型，农业部门存在着隐蔽性失业，劳动边际生产率为零或接近于零，劳动力供给弹性无限大；在第二阶段和第三阶段中，拉尼斯和费注意到农业部门逐渐出现了生产剩余，这些生产剩余可以满足非农业生产部门消费，从而有助于劳动力由农业部门向工业部门移动。所以，农业对促进工业增长所起的作用，不只是消极地输送劳动力，而且还积极地为工业部门的扩大提供必不可少的农产品。

4. 舒尔茨观点

舒尔茨在 1964 年出版的《改造传统农业》一书中，用新古典主义的分析方法从理论上阐明了发展农业的积极意义，对传统农业的性质提出了新的见解。舒尔茨认为在传统农业中，农民的经济行为是合乎理性的。在现有的技术条件下，尽管农业生产率很低，但要素配置已经达到帕累托最优状态。改造传统农业，必须改革现有的土地制度，并在价格、资金、信贷、科研和教育方面采取国家扶持政策，尤其要重视和加强人力资本投资。[1]

5. 马克思产业结构论

(1) 产业划分理论。马克思将社会总生产分成生产资料（Ⅰ）和消费资料（Ⅱ）两大部类。但是，马克思提出的两大部类仅指物质生产部门，不包括非物质生产部门。虽然可以揭示社会再生产运动的总规律，但不能揭示产业结构演进的一般规律。

(2) 结构均衡论。马克思分析说明了在简单再生产条件下，必须满足：

$$Ⅰ(v+m) = Ⅱc$$

并引申出 2 个公式，即

$$Ⅰ(c+v+m) = Ⅰc + Ⅱc$$
$$Ⅱ(c+vm) = Ⅰ(v+m) + Ⅱ(v+m)$$

在扩大再生产情况下，两大部类生产的平衡条件为：

$$Ⅰ(c+v+m) = Ⅰc + Ⅱc + Ⅰ\Delta c + Ⅱ\Delta c$$
$$Ⅱ(c+v+m) = Ⅰ(v+m/x) + Ⅱ(v+m/x) + Ⅰ\Delta v + Ⅱ\Delta v$$

马克思抽象而清楚地阐明了社会再生产实现的条件，但在现实生活中，产业部门众多，产业结构中包括了多种产业部门之间相互提供中间产品的错综复杂的联系。因此，运用马克思的结构均衡理论难以描述产业之间多部门的投入产出联系，对于产业结构的区际协调应用性不强。

---

[1] 谭崇台：《发展经济学》，山西经济出版社 2000 年版，第 197—207 页。

(3) 生产资料优先增长理论。马克思首先提出了生产资料生产优先增长的规律。列宁则将马克思的这一思想和资本有机构成的理论及再生产公式相结合,提出了在技术进步条件下,生产资料生产优先增长的规律。他指出,在扩大再生产过程中,增长最快的是制造生产资料的生产资料生产,其次是制造消费资料的生产资料生产,最慢的是消费资料生产。这一理论在一定前提下可以反映一国产业结构的变化情况。

6. 其他农业产业结构观点

(1) 美国经济学家努特森(R. D. Knutson)在其《农业与食物政策》一书(1998年第4版)中,专门有一章的标题就是《农业结构》。他给"农业结构"下的定义是:"农业结构涉及的是农场的数量和规模、资源的所有权和支配权,以及农事活动方面管理的、技术的和资本的组织。"

(2) 日本的经济学家石黑重明、川口谛的《日本农业结构与发展方向》中,用日本农业就业、农户的投资、金融、地租和土地利用、农民兼业、生产组织等来描述日本农业结构及其变化。

上述关于"农业结构"的描述主要有两个角度:①主要从制度、社会条件来看的农业结构,也就是从农业的所有制、农场(农户)的数量和规模、农场的组织方式、农业技术水平、农产品的市场等来研究农业结构;②主要从农产品的角度来看,农业结构又可以有广义和狭义之分:前者是对种植业、畜牧业、林业、渔业、狩猎业等在农业部门内的重要性(比例)进行研究;后者是在以上各业内部再细分,对各种产品的数量的变化以及品种、质量等方面进行研究。

(二) 中国学术界对农村产业结构内涵的界定

由于自身不同的特点,中国学者在研究农业产业结构的同时,侧重于农村产业结构的研究。当前,中国学术界对于农村产业结构内涵的解读虽然有所不同,但总体上来讲差异不大。概括起来,主要有以下几种比较有代表性的观点:

1. 白玛[①]认为,农村产业结构就是在一定的地域内,农村各个产业部门之间,各产业内部的组合形式和比例关系。农村这个空间领域,是农村

---

① 白玛:《中国农业起飞战略》,经济科学出版社1991年版。

社会系统、经济系统、生态系统相互交错的综合体。农村产业是指农村的各生产部门和为生产、消费服务的流通、交换等各种经济部门和行业。

2. 李平[①]认为,农村产业结构,是指农村经济系统内部各产业部门及这些部门中各种类在整个农村经济中的组合方式和量的构成比例。

3. 陈柳钦[②]认为农村产业结构是一个多层次的复合系统,它是指农村这个地域内产业之间产业内部各层次之间及其产业各层次内部的相互关系的结构,包括农村三次产业之间、产业内部各部门之间、部门内部各项目之间、项目中各产品之间的关系。农村产业结构与农业产业结构不是一个意义上的概念,农村产业结构强调的是产业在农村这个地域,是个区域性概念。它具体表现为农村劳动力、固定资产及其他资源在各产业之间分配构成的状况,是农村生产力结构的中心。

4. 王清峰[③]认为农村产业结构是农村拥有土地、劳动力、资金及各种资源在各产业间的分配构成关系的体现,是一种多层次的复合系统结构。第一个层次指农村大农业内部农(种植业)、林、牧、渔之间的关系;第二个层次指整个农村经济中农业(大农业,第一产业)与第二、第三产业的关系。农业和非农业两者相互联系、相互作用,既反映了农村经济发展的状况,又对农村经济发展的速度、规模以及效益等产生影响。

二 农村产业结构演变规律与发展趋势

产业结构调整、演变、升级的根本动力在于科学技术的进步和生产力的发展,它不能超越经济的发展水平和发展阶段,也就是不能脱离科技的发展水平和劳动力资源的数量结构和质量的状况。因为劳动力资源的数量结构和质量水平是产业结构调整和升级的基础,决定着产业结构能否顺利调整和升级。在产业结构的演变中,劳动力资源总是处于积极主动的地位。没有一定的劳动力资源作基础,仅仅依靠体制改革、产业政策倾斜、产权关系的调整很难带来生产要素与资源的优化配置,很难使劳动生产率

---

① 李平:《我国农村产业结构的调整约束及转换选择》,《农村发展论丛》1991年第5期。
② 陈柳钦:《农村产业结构调整的内涵、特点及对策》,《重庆邮电学院学报》(社会科学版)2004年第1期。
③ 王清峰:《对农村产业结构优化调整的思考》,《学术交流》2001年第2期。

提高，难以达到产业结构调整的目的。产业结构演变与经济增长具有内在联系。产业结构的高变换率会导致经济总量的高增长率，而经济总量的高增长率应会导致产业结构的高变换率。随着技术水平的进一步提高，这两者间的内在联系日益明显，社会分工越来越细，产业部门增多，部门与部门间的资本流动、劳动力流动、商品流动等联系也越来越复杂。

（一）产业结构演变规律理论

1. 配第定理

最早注意到产业结构演变趋势的是配第。他在《政治算术》这部名著中，比较了英国农民收入和船员的收入，发现后者是前者的 4 倍；他还发现荷兰的人均国民的收入比其他欧洲国家要高。据此，他得出结论：比起农业来，工业的收入多，而商业的收入又比工业多。这一发现被称为配第定理。配第定理揭示了结构演变和经济发展的基本方向。由于时代的局限性，配第未能看到结构变动和人均国民收入水平的内在关联。

2. 克拉克定律

克拉克在 1940 年出版的《经济进步的条件》一书中，通过开创性的统计分析和研究，揭示了人均国民收入水平与结构变动的内在关联，重新阐释了配第定律。其结论是：随着人均国民收入的提高，劳动力首先由第一产业向第二产业转移；当人均国民收入水平进一步提高时，劳动力便向第三产业转移。劳动力在不同产业之间流动的原因在于各产业之间收入的相对差异。

3. 库兹涅茨人均国民收入影响论

库兹涅茨在继承克拉克研究成果的基础上，从劳动结构和部门产值结构两个方面，对人均产值与结构变动的关系作了更为彻底的考察。他在《各国的经济的增长》一书中，对 57 个国家的原始资料进行了处理。并作了截面分析和实践序列分析，结论是：在按人口平均产值的较低组距内（70—300 美元），农业部门的份额显著下降，非农业部门的份额相应地大幅度上升，但其内部（工业与服务之间）的结构变动不大。在按人口平均产值的较高水平组距内（300—1000 美元），农业部门的份额与非农业部门份额之间变动不大，但非农业部门内部的结构变化则比较显著。

1800—1910 年美国农业劳动力所占份额的长期变化基本上反映了这

一总体趋势（见表4—1）。

表4—1　　1800—1910年美国农业劳动力所占份额的长期变化

年份	总人口（万）	城市人口占%	务农人数（万）	务农劳动力占%
1800	530	6.1	127	74.4
1810	720	7.3	169	72.3
1820	960	7.2	225	71.4
1830	1290	8.7	298	69.8
1840	1710	10.8	388	67.2
1850	2320	15.3	489	59.7
1860	3140	19.8	626	58.9
1870	3856	25.6	691	53.0
1880	5016	28.2	870	49.4
1890	6295	35.7	1017	42.6
1900	7600	39.7	1092	37.5
1910	9197	45.7	1159	31.0

资料来源：根据美国农业部历年《农业统计年鉴》整理。

（二）中国学术界关于农村产业结构演变规律与发展趋势的基本观点

与世界其他学者的研究不同，中国学者在研究农业产业结构的同时，更侧重于农村产业结构的研究。认为农村产业结构是整个经济产业结构的重要组成部分，产业结构的演进和优化直接影响和促进农村产业结构调整和优化；反过来，农村产业结构的合理化也会对整个经济产业结构起到重要的促进作用。目前，中国学术界关于农村产业结构演变规律与发展趋势基本观点主要有以下几种：

1. 马晓河[①]将中国农村产业结构比例（包括生产要素组合和产值配置等）的演变过程归纳为4个阶段，即起步阶段，Ⅰ（第一产业）＞Ⅲ（第三产业）＞Ⅱ（第二产业）；初变阶段，Ⅰ＞Ⅱ＞Ⅲ；递转阶段，Ⅱ＞Ⅰ＞Ⅲ；发达阶段，Ⅲ＞Ⅱ＞Ⅰ。

---

① 马晓河：《我国农村产业结构变动研究》，《中国农村经济》1987年第3期。

2. 宗庆长[①]研究认为农村产业结构演变的规律为，农村第一、二、三产业发展的时序和主体地位依次转移，是农村产业结构变化的基本趋势；农村第一产业内部结构合理化和高级化，是农村产业结构合理化的基础；农村第二产业的发展是农村产业结构合理化、高级化的关键；农村第三产业的发展是第一、二产业发展的必然要求。

3. 贾生华[②]认为，农村产业结构变动的一般趋势可以分为三个大的阶段：第一阶段，以农为主、农副结合的结构，存在于工业化以前的自然经济中；第二阶段，以农为主、农工分离的结构，存在于工业化过程中；第三阶段，以非农产业为主、农工商一体化的结构，出现在工业化基本完成以后。中国农村区域产业结构变动中存在着两种相反的协调力量和发展趋势：（1）区域产业结构趋同，即各区域的产业结构沿着共同的方向发展，如农业份额下降、农村产业结构非农化等；（2）区域产业结构专业化，即各区域之间分工协作，这两种相反的趋势是对立统一的，共同促进产业结构现代化。

4. 王贵宸[③]等研究认为，在以农业为主体的自然经济时期，剩余劳动力一般先向商业、交通业和饮食业转移，这时期农民资金的主要来源是农产品剩余的出售，积累较少，因此，农民也可能将资金投放在投资少、周期短、见效快的第三产业中去。在以农业向工业为主体的结构过渡时期，剩余农业劳动力多数转移到工业生产中去。当形成以工业为主体结构以后，农业剩余劳动力（包括一部分工业剩余劳动力）主要是向第三产业转移，中国一般地区农村剩余劳动力大体沿着"三、二、一"的次序进行。

5. 刘朝明[④]认为各国走向未来的农村产业结构主要表现为五大趋势：集约化，反映了产业要素构成的素质变化；一体化，反映了城乡产业走向协调发展的动向；非农化，反映了农民追求比较经济利益的产业选择方向；企业化，反映了农村产业组织形式的创新倾向；综合化，反映了农村产业组合在技术进步和非农化浪潮的推动下，从单一走向多样化经营，从

---

① 宗庆长：《论农村产业结构演变的规律性及其对策》，《北方工业大学学报》1989 年第 1 期。
② 贾生华：《中国农村产业结构变动机制分析》，《农村经济与社会》1990 年第 3 期。
③ 王贵宸、庚德昌等：《中国农村产业结构论》，人民出版社 1991 年版。
④ 刘朝明：《中外农村产业结构比较研究》，中国社会科学出版社 1992 年版。

封闭走向开放的趋势。在对农村各次产业产值比例变化进行研究后提出农村产值结构模式的 4 个递进阶段：初期阶段，Ⅰ＞Ⅱ＞Ⅲ，初级结构；量变阶段：Ⅱ＞Ⅰ＞Ⅲ，部分换位；质变阶段：Ⅱ＞Ⅲ＞Ⅰ，全面换位；高级阶段：Ⅲ＞Ⅱ＞Ⅰ，高级结构。

6. 范莲芬[1]根据世界各种经济类型国家近、现代经济发展的历史经验，特别是近几十年来农村产业结构的演变情况，认为中国农村产业结构的演变有以下趋势：城乡一体化趋势；农业就业份额下降趋势；农业产值比重下降趋势；多部门协调发展趋势。

7. 陈会英[2]认为中国农村产业结构演化的总趋势具体表现在：(1) 从数量上看，农业份额不断下降，农村产业非农化趋势，种植业中粮食面积比重不断下降，经济作物比重不断上升，农业中种植业比重下降，林、牧、副、渔比重上升；农村农产品加工业的比重由不断上升随之发展又呈下降的趋势；(2) 从质上看，农村产业结构将由单一封闭型的自然经济向多元开放型的商品经济演化；(3) 从区域上看，一方面呈现区域专业化趋势，农村小城镇趋势，另一方面呈现城乡一体化，农、工、商一体化的趋势。

8. 周至祥[3]认为，农村产业结构的发展趋势，可以从两个方面来考察：(1) 从总体上考察，即从农村第一、二、三产业的发展状况去考察。第一产业在农村产业结构中所占的比重会不断下降。第二、三产业的比重却会不断上升。(2) 从各产业自身的发展及其组成部分的变动趋势去考察：第一，畜牧业的发展要快于种植业。第二，随着畜牧业的发展，种植业从属于畜牧业的倾向越来越明显。第三，畜牧业和种植业内部结构中，适应高消费需要的产品部门得到了迅速发展。

显然，从中国农村产业结构演化的总趋势来看：农业份额不断下降，农村产业非农化趋势，种植业中粮食面积比重不断下降，经济作物比重不断上升，农业中种植业比重下降，林、牧、副、渔比重上升；农村农产品加工业的比重由不断上升随之发展又呈下降的趋势；农村产业结构将由单

---

[1] 范莲芬、罗根基：《略论我国农村产业结构的演变趋势》，《财经科学》1990 年第 4 期。
[2] 陈会英：《中国农村产业结构演化问题研究》，《农村经济与社会》1991 年第 2 期。
[3] 周至祥、范剑平：《农村发展经济学》，中国人民大学出版社 1988 年版。

一封闭型的自然经济向多元开放型的商品经济演化；农业区域专业化趋势、城乡一体化、农、工、商一体化趋势明显。中国农村三大产业结构呈现"一、二、三"向"二、一、三"，最终过渡到"三、二、一"的次序递进的态势。

三 农村产业结构调整模式及其方向

（一）发达国家农村产业结构调整模式及其方向

1. 发达国家农村产业结构调整模式

从发达国家农村产业结构来看，可以归结为两种模式:[①]

（1）城乡产业一体化结构模式，即以美国、西欧国家为代表的，以城乡产业融通为前提条件，实现农业与非农产业结合，由国民经济第一、二、三产业中与农业有关联的部门组成综合体产业结构体系和合作社产业结构体系。

（2）农业协作型模式，即以日本为代表的，以农户占有制作为组织基础，以农业作为产业主体，城乡产业处于分离状态，农业的产前、产中、产后过程中的某些职能在农协的组织下实现集中和联合。

2. 国外农村产业结构调整的方向

发达国家农村产业结构调整其实也是一个不断反复和变化的过程。从目前来看，国外农村产业结构调整的方向具有以下几方面的特点：

（1）粮食生产结构由食用谷物为主的结构向食用谷物与饲料谷物共同发展的结构转变，在这一转变中，畜牧业既是强大的动力，本身又得到了发展。

（2）种植业生产结构由生产粮食为主向粮食作物、经济园艺作物、饲料作物、水果、蔬菜等共同发展转变，在这一转变中，人们的需求增长和技术进步是动力，种植业的效益和稳定程度得到了很大提高。

（3）农业由种植业为主的结构向种植业、畜牧业、林业等共同发展的结构转变，这一转变不仅符合需求诱导的理性，也符合产业储存的生态

---

① 张淑洁、王延明：《国外农村产业结构优化的过程及对吉林省的启示》，《吉林省经济管理干部学院学报》2007年第4期。

理性。

（4）农村产业结构由农业产业为主向农业产业与非农产业结合、共同发展的结构转变。这一转变的内在动力是农村剩余劳动力需要向外转移的冲力，外在动力是工农关系的差距拉大与收入平衡的压力，转变的结构是农村的工业化和农村的城镇化。农村产业结构调整中一个普遍的动态是农业的产值下降，农业经营普遍实现了规模化、专业化和农工商一体化。

（二）中国农村产业结构调整的目标和原则

1. 中国农村产业结构调整的目标

农村产业结构调整都有其明确的目标，中国农村产业结构调整也不例外。根据联合国粮农组织与荷兰政府《关于可持续农业和农村的丹波斯宣言和行动纲领》倡议，农业和农村经济可持续发展有三个基本目标：即稳步增加粮食生产，确保食物安全；促进农村综合发展和增加农民收入，消除农村贫困状况；合理利用和保护自然资源，维护和改善生态环境。因此，中国调整农村产业结构应该基于上述三大目标，促进农村经济的全面协调发展，不断改善人民的物质文化生活，以尽可能少的人力、物力、财力、能源的投入，取得最大可能的社会、经济、生态的综合效益。具体地讲有以下几点：

（1）安全目标。农村产业结构调整必须有利于稳步增加粮食生产，确保食物安全，满足社会对农产品的需求，不断提高和改善人们的食物构成。

（2）效率目标。农村产业结构调整必须有利于促进农村各产业生产效率的稳步提高，保证农民收入持续稳定的增长，使其接近、达到甚至超过城市居民的收入和生活水平。

（3）生态目标。农村产业结构调整必须有利于合理利用和保护自然资源，节约资源、能源，保持良好的生态环境。

2. 中国农村产业结构调整的原则

根据农村产业结构调整的目标以及发达国家农村产业结构优化的国际经验来看，农村产业结构优化应遵循以下原则：

（1）市场主导原则。产业结构转换的动力是市场需求变化的各类经济主体在市场竞争中追求利润最大化的利益驱动。农村产业结构调整实际上也是如何适应市场需求的变化,使市场主体获得尽可能大的经济效益、社会效益、生态效益。在计划经济时期,农产品都是按政府计划进行生产,多种什么、少种什么都依照国家的指令性计划,然后由政府统购统销,因此那时的结构调整是以政府计划为主的调整。改革开放后,市场逐步取代了计划,一切按市场经济的原则办事,中国农村产业结构的调整也是如此,必须坚持以市场为导向的原则,借助市场来使农村产业结构趋于合理化,由原来的单一的农产品市场逐步发展到围绕农产品的第二、三产业发展的市场。

(2) 经济安全原则。中国人口多、耕地少,以占世界7%的耕地面积养活占世界22%的人口,即解决13亿多人口的基本农产品的需求,这是一项十分艰巨的任务。近年来,国际上"谁来养活中国人?"等"中国威胁论"论调甚嚣尘上,除了极少数别有用心的人外,也包括一些人对中国如此庞大人口基本农产品的需求和供给的担忧。对于中国而言,特别是粮食等基本农产品不仅是作为一般的商品,而且是一种特殊的战略性的商品,它直接关系着国家的经济安全和人们的基本生活。因此,农村产业结构调整必须有利于稳步增加粮食生产,确保食物安全,满足社会对农产品的需求,不断提高和改善人们的食物构成。

(3) 比较优势原则。从国内来看,中国地大物博,各地区农村自然条件、生产力发展水平差异较大,农村产业结构调整必须因地制宜,根据不同地区特点选择不同的主导产业和主导产品,发挥各地的比较优势,避免不同地区农村产业结构的低水平重复。从国际上来看,比较优势也是国际贸易的基石。中国具有比较优势的主要是劳动密集型产品,因此,只有充分发挥自身的优势,才能够更多利用国际国内两种资源、两个市场来发展自己,增强国际竞争力,在国际市场上赢得主动权。

(4) 集约化和产业化原则。中国传统农业的基本特征是自给自足、为生存而生产,在市场经济条件下,这一特征已经无法适应市场和竞争的需要,集约化、规模化和产业化成为商品化农业的必然选择。如何进一步适应消费者多样化的需求,不断降低成本、提高经济效益,是市场化条件下农业生产经营的基本要求。随着人们生活质量的提高,对农产品的品种、质量要求必然越来越高,这显然是传统农业无法满足的。消费层次高度化带动农村产业结构高度化,因此,农村产业结构的调整也必然是一个集约化、规模化和产业化不断提高的过程。发达国家的经验表明：一个农业劳动者生产的产品，通常会有3—5个人从事于产品的加工、销售及相关的服务业，加工与营销部门增加的服务的种类和数量被认为是一个国家发达程度的"可靠的标志"。

（5）可持续发展原则。农业和农村的可持续发展是人类社会、经济持续发展的基础。农村产业结构的调整必须考虑到可持续发展问题。目前，工业化社会带来的环境污染、土壤退化、全球变暖，以及由此而带来的许多人类疾病，使国际社会越来越关注农业的可持续发展问题，关注人们身边的环境质量问题。因此，中国农村产业结构调整必须重视农业和农村的可持续发展，依靠科技进步，强调农村产业结构调整与生态环境的保护相结合，努力实现农村人口、经济、社会、生态环境之间的协调发展。

第二节 中国农村产业结构现状及其制约

农村产业结构形成是由农村市场经济发展的客观要求所决定的。但是，农村产业结构不是一个孤立的产业结构体系，它是整个产业结构的一个重要的组成部分。事实上，农村产业结构的发展和演进主要是建立在整个经济产业结构的演进和优化的基础之上的，整个经济产业结构的演进和优化直接影响和促进农村产业结构调整和优化。

经过近30年的改革和发展，中国农村产业结构有了较大程度的改善，在一定程度上改变了长期以来困扰中国农村经济发展的结构单一、效率低下等发展的桎梏，农业生产效率有了较大程度的提高、农村各产业间得到了全面协调的发展、农村居民的物质文化生活得到了较大程度的改善。但是，对比农村产业结构调整和优化的目标，中国农村产业结构仍然存在一些比较突出的问题。

一 中国第一产业在三大产业结构中比例不合理

从三大产业结构演变趋势来看：随着生产力水平的不断提高，第一产业本身的增长相对减缓甚至停滞，其产业增加值在GDP中的比重、就业劳动力数量在整个社会劳动力中所占比重均呈现不断下降的趋势。第一产业仍然是整个国民经济的基础,在整个社会发展中起着特殊的作用,但从其经济增长和经济整体结构中的动力结构和构成比例的变化来看,它已处于次要地位。发达国家产业结构演变的事实也说明,支撑现代经济增长的直接原因是处于优势地位的部门的高速增长,其占经济总量中的较高份额和强劲的增长态势,抵补了原有老的产业增长势头下降的趋势,因而它们对总体增长的贡献也特别大。从需求角度看,工业和服务业由于需求收入弹性较高,随着人均国民收入的提高,其需求将越来越大,相反,农业的需求收入弹性会随着人均收入水平的提高而逐渐降低;从供给角度看,农业的技术进步速度低于其他部门特别是工业部门。这样,需求收入弹性高且技术进步速度快的工业和服务业必然获得较快的增长速度,在国民生产总值中的比重也会不断提高,而农业的增长速度则相对较慢,在国民生产总值中的比重也会不断下降。一些已经完成工业化、实现经济现代化进程的西方发达国家对此作了一个很好的诠释:经济发展水平高低与农业在国民生产总值和劳动力中的比重大小成反比关系。随着生产力水平的不断提高,所有发达国家第一产业增加值在 GDP 中的比重、就业劳动力数量在整个社会劳动力中所占比重均呈现不断下降的趋势。1989 年发达国家第一产业增加值在 GDP 中的比重、就业劳动力数量在整个社会劳动力中所占比重均在 6.8%(日本)以下,最低仅为 2%(见表 4—2)。与发达国家第一产业增加值在 GDP 中的比重、就业劳动力数量在整个社会劳动力中所占比重相比,中国第一产业的比重明显偏高。

(一)第一产业增加值在 GDP 中的比重偏高、生产效率低

1. 中国三大产业产值比日趋合理化

经过近三十年的改革和发展,中国三大产业结构有了较大程度的变化,更加趋于合理化。从表 4—3 显示的 1978—2006 年中国三大产业产值在 GDP 中的比重来看:1978 年中国三大产业产值在 GDP 中比重分别为 27.9%、47.9%、24.2%,到 2006 年则分别为 11.7%、48.9%、39.4%,第一产业产值比从 27.9%下降到 11.7%。这意味着随着中国生产力水平的不断提高,工业化的进程进一步加快,非农产业部门得到更快的发展,这符合传统农业经济向现代化经济转变的一般规律。

表 4—2　　　　主要工业国家工业化过程中农业份额的变化　　　单位:%

国家	年份	农业产值份额	年份	农业劳动力份额	劳均产值
英国	1801—1811	32	1800	35	0.91
	1841	22	1841	23	0.96
	1901	6	1901	9	0.67
	1924	4	1921	7	0.57
	1980	2	1980	2.6	0.77
	1989	2	1989	2	1
法国	1789—1815	50	1866	43	1.16
	1908—1910	35	1911	30	1.17
	1954	12	1955	20	0.6
	1980	3.8	1980	5.5	0.69
	1989	3	1989	5.5	0.55
德国	1850—1859	40.9	1852—1858	54.1	0.82
	1935—1938	13.6	1939	26.0	0.52
	1959	7.0	1964	11.3	0.62
	1980	1.7	1980	5.8	0.29
	1989	2	1989	3.8	0.53
美国	1839	69	1840	68	1.01
	1879	49	1870	51	0.96
	1919—1928	12	1910	32	0.38
	1960	4.1	1960	8.1	0.51
	1980	2.1	1980	3.5	0.6
	1989	2	1989	2.4	0.83
日本	1879—1883	62.5	1872	85.8	0.73
	1904—1913	40.6	1900	71.1	0.57
	1924—1933	22.4	1920	54.6	0.41
	1959—1961	13.6	1964	27.6	0.49
	1980	3.6	1980	11.2	0.32
	1989	3	1989	6.8	0.44

资料来源:库兹涅茨:《现代经济增长》,北京经济学院出版社1989年版。《1991年世界统计表》,联合国粮农组织:《1990年生产年鉴》资料整理。

注:劳均产值为产值份额与劳动力份额之比。

表 4—3　　　　　1978—2006 年中国三大产业产值比　　　　单位:%

年份	国内生产总值	第一产业	第二产业	第三产业
1978	100.0	27.9	47.9	24.2
1980	100.0	29.9	48.2	21.9
1985	100.0	28.2	42.9	28.9
1990	100.0	26.9	41.3	31.8
1995	100.0	19.8	47.2	33.0
2000	100.0	14.8	45.9	39.3
2005	100.0	12.6	47.5	39.9
2006	100.0	11.7	48.9	39.4

资料来源:《中国统计年鉴》2006、2007,中国统计出版社。

2. 中国第一产业增加值在 GDP 中的比重仍然偏高

据统计:1992 年美国三大产业产值在 GDP 中比重分别为 2.0%、29.2%、68.2%,第一产业产值在 GDP 中比重仅为 2.0%[①]。而中国 2006 年第一产业产值比仍然为 11.7%,相比之下中国第一产业增加值在 GDP 中的比重仍然偏高,说明中国工业化的程度还不够高。而从发达国家的经济发展史来看,农业生产率的增长与工业化进程毫无例外地呈现高度的正相关关系,工业化是促进农业生产率增长和农业现代化的必要条件。反过来,也就是说中国农业生产率仍然处于较低的水平。

(二) 中国第一产业劳动力就业比比例偏大

1. 中国第一产业劳动力就业比例下降

中国第一产业劳动生产率低的另外一个表现形式就是第一产业从业劳动力数量多、比重大。几千年来,中国一直就是一个传统的农业大国,农业人口始终占据着主体地位。随着中国经济改造的完成,中国经济发展的工业化、现代化的目标指向逐步明晰,非农产业特别是工业发展迅速,生

[①] 资料来源:《从数字看经合组织》(成员国统计),1994 年。

产力水平也不断提高,第一产业从业劳动力数量以及占整个就业劳动力比重开始逐步下降。统计资料显示：1952年中国第一产业从业劳动力数量占整个就业劳动力比重仍为83.5%。随着1978年中国"改革开放"政策的实施和不断的深化,中国经济发展跃上了一个新的台阶,产业结构进一步趋于合理化、高级化和现代化。从1978—2006年中国三大产业劳动力就业比重发生的变化来看,可以明显感受到中国经济发展的工业化、现代化的步伐在进一步加快。1978年中国三大产业劳动力就业比比重分别为70.5%、17.3%、12.2%,到2006年则分别为42.6%、25.2%、32.2%。第一产业从业劳动力数量占整个就业劳动力比重从1952年的83.5%,1978年的70.5%迅速下降到2006年的42.6%,下降幅度分别达到40.9和27.9个百分点,中国第一产业劳动力就业比比例日趋下降(见表4—4)。

表4—4　　　　　1952—2006年中国三大产业从业劳动力比

年份	就业人员（万人）	第一产业比（%）	第二产业比（%）	第三产业比（%）
1952	20729	83.5	7.4	9.1
1957	23771	81.2	9.0	9.8
1962	25910	82.1	8.0	9.9
1965	28670	81.6	8.4	10.0
1970	34432	80.8	10.2	9.0
1975	38168	77.2	13.5	9.3
1978	40152	70.5	17.3	12.2
1980	42361	68.7	18.2	13.1
1985	49873	62.4	20.8	16.8
1990	64749	60.1	21.4	18.5
1995	68065	52.2	23.0	24.8
2000	72085	50.0	22.5	27.5
2005	75825	44.8	23.8	31.4
2006	76400	42.6	25.2	32.2

资料来源：《中国统计年鉴》2006、2007,中国统计出版社。

2. 中国第一产业劳动力就业比比例偏高

中国第一产业从业劳动力数量占整个就业劳动力比重从1952年的83.5%迅速下降到2006年的42.6%，使得中国第一产业劳动力就业比比例日趋合理化。但是，与一些已经完成工业化、实现经济现代化的西方发达国家相比，中国的差距仍然相当明显。表4—5、4—6显示：目前主要发达国家农业劳动力比重不到10%，非农业劳动力比重均在90%以上，美国、英国等少数发达国家农业劳动力比重仅为3%左右。显然，与经济现代化的要求相比，中国第一产业从业劳动力比重仍显太大。在中国，农业劳动生产率低、农民增收困难，一个很重要的原因是农业劳动力太多。因而，进一步减少农业人口，加快农村剩余劳动力的转移，这是提高中国农业劳动生产率、增加农民收入的重要途径。

表4—5　　　　　　　　按三次产业划分的就业

国家	第一产业（%）2000年	第一产业（%）2003年	第二产业（%）2000年	第二产业（%）2003年	第三产业（%）2000年	第三产业（%）2003年
中国	50.0	49.1	22.5	21.6	27.5	29.3
孟加拉国	62.1	—	10.3	—	23.5	—
印度尼西亚	45.3	46.4	13.5	13.2	41.2	40.4
以色列	2.2	1.8	24.0	22.6	73.0	74.8
日本	5.1	4.6	31.2	28.8	63.1	65.6
哈萨克斯坦	—	35.3	16.3[1]	17.0	48.1[1]	47.8
韩国	10.6	8.8	28.1	27.6	61.2	63.5
马来西亚	18.4	14.3	32.2	32.0	49.5	53.7
蒙古	48.6	41.8	14.1	15.6	37.2	42.6
巴基斯坦	48.4	42.1[2]	18.0	20.8[2]	33.5	37.1[2]
菲律宾	37.4	37.4[1]	16.0	15.6[1]	46.5	47.0[1]
斯里兰卡	—	34.3	—	23.4	—	38.7
新加坡	0.2	0.2	34.2	24.1	65.4	75.6
泰国	48.5	44.9	17.9	19.7	33.5	35.3
土耳其	36.0	33.9	24.0	22.8	40.0	43.4

续表

国家	第一产业（%）2000年	第一产业（%）2003年	第二产业（%）2000年	第二产业（%）2003年	第三产业（%）2000年	第三产业（%）2003年
越南	65.3	59.7	12.4	16.4	22.3	23.9
埃及	29.6	27.5[②]	21.3	20.6[②]	49.1	51.9[②]
南非	14.5	10.3	24.1	24.5	60.9	65.1
加拿大	3.3	2.8	22.6	22.5	74.1	74.7
墨西哥	17.4	16.3	26.9	25.0	55.2	58.4
美国	2.6	2.5[②]	23.0	21.6[②]	74.4	75.9[②]
阿根廷	0.7	1.3	22.7	19.9	76.2	78.3
巴西	—	19.8[②]	20.0[①]	21.6[②]	59.4[①]	58.4[②]
委内瑞拉	10.2	10.7	22.3	19.8	67.4	69.1
保加利亚	26.2	10.1	28.3	32.8	45.5	57.1
捷克	5.1	4.5	40.0	39.7	54.8	55.8
德国	2.6	2.5	33.7	31.9	63.6	65.5
意大利	5.4	4.9	32.4	32.2	62.1	62.8
荷兰	3.3	3.0[②]	21.3	20.3[②]	72.9	74.1[②]
波兰	18.8	18.4	30.9	28.6	50.4	53.0
罗马尼亚	42.8	35.7	26.2	29.8	31.0	34.5
俄罗斯联邦	12.7	10.0	29.6	31.3	57.7	58.7
西班牙	6.6	5.7	31.3	30.8	62.0	63.6
乌克兰	20.5	18.9	31.4	29.9	48.1	51.2
英国	1.5	1.2	25.4	23.5	72.7	75.0
澳大利亚	5.0	4.0	21.8	21.2	73.2	74.8
新西兰	8.7	8.2	23.2	22.3	67.6	69.3

资料来源：世界银行数据库。注：①2001年数据。②2002年数据。

（三）中国第一产业生产率偏低

第一产业增加值在 GDP 中的比重偏高，意味着中国工业化程度相对较低。速水佑次郎、弗农·拉坦在论述工业化对农业发展的作用时曾总结性地指出："工业化能够在许多方面影响农业：非农业部门的增长增加了对农产品的需求；较有利的要素—产品价格比例提高了农业生产者对机械和生物投入品的需求；工业化对要素市场的影响甚至可能比对产出市场的影响更重要……不断进步的工业经济由于以下几种能力的增强也促进了农业生产率的增长：(1) 支持农业研究的能力；(2) 支持农村地区一般教育和生产教育的能力；(3) 支持更有效率的运输通讯系统发展的能力；(4) 服务于农村地区的物质和制度的基础结构的其他部分的普遍增强。"① 第一产业增加值在 GDP 中的比重偏高，意味着中国第一产业生产率偏低。

表 4—6　　　发达国家非农业劳动力比重变化（1880—1980）　　　单位：%

年份	美国	英国	法国	日本	丹麦
1880	45	84	51	21	46
1890	52	86	55	28	49
1900	57	88	56	35	53
1910	64	88	60	43	55
1920	69	89	60	52	58
1930	74	90	67	57	62
1940	78	—	—	64	67
1950	85	91	67	60	77
1960	91	94	79	74	77
1970	96	97	84	85	89
1980	97	97	90	91	91

资料来源：根据速水佑次郎、弗农·拉坦：《农业发展论》，附录 B 整理。

1. 中国第一产业劳均产值低且相对下降

劳均产值为产值份额与劳动力份额之比。一般而言，如果某行业产值份额低于劳动力份额，意味着这一行业的劳动生产率低于全国平均劳动生产率水平，即平均每个劳动者生产的产值低于在全国人均 GDP 中的比重。

表 4—7 显示：从 1978—2006 年中国第一产业劳动力在全部劳动力中的比重、产值在 GDP 中的比重均呈现快速下降的趋势，这意味着中国经济工业化程度进一步加快。但是，中国第一产业的劳动生产率并未随之得

---

① ［日］速水佑次郎、［美］弗农·拉坦：《农业发展论》，1985 年版，第 132 页。

到相应的提高，1978年中国第一产业劳均产值为0.40，2006年下降到0.275，还不到全国平均劳动生产率水平的三分之一。因此，中国农业劳动生产率依然维持低位运行。中国第一产业相对较低的劳动生产率极大地限制了第一产业的发展和从业人员收入水平、生活水平的提高。

表4—7　　　　　　　　中国农业劳均产值　　　　　　　　单位：%

年份	第一产业劳动力比重	第一产业产值比重	第一产业劳均产值
1978	70.5	27.9	0.40
1980	68.7	29.9	0.44
1985	62.4	28.2	0.45
1990	60.1	26.9	0.45
1995	52.2	19.8	0.40
2000	50.0	14.8	0.30
2005	44.8	12.6	0.28
2006	42.6	11.7	0.275

资料来源：2006、2007《中国统计年鉴》资料计算所得，中国统计出版社。

2. 中国农业劳动生产率远低于发达国家水平

中国农业与发达国家农业还存在着巨大的差距。总体上还没有摆脱传统农业的地位，最突出的是农业劳动生产率太低。1988—1998年中国农业劳动力占全部劳动力之比从72.6%下降到68.0%，下降4.6个百分点；同期，美国、澳大利亚、荷兰、日本分别从3.0%、5.7%、4.7%、8.0%下降到2.2%、4.7%、3.4%、4.6%，下降幅度分别为0.8、1.0、1.3、3.4个百分点。虽然下降幅度不及中国，但同期中国农业劳动力占全部劳动力之比分别比美国、澳大利亚、荷兰、日本高69.6、66.9、67.9、64.6和65.8、63.3、64.6、63.4个百分点，处于高位运行。美国、澳大利亚、荷兰、日本1997—1999年农业劳动生产率分别相当于中国同期农业劳动生产率的123.42、99.468、163.27、96.899倍，差距非常明显（见表4—8）。这可以明显地看到农业劳动生产率高低与农业劳动力占全部劳动力的比例有着很强的负相关关系。

表 4—8　　　　　　　　农业劳动生产率的国际比较

国家	农业劳动力占全部劳动力之比（%）		农业劳动生产率*（美元）	
	1988年	1998年	1987—1989年	1997—1999年
中国	72.6	68.0	222	316
美国	3.0	2.2	—	39001**
澳大利亚	5.7	4.7	22932	31432
荷兰	4.7	3.4	31328	51594
日本	8.0	4.6	21914	30620

资料来源：劳动力数字依据粮农组织。*"劳动生产率"指一个农业劳动者创造的增加值。**1996—1998年数字，引自世界银行《2002年世界发展报告》。

从农业年平均增长率来看，中国也远低于美、日等发达国家的水平。据统计，1952—1992年间，中国农业部门实际劳均净产值按1950年的价格计算，从161.5元增加到264.8元，40年间增加了63.96%，每年平均增长1.24%，远低于美国和日本此前100年平均增长率（美国3.1%，日本2.7%）。[①]

第一产业增加值在GDP中的比重偏高而且劳动生产率低，一方面说明当前中国经济工业化、现代化水平不高，非农产业部门给予农业部门发展的各方面的支持有限，产业结构有待于进一步合理化、高级化；另一方面也说明，只要进一步优化产业结构，加快社会经济现代化的进程，中国经济的发展还有更大的发展空间和潜力。

二　中国农村产业结构不合理

农村产业结构与农业产业结构不是一个意义上的概念，农村产业结构强调的是产业在农村这个地域，是个区域性概念。从组成内容上看，农村产业由第一产业——农业、第二产业——农村工业、第三产业——农村服务业组成。一般而言，农村产业结构的调整和优化通常会使农村的产业结

[①] 郭熙保：《农业发展论》，武汉大学出版社1995年版，第351页。

构从简单再生产时代的单一种植业结构,逐步调整为大农业结构,再继续上升到多元化产业结构,这种产业结构由单一到多元、逐步细化的过程,是一个产业不断升级进化的过程,将使产业结构愈来愈合理,生态循环愈来愈平衡,经济效益愈来愈提高。

(一) 20世纪80年代以来中国农村产业结构有所改善

1. 中国农村产业结构有所改善

经过20世纪70年代末期以来近三十年的改革和发展,中国农村产业结构在结构合理化和高级化方面取得了一定的成效。与改革前相比,农村三次产业结构得到了一定程度的矫正,非农产业取得了前所未有的发展:(1) 农村产业结构已经摆脱改革以前以第一产业,特别是以种植业为主的单一产业结构形态,进入"三次产业"共同发展的新的历史发展阶段;(2) 随着农村"三次产业"共同发展局面的形成,尤其是农村非农产业的快速发展,农村产业结构更加趋于合理化和高级化。表4—9显示:1978年和1998年相比,中国农村三大产业产值比重分别由68.6%、26.1%、5.3%调整为22.3%、63.6%、14.1%。第一产业产值比重有了较大幅度的下降,第二产业和第三产业产值比重有所上升。虽然与合理的三次产业结构还存在着较大的差距,但产业结构变动的总体趋势是合理的。

表4—9　　　　1978—1998年农村各产业产值结构的变化　　　　单位:%

年份 产业	1978	1980	1985	1990	1996	1997	1998
第一产业	68.6	68.9	57.1	46.1	26.5	24.4	22.3
第二产业	26.1	25.9	35.7	46.3	62.5	62.2	63.6
第三产业	5.3	5.2	7.2	7.6	11.0	13.4	14.1

资料来源:农业部《中国农村经济发展50年》。

2. 中国农业内部产业结构有所改善

据统计:1978—2001年,中国农业增加值年均增长40.7%,农业总产值年均增长6.3%。从农业本身来看,改变了过去那种比较单一的生产结构,农业生产不再以种植业为主,而是农、林、牧、副、渔各业都得到了发展，种植业比重逐年下降。2001年种植业产值占农业总产值的55.2%，比1978年下降了24.8个百分点；畜牧业和渔业的比重逐步上升，分别由1978年的15.0%和1.6%上升到2002年的30.9%和10.8%。[1]

(二) 中国农村产业结构仍然有待进一步优化

在改革开放以来，中国农村产业结构的调整取得巨大成就，但同时也应看到在中国农村，"三次产业"之间的结构、比例仍然存在诸多不合理性，需要不断调整。在"三次产业"的共同发展过程中，各产业的发展速度、水平不同，在劳动力分布、产值和投资等方面也存在较大差异，并没有形成农村"三次产业"协调发展的合理布局，现存的农村产业结构中仍存在着一些不合理现象。

1. 农业产业结构不合理

农业产业结构是一个复杂的多层次的综合体系。其第一层次包括农业、林业、牧业、渔业在内的部门结构；第二层次是农、林、牧、渔各部门内部的生产项目结构；第三层是产品品种结构。因此，农业产业结构就是指农、林、牧、渔业各部门之间、生产项目之间以及产品品种在社会再生产过程中质的相互联系和数量比例关系。[2] 而农业产业结构调整也就是按照市场原则，遵循价值规律，以提高经济效益为中心目标，将农业各业及各业内部重新进行选择、优化，使其由低级向高级、由传统农业向现代农业转化。其实质是对农业各种生产资源进行优化配置，使其发挥出最大的经济效益。目前，中国农业产业结构不合理主要表现在以下几方面：

(1) 农、林、牧、渔各行业比例不协调

衡量第一产业内部结构是否协调，主要是看第一产业各部门的产品是否能满足全社会对农产品多样化的需求。社会对农产品的需求结构是调整第一产业结构的依据，也是衡量该产业内部结构是否协调发展的标准。一般而言，随着生产力水平的提高，社会消费结构也会随之发生变化，人们

---

[1] 张光宏．《农村产业结构．问题与对策》，《社会科学家》2006年第3期。
[2] 陈柳钦：《农村产业结构调整的内涵、特点及对策》，《重庆邮电学院学报》（社会科学版）2004年第1期。

对肉禽蛋奶、水产品及其制品的需求会显著增加。表4—10基本上反映了消费结构变化的大趋势。中国种植业比重从1978年的80.0%下降到2006年的50.75%,同期畜牧业比重、渔业比重则分别由15.0%、1.6%上升到32.16%、12.45%。但是,与一些西方发达国家相比,在广义农业层次上,中国种植业产值比重仍然偏高,2006年比例高达50.75%,林业、牧业和渔业发展相对显得不足。1985年,美国、英国、法国畜牧业产值在农业产值中的比重就分别达到了49.98%、60.8%、53.7%。[1] 长期以来,种植业一直是中国农村收入的最主要来源。但是,中国农业最大的特点是人口多、耕地少,人均耕地面积1.2亩左右,仅为世界人均水平的32%,使得种植业不具有国际比较优势,在现有的技术水平条件下,单位土地的产出很难再有大的提高,增加农民收入就会很困难。

表4—10　　　　1978—2006年中国农业总产值结构的变化　　　　单位:%

年份 类别	1978	1980	1985	1990	1995	2000	2005	2006
种植业比重	80.0	75.63	69.25	64.66	58.4	55.7	49.7	50.75
林业比重	3.4	4.23	5.21	4.31	3.5	3.8	3.6	3.76
畜牧业比重	15.0	18.42	22.06	25.67	29.7	29.7	33.6	32.16
渔业比重	1.6	1.71	3.48	5.26	8.4	10.8	10.1	12.45

资料来源:《中国统计年鉴》2006年资料整理,中国统计出版社。

(2) 种植业内部结构不合理

农产品品种结构、种植结构、区域结构趋同,也会使供求之间形成结构性矛盾,并出现结构性剩余,诱发了一些新的矛盾。在中国传统的观念中,农民的职业就是种粮食,农民的追求就是多打粮食,所以长期以来中国粮食种植比重较大,而经济作物、其他作物种植比重较小。表4—11种植业内部结构的变化显示:粮食作物种植面积比重由1995年的73.43%下降到2006年的67.18%,同期经济作物比重则由22.08%上升到28.2%,表明种植业内部结构在市场经济条件下,通过市场机制的作用,

---

[1] 张秀生:《中国农村经济改革与发展》,武汉大学出版社2005年版,第331页。

逐渐趋于合理化,但经济作物比重仍然偏小。另外,同期其他作物比重由4.49%增加到4.62%,仅仅增加0.13个百分点,意味着种植业生物多样性受到影响。

表4—11　　　　　　　　种植业内部结构的变化　　　　　　　　单位:%

类别＼年份	1995	2000	2003	2004	2005	2006
粮食作物比重	73.43	69.39	65.22	66.17	67.07	67.18
经济作物比重	22.08	25.91	29.47	28.84	28.15	28.2
其他作物比重	4.49	4.70	5.31	4.99	4.78	4.62

资料来源:《中国统计年鉴》2007,中国统计出版社。

(3) 畜牧业内部结构不合理

目前,中国农村养殖业存在的主要问题是养殖规模较小、品种较单一。一般家庭养殖大多还未形成大规模经营,没有规模效应;养殖品种主要集中在一般禽畜,缺乏特种养殖。另外,中国农村养殖业长期偏重于耗粮型的养猪业生产,节粮型的草食畜牧业和饲料报酬率高、蛋白质转化率高的禽类生产发展不足。从1990—2002年中国畜牧业内部产值构成比例来看,养猪业生产虽然从54.1%下降到48.9%,仍然占据半壁江山,其他养殖品种增长幅度不大、比例较小(见表4—12)。

表4—12　　　　　　　　中国畜牧业内部产值构成　　　　　　　　单位:%

品种＼年份	1990	1995	2000	2001	2002
猪	54.1	53.5	51.9	50.7	48.9
牛	—	—	5.4	5.6	5.8
羊	2.7	4.7	4.7	4.9	5.5
家禽	11.7	14.1	15.8	15.8	16.2
活畜禽产品	21.0	19.2	18.5	19.1	19.1
其他	10.5	8.5	3.7	3.9	4.5

资料来源:《中国农村统计年鉴》2003,中国统计出版社。

2. 中国农村工业发展较快，但存在较大困难

目前，中国农村农业发展除了农业资源的局限以外，还表现在以下四个方面的约束：第一，比较利益少，农产品价格低，抑制了农业的发展，影响了农民从事农业生产的积极性；第二，农作物种植业的生产经营规模过于狭小，工具简陋、技术落后，还处于传统的家庭手工业阶段，不利于生产要素的优化组合，不利于土地生产率、劳动生产率以及经济效益的提高和农业的现代化；第三，原有的许多基础设施老化、失修，而且农田基本建设投入不足，许多农田水利设施损坏严重，造成有效灌溉面积大为减少；第四，农业投资下降。

由于农业的比较利益低，且回收期长，农民把资金投向收益较高的工商业也是必然的。中国改革开放三十年来，农村工业以其市场调节、经营灵活、成本低廉、效益较高等特点，异军突起，已经成为农村的重要产业部门，在整个工业中的比例已达 20%。但是，在农村工业快速发展的过程中，仍然存在一些突出的问题，制约着农村工业整体素质的提高：

（1）中国农村工业技术和管理水平相对比较低

中国农村工业的代表是"乡镇企业"。以"乡镇企业"为代表的农村工业，曾以其市场调节、经营灵活、点多面广、成本低廉、试销对路、效益较高等特点，曾经创造了中国工业产值"三分天下有其一"的经济发展奇迹。但是，自 20 世纪 90 年代中期以来，随着中国宏观经济形式的变化，市场的供求格局开始由长期以来的供不应求向供求平衡甚至部分产品供过于求转变，消费者对于产品的质量、性能、功能、品牌、售后服务等要求越来越高。农村工业固有的资金少、规模小、技术水平低、产品质量差等问题日益突出，企业的产品结构越来越不能适应市场竞争要求，农村工业发展面临前所未有的市场压力。与此同时，在中国经济发展过程中，环境的代价和成本越来越大，环境污染（水、空气、土壤）越来越严重，直接影响和伤害人们的生产、生活和社会经济的可持续发展。因而，政府加大对污染大户工业企业的治理在所难免，这对于治污设施相对短缺的农村工业来说，必然面临更为巨大的环保压力。目前，除少数采用现代技术和装备以及现代管理方法以外，绝大多数农村工业不能适应进一步发展的需要。

(2) 农村工业与城市工业发展趋同

农村工业与城市工业发展不够协调，特别是与城市工业结构趋同现象严重。据统计：目前中国乡属独立核算工业中，产值比重超过 5% 的行业有纺织业、非金属矿制品业、化学原料及化学制品业、食品加工业、金属制品业、电气机械及器材制造业、普通机械工业。乡及乡以上全部工业中，产值超过 5% 的行业分别是纺织业、化学原料及化学制品业、黑色金属冶炼及压延工业、食品加工业、非金属矿制品业、交通运输设备制造业。其中有 4 个行业与乡属工业行业相同。[①] 表 4—13 显示：乡村工业与国有、乡及乡以上工业的结构高度相似。村办企业与独立核算国有企业、乡及乡以上企业结构相似系数分别为 0.68、0.71，而乡属企业与独立核算国有企业、乡及乡以上企业结构相似系数则分别为 0.73、0.88。农村工业与城市工业结构趋同既无法发挥出农村自身的优势，又会出现与城市工业相互争夺能源、原材料和市场的局面，制约和限制农村工业发展。

表 4—13　中国乡村工业与国有、乡及乡以上工业的结构相似系数

	独立核算国有企业	乡及乡以上企业
村办企业	0.68	0.71
乡属企业	0.73	0.88

资料来源：根据《中华人民共和国第三次全国工业普查资料汇编》计算得出，中国统计出版社 1997 年版。

(3) 农村工业与农业的关联度很低

农村工业与农业发展不够协调，农村工业与农业的关联度很低。据统计：中国农村工业与农业的关联系数只有 0.46%。[②] 农村工业与农业的关联度低，意味着不能使绝大多数农产品就地加工增值。与发达国家

---

① 胡金华：《我国农村产业结构政策成效分析》，《中共福建省委党校学报》2002 年第 2 期。

② 陈柳钦：《农村产业结构调整的内涵、特点及对策》，《重庆邮电学院学报》（社会科学版）2004 年第 1 期。

相比，中国农产品的加工程度只有西方发达国家的一半，而经过两次以上深加工的农产品只相当于发达国家的四分之一，发达国家农产品加工业的产值一般为农业产值的2—3倍，而中国只有80%左右。农村工业与农业的关联度很低，一方面反映中国农村工业与农业发展不够协调，没有发挥其自身优势；另一方面也意味着中国农村工业在农产品加工等方面大有发展前途。

(4) 中国农村工业布局分散，无法发挥工业应有的整体和聚集效应

分散布点、遍地开花是中国农村工业的一大特色，但这种布局，并不符合工业聚集的基本规律。中国农村工业布局过于分散，不利于其发展所必需的基础设施的构建和综合利用，加大了重置的成本，影响企业的综合经济效益；中国农村工业布局过于分散，企业规模的扩大往往必须占用大量耕地，导致了资源的巨大浪费，同时，由于受到土地、社区关系等因素的牵制，往往损失企业规模经济效益；中国农村工业布局过于分散，无法发挥工业应有的整体和聚集效应，从而加剧了农村工业化与农村城市化的不协调。

3. 农村第三产业发展依然滞后

第三产业的发展程度，是产业结构优化和经济现代化的一个重要标志，它不仅提升了社会生产和人民生活的质量，也有利于吸纳劳动力的就业。在西方发达国家第三产业吸纳的劳动力通常占劳动力总数的60%—70%。第三产业的发展对农村经济的发展也是如此。一般而言，随着农村第二产业的比重急剧上升，工业化进程的加快，农村第三产业必然也要以更快的速度发展，这是农村产业结构合理化和高级化的必然趋势。改革开放以来，随着中国农村第二产业的快速发展，第三产业也有了长足的进步，得到了很大的提高。但是，与农村经济发展的需要相比，中国农村第三产业虽比过去有了很大发展，但其发展还存在许多突出的问题：

(1) 农村第三产业发展水平低

长期以来，中国农村第三产业发展滞后，远低于农村经济发展的需要。从表4—14显示1978—1998年中国农村非农产业产值结构的变化来看，1978年农村第二、三产业比重分别为83.1%、16.9%，到1998年分别为81.9%、18.1%。在这一时期，农村第二产业占据绝对优势，产值

比重均在80%以上，第三产业比重均小于20%，农村第二、三产业结构严重不合理；同时，农村第三产业发展速度相对较慢，1978—1998年农村第三产业比重仅提高了1.2个百分点。这显然不能满足中国农村经济发展的需要。

表4—14　　　　1978—1998年农村非农产业产值结构的变化　　　　单位：%

产业	1978年	1980年	1985年	1990年	1996年	1997年	1998年
第二产业比重	83.1	83.3	83.2	85.9	85.0	82.3	81.9
第三产业比重	16.9	16.7	16.8	14.1	15.0	17.7	18.1

资料来源：农业部《中国农村经济发展50年》。

(2) 农村第三产业结构不合理

农村第三产业发展中存在的档次低、规模小，产业化、集约化程度低，经济效益差等问题突出，不能满足农村经济发展的需要，特别是农业社会化服务体系、农村金融、农村商贸业、农村交通运输等。具体表现在：一是农村流通体系的构建不完善。农村商品营销网络不健全，网点设置、网络布局不合理，城乡商业网点的相互延伸、衔接不够，许多产品不能及时运进运出，不能适应商品经济和市场经济发展的需要。二是农村技术服务体系欠缺。各种农业科学技术推广、服务不到位，农业技术人员不足；农产品质量安全和标准服务体系，动物防疫和植物保护体系，农产品认证认可服务体系等严重不足。三是农村经济信息服务体系发展滞后。农村农业技术信息、农产品流通信息、农业资源信息、劳动力市场信息、病虫害防治信息、农业气象信息等信息服务发展滞后。四是农村经济组织化程度低。发展农村各类专业合作经济组织，是中国农村经济逐步走向市场化、社会化、国际化的重要条件。目前，中国农村经济组织化程度相当低，缺乏必要的组织和引导。五是农村教育问题严重。教育经费不足，教育设施差，教师待遇低下，队伍不稳，中学教育的方向不符合农村经济发展的实际，不利于培养新型农民等等。这样，很难使中国农村经济发展再上一个新台阶，也很难使农民生产、生活水平有更大程度的提高。

第三节　农村产业结构调整和优化的经济效应

农村产业结构的层次是在农村经济活动由简单到复杂、由低级到高级的发展过程中形成的，它由社会生产力水平决定，同时又受着消费需求、自然资源及劳动力、资金、技术等生产要素的影响。因此调整农村产业结构使其趋于合理化、高级化是生产力发展规律和产业结构演变规律的客观要求。产业结构转换的动力是市场需求变化的各类经济主体在市场竞争中追求利润最大化的利益驱动，农村产业结构调整和优化也是如此。农村产业结构不合理必然影响生产要素有效配置，影响到整个农村经济增长的效率水平，进而影响和制约农村经济乃至整个国民经济发展。因此，通过农村产业结构调整和优化，实现各种资源的优化配置，是农业和农村经济发展的主要推动力，是增加农民收入、增强社会稳定、保证农村社会经济持续发展的源泉。

一　农村产业结构的调整和优化的就业增长效应

（一）农村产业结构的调整和就业增长关系

产业结构理论研究证明，不同的产业结构状态实质上代表着不同的劳动力配置状态，产业结构的变动能够使劳动力资源得到更有效合理的配置。农村产业结构的调整和优化与农村劳动力就业增长、就业结构改善呈现明显的正相关关系。

1. 农村产业结构的调整和优化会使得农业产值占国民生产总值相对比重不断下降，会加快农村劳动力不断从农业部门转移到其他部门的进程，从而也促进农业劳动生产率的不断提高。

2. 农村产业结构的调整和优化会使得工业和服务业市场规模不断扩大，促进新兴行业不断涌现，其吸收劳动力的能力会越来越强，劳动力就业的相对比重就会相对上升。[①]

[①] 何忠伟、曾福生：《农村产业结构调整影响经济增长的模型构建与分析》，《农业技术经济》2002 年第 4 期。

(二) 中国农村产业结构的调整和优化的就业增长效应

农村产业结构的变化对农村经济发展的一个明显的效应是为农村劳动力创造了就业机会。中国农村人口多、耕地少，人均耕地面积仅为0.27公顷。面对中国农村人多地少、大量农村劳动力处于潜在失业状态的局面，切实可行的选择，就是在农村发展工业、建筑业、运输业、商业、饮食服务业等非农产业，通过产业结构调整为大量的农村剩余劳动力寻找新的就业空间。

1. 中国农村产业结构演变

长期以来，中国农村经济发展一直保持着传统农业的模式，农村工商业及其他服务业发展缓慢。但是，20世纪70年代末开始的中国农村经济体制改革及随之而来的全面的经济体制改革，使中国农村经济发生重大的变化，中国农村产业结构也随之发生重大调整。从表4—15的数据可以看出，1980—2000年中国农村产业结构发生重大的变化，从产值结构来看，1980年农业、农村工业、农村建筑业、农村运输业、农村商业产值占中国农村总产值比重分别为68.6%、19.4%、6.6%、1.7%、3.7%，到2000年分别为17.4%、60.6%、9.0%、6.1%、6.9%。1980—2000年中国农村农业产值同比下降了51.2个百分点，同期农村工业产值同比则上升了41.2个百分点，其他如农村建筑业、农村运输业、农村商业产值也均有不同程度的提高。

表4—15　　　　　1980—2000年中国农村产业产值结构　　　　单位：%

年份	农业	农村工业	农村建筑业	农村运输业	农村商业
2000	17.4	60.6	9.0	6.1	6.9
1980	68.6	19.4	6.6	1.7	3.7

资料来源：各年《中国统计年鉴》，中国统计出版社。

2. 中国农村产业结构演变带来了就业结构的重大调整

中国农村产业结构演变带来了就业结构的重大调整。从1980—2000年中国农村劳动力结构来看：1980年农业劳动力占农村劳动力的比重高达89.6%,而这个比重到2000年已下降到60.6%,下降了29个百分点,大量的农村劳动力转移到非农产业。据统计,这一过程中,非农产业发展吸收了1.5亿劳动力,而农业劳动力只增加了0.26亿人。也就是说,1980—2000年农村劳动力增长量中的81.4%被农村非农产业所吸收。从目前的情况看,虽然非农产业的发展尚不足以全部吸收中国庞大的农村剩余劳动力,但农村产业结构的调整和优化的就业增长效应在中国农村经济发展过程中的意义和作用是十分巨大的。农村产业结构的调整和优化的就业增长效应已经开始使中国一些经济发达地区的乡镇,由于乡镇企业和非农产业的发展,甚至使得当地的劳动力出现不足,需要从外地引进劳动力(见表4—16)。

表4—16　　　　　1980—2000年中国农村劳动力结构　　　　单位:%

年份	农业	农村工业	农村建筑业	农村运输业	农村商业
2000	60.6	18.4	9.0	7.0	5.0
1980	89.6	5.8	1.9	1.3	1.4

资料来源:各年《中国统计年鉴》,中国统计出版社。

二 农村产业结构调整的农村全社会的生产要素效率提高效应

农村产业结构调整不仅带来了农村劳动力就业结构的重大调整,也引发了其他所有生产要素的优化组合,从而引起农村全社会的生产要素效率的提高。

(一)农村产业结构调整对农村产业比较劳动生产率的影响

1. 库兹涅茨关于农村产业比较劳动生产率的观点

库兹涅茨认为,产业比较劳动生产率与产业结构和经济发展水平有着密切的关系,当产业结构、人均国民收入水平较低时,第一产业的比较劳动生产率与第二、第三产业的比较劳动生产率差距也较大;随着国民收入水平的提高,农业的就业比重就会越低,三大产业间的比较劳动生产率的

第四章 农村劳动力素质与中国农村产业结构调整和优化 / 133

差距会缩小,经济越发展,这种差距便越小。

2. 中国农村产业比较劳动生产率变化的比较分析

2000 年与 1980 年相比,全国农村劳均社会总产值提高了 4.37 倍,农业的劳动产值仅提高了 62%,而非农产业的劳均产值则提高了 4.13 倍。同时,农村产业结构调整在农村经济的总要素生产率增长中也扮演了极其重要的角色。1980—2000 年中国农村经济总要素生产率增长的 90% 来自于产业结构的改变,这表明产业结构的变动在农村经济效率提高的过程中起着举足轻重的作用。

表 4—17　　　　中国农村产业比较劳动生产率的变化　　　　单位:%

	2000 年	1980 年
农业	0.37	0.73
农村工业	6.16	3.20
农村建筑业	1.37	7.17
农村运输业	2.19	5.63
农村商业	3.07	11.78
农业/农村工业	0.0601	0.2281
农业/农村建筑业	0.2701	0.1018
农业/农村运输业	0.1689	0.1297
农业/农村商业	0.1205	0.0620

资料来源:何忠伟、曾福生:《农村产业结构调整影响经济增长的模型构建与分析》,《农业技术经济》2002 年第 4 期。

表 4—17 显示:从农业比较劳动生产率与农村其他各业比较劳动生产率之比的变动趋势来看,农业比较劳动生产率与农村工业的比较劳动生产率的差距有所扩大,由 1980 年的 0.2281 下降到 2000 年的 0.0601,说明农村剩余劳动力向农村工业转移能提高其劳动生产率;而与农村建筑业、农村运输业和农村商业的差距有所缩小,分别从 1980 年 0.1018、0.1297、0.0620 上升到 2000 年的 0.2701、0.1689、0.1205,表明农业劳

动力向农村建筑业、运输业和商业转移速度较快，而这些产业又是劳动相对密集的产业。因此，中国在政策上鼓励农村剩余劳动力向农村工业、农村建筑业、运输业、商业转移，有利于农村总体经济效率的提高。

(二) 中国农村产业结构变动对总要素生产率增长的影响

1. 中国农村产出、要素配置结构及其影响

中国农村产业结构、要素配置结构变动对总要素生产率增长有着非常重要的影响。有学者[①]根据表4—18，分析产业结构变化对经济增长的影响，进而采用以柯布—道格拉斯生产函数所导出的增长速度方程加以适当变形得到产业结构效应值（见表4—19）。

表4—18　　　1980—2000年中国农村产出及要素配置结构

单位：亿元、万人

年份	农村社会总产值	非农产业产值	农林牧副渔业总产值	农林牧副渔业劳动力	农业外劳动力	农业资金投入	农村其他业资金投入
1980	6337	1976	4360	29808	2451	3120	305
1985	11322	4858	6464	30352	4768	4191	721
1988	15682	8337	7346	31456	6203	4754	1577
1989	16813	9239	7575	32441	6024	4909	1906
1990	17680	9529	8151	33336	6080	5085	2168
1995	41430	29759	11671	32335	8328	6475	9577
1998	61467	36950	24517	32626	13806	7782	13801
1999	61891	37372	24519	32912	13985	7608	13592
2000	64701	39785	24916	32798	15165	7835	13945

资料来源：各年《中国统计年鉴》，中国统计出版社。注：产值与资金投入以1990年不变价格计算。

---

① 何忠伟、曾福生：《农村产业结构调整影响经济增长的模型构建与分析》，《农业技术经济》2002年第4期。

表 4—19　　　　　　1980—2000 年农村产业结构效应值

年份	SEV 劳动（亿元）	SEV 资本（亿元）	RSV 劳动	RSV 资本
1980—1988	2205.07	5138.48	0.2359	0.5498
1989—2000	2874.47	23517.80	0.0910	0.7447

资料来源：何忠伟、曾福生：《农村产业结构调整影响经济增长的模型构建与分析》，《农业技术经济》2002 年第 4 期。注：SEV、RSV 分别为结构效应值、相对结构效应。

表 4—19 显示，1980—2000 年，农村产业结构的变化使农村劳动力的人均生产率水平提高了 54%，资金的平均生产率提高了 165%。1980—1988 年，农村劳动力结构的变化产生了 2205 亿元的结构效应，占总量增长的 23.59%；资金投入结构的变化产生了 5138.48 亿元的结构效应，占总量增长的 54.98%。1989—2000 年，农村劳动力结构的变化产生了 2874.47 亿元的结构效应，占总量增长的 9.1%；而资金投入结构的变化产生了 23517.80 亿元的结构效应，占总量增长的 74.47%。这表明农村产业结构的调整和生产要素的合理流动，对农村经济的发展和经济绩效的提高起到了非常重要的作用。

2. 农村产业结构变动对总要素生产率增长的影响

从表 4—20 的测算结果可以看出，农村产业结构的变化对于农村经济

表 4—20　　　中国农村产业结构变动对总要素生产率增长的影响

年份	总要素生产率	产业总要素生产率加总	要素结构	产值结构
1980—1988	0.095506	0.014876 (15.57)	0.054439 (57.00)	0.026195 (27.43)
1989—2000	0.109958	0.012662 (11.52)	0.042403 (38.56)	0.054894 (49.92)
1980—2000	0.109701	0.011006 (10.03)	0.0623324 (56.81)	0.036371 (33.15)

资料来源：何忠伟、曾福生：《农村产业结构调整影响经济增长的模型构建与分析》，《农业技术经济》2002 年第 4 期（注：括号内为贡献份额）。

活动效率的提高起着非常重要的作用。1980—2000年间，中国农村经济总要素生产率增长中的56.81%来自要素配置结构的变化，33.15%来自农业与非农业产值结构的变化。而要素结构的变化对总要素生产率增长率的作用在初期（1980—1988）更为突出，而后期（1989—2000）其相对份额有下降趋势，这表明随着农村生产要素的结构性流动，报酬递减规律开始发生作用。

根据产业结构调整对农村经济增长影响的测算结果来看，随着农村经济的发展和产业结构的调整，劳动的结构效应有下降的趋势，而资金的结构效应逐步提高。这表明农村产业结构的变化有由早期劳动密集向资金密集发展的趋势。随着资金密集度的提高和技术进步，农村工业吸收农业剩余劳动力的能力将逐步削弱，这种趋势将不利于农业剩余劳动力的转移和人力资源的有效配置。因此，今后在农村产业结构调整中，应考虑这一现象对剩余劳动力转移的制约，在合理调整农业内部生产结构的同时，注重发展劳动相对密集的农副产品初加工业，以促进农村剩余劳动力的有效转移。

三 农村产业结构调整和优化的农民收入增长效应

农村产业结构调整和优化不仅使农村劳动力就业结构不断调整和优化，对总要素生产率的增长带来重大影响，而且对农民收入增长促进作用也十分明显。有学者对江苏省农村产业结构调整和优化与农民收入增长效应实证分析的结论证实了这一点。[①]

（一）农村综合产业结构变动的农民收入增长效应
1. 农村综合产业结构变动与农民收入变动趋势

农村非农产业的快速增长以及由此引起的农村产业结构提升，有力地推动了农民收入的大幅提高。从1978—2001年江苏农民人均收入增长情况看，到2001年底，江苏省农民人均纯收入达到3785元，比1978年增长24.41倍，年均名义增长率达14.9%。从发展过程来看，大致可划分

---

① 吴先满等：《农村产业结构变迁的经济效应实证分析》，《现代经济探讨》2003年第4期。

为以下几个阶段：第一阶段为 1978—1984 年，农业丰收，价格提高，非农产业兴起，农业、农村产业结构由低级向高级迈进，农民收入快速增长，年均增长达 19.63%；第二阶段为 1985—1988 年，种植业徘徊，但牧业、渔业和乡镇企业发展较快，农业、农村产业结构进一步优化，农民收入稳定增长，年均增速仍达 15.55%；第三阶段为 1989—1991 年，农业徘徊，非农产业发展速度回落，多年积累的农业、农村产业结构不合理的矛盾开始显现，农民收入年均增长 4.94%，扣除物价因素后农民实际收入是下降的；第四阶段为 1992—1996 年，农业恢复增长，农产品再次提价，乡镇企业走出低谷，农业、农村产业结构不合理矛盾初步得到治理，农民收入从迅速回升到大幅度增加，年均增速达 26.88%；第五阶段为 1997—2001 年，农业、农村产业结构深层次矛盾凸显，农民收入缓慢增长，年均增速降为 4.38%（见表 4—21、4—22）。

表 4—21　　　　1995—2001 年江苏农村劳动力产业分布结构　　单位：万人、%

年份	农村劳动力	农业	工业	建筑业	交通仓储邮电通讯业	批零贸易餐饮业	其他行业
1995	2657.32	58.01	20.01	8.56	3.47	2.75	7.20
1996	2657.98	57.57	19.40	8.79	3.47	3.01	7.76
1997	2662.90	57.55	18.44	9.05	3.43	3.39	8.14
1998	2671.54	57.32	17.31	9.20	3.41	3.56	9.20
1999	2646.83	56.86	16.83	9.43	3.50	3.85	9.53
2000	2634.03	56.20	16.58	9.57	3.38	3.98	10.29
2001	2684.41	54.10	16.45	9.69	3.33	4.06	12.36

资料来源：根据 1996—2002 年《江苏统计年鉴》有关数据计算。

2. 农村综合产业结构变动与农民收入变动的计量分析

计量分析表明，农民收入增长与农村产业结构变动有着紧密的关系。农民人均纯收入增长率与农村产业结构变动率之间的变化趋势基本吻合，呈现出高度的一致性。将农村产业结构变动率逐年累计值作自变量，以同期农民人均纯收入为因变量，通过回归模型分析：

表 4—22　　　　　1978—2001 年江苏农民人均收入增长情况　　　　单位：元、%

年份	农民人均纯收入	农民人均纯收入增长率	年份	农民人均纯收入	农民人均纯收入增长率
1978	155	21.30	1990	884	0.92
1979	200	29.10	1991	921	4.18
1980	218	18.60	1992	1061	15.20
1981	258	18.40	1993	1276	19.44
1982	309	19.80	1994	1832	44.57
1983	357	15.40	1995	2457	34.14
1984	448	19.70	1996	3029	23.30
1985	493	9.98	1997	3270	7.94
1986	561	13.95	1998	3377	3.27
1987	627	11.62	1999	3459	3.51
1988	797	27.18	2000	3595	2.86
1989	876	9.90	2001	3785	5.28

资料来源：历年《江苏统计年鉴》。

$$LMSR = -885.995 + 24.3758 \times XCYJGL$$

($R^2 = 0.7202$)

得到结论：江苏农村农民人均纯收入的变动在很大程度上取决于产业结构变动率，结构变动率每增加 1 个百分点，农民人均纯收入将会平均增加 24.40 元。农村产业结构调整对农民收入的贡献率为 41.7%。[1]

（二）农业结构变动的农民收入增长效应

1. 农业结构变动与农民收入增长的变动趋势

1984—2000 年，江苏农业结构摆脱了以种植业为主的单一结构，呈现出农、林、牧、渔四业全面发展的态势。在内部结构中，种植业产值比重逐年下降，牧业和渔业产值比重逐年上升。如表 4—23 所示，农业产值比重从 1984 年的 76.1% 下降到 2000 年的 58.6%，牧业产值比重从 16.8% 上升到 23%，渔业产值比重从 3.6% 上升到 16.7%。随着种植业产值比重下降、牧业和渔业产值比重上升，农民从整个农业生产中获得的

---

[1] 吴先满等：《农村产业结构变迁的经济效应实证分析》，《现代经济探讨》2003 年第 4 期。

收入得到了提高。这种结构上的变化，使农业总产值达到 2000 年的 1869.73 亿元，比 1983 年增长 6.4 倍，平均每年增长 13.3%，使农民人均从农业得到的收入由 1984 年的 440 元上升到 1916 元，增长 3.4 倍，年均增长 9.6%。农民人均农业收入增长率与农林牧渔结构变化率趋势基本一致。表明结构变动有助于增进农民人均农业收入的增长（见表4—23）。

表 4—23　　　　　　　1984—2000 年江苏农业内部结构

年份	种植业产值比（%）	牧业产值比（%）	渔业产值比（%）	总产值（亿元）
1984	76.1	16.8	3.6	292.15
2000	58.6	23	16.7	1869.73

资料来源：历年《江苏统计年鉴》。

2. 农业结构变动与农民收入增长变动的计量分析

将农林牧渔业结构变动率年累计值作自变量，以同期农民人均农业收入为因变量，进行回归分析，得到：

NYSR＝－82.995＋26.0943×XCYJGL

(R^2＝0.83738)

江苏农民人均农业收入的变动在很大程度上取决于农林牧渔业结构变动率。结构变动率每增加 1 个百分点，农民人均从农业获得的收入将会增加 26.10 元。测算 1984—1999 年江苏农业结构调整对农民农业收入的贡献率，其测算方法与农村产业结构对收入的贡献相同，以种植业收入的增速为参照，林牧渔业收入增速超过种植业收入增速部分，视为农业内部结构调整对收入的贡献，计算结果为 15.9%。

（三）各业变动对农民收入增长的贡献份额

在农村产业变迁中，不同阶段不同产业对农民收入增长的贡献是不同的。各产业部门对农民收入增长的贡献份额其计算方法是，首先根据农民人均生产性纯收入的三次产业分组资料，计算三次产业的收入增长率（按百分点分解）；然后以农民人均生产性纯收入名义增长率为 100，计算各产业部门对农民收入增长的贡献份额。

表 4—24 计算结果表明，1995 年以前各业对农民收入增长的贡献份额均为正值，1985—1990 年对农民增收贡献份额比较大的依次为第一、三产业；1991—1995 年对农民增收贡献份额比较大的依次为第一、二产业；其中种植业贡献份额最大，主要原因是国家大幅度提高了农产品收购价格，给农民增加了收入。1995 年以后，粮食年年丰收，多数农产品出现了相对过剩，农民增产不增收。1996—2000 年第一产业对农民收入增长的贡献份额为 -5.0%，不但没有作贡献，反而还拖了后腿，这期间农民收入增长的主要途径为第二、三产业。

表 4—24　1985—2000 年江苏省农村各产业对农民收入增长贡献份额　　单位：%

产业＼时期	1985—1990	1991—1995	1996—2000
第一产业	56.9	55.1	-5.0
农业	18.4	56.9	-24.7
林业	0.8	0.2	1.5
牧业	14.1	4.2	12.5
渔业	1.6	1.1	5.7
第二产业	17.6	39.8	69.9
第三产业	25.5	5.1	35.1

资料来源：吴先满等：《农村产业结构变迁的经济效应实证分析》，《现代经济探讨》2003 年第 4 期。

以上分析可以得出如下结论：(1) 农民收入的增长直接受农村产业结构调整的影响。在不同层次结构中，农村产业结构变动对农民收入增长的贡献最大，贡献率为 41.7%；其次为农业内部结构调整对农民农业收入的影响，贡献率为 15.9%。种植业结构调整对农民增收具有一定的潜力，但作用不可高估。(2) 非农产业是农民增收的主要支撑力量。农民收入要保持快速、稳定增长态势，必须大力发展非农产业，努力转移农村剩余劳动力，减少耕地承载农业劳动力的系数。[①]

---

① 吴先满等：《农村产业结构变迁的经济效应实证分析》，《现代经济探讨》2003 年第 4 期。

第四节 中国农村劳动力素质对农村产业结构调整和优化的影响

影响和制约农村产业结构调整和优化的因素很多,农村劳动力素质就是其中的一个非常重要的方面。从发达国家的经验来看,农村产业结构调整过程实质上是由单一的高产型农业向高效多元化的农村经济转变的过程,是由低素质的体力型农业向高素质智力型综合经济转变的过程,也是由传统的资源型农业向高科技知识型农村经济转变的过程。

在这些转变过程中,农村劳动力一般应具备以下几项素质:有较高的科学文化知识和活跃的思想观念;有先进的农业技术和生产技能;有一定的经营管理和市场经济知识。因此,缺乏具备现代科学知识结构的农民,劳动力素质低,就会极大地制约其对知识的吸收和消化,制约知识在生产中的应用,就会影响整体的创新能力,进而制约农村产业结构调整和优化。当前,中国农村正处于由传统农业向现代农业、由单一农业经济向复合经济的产业结构调整升级的过程,对劳动力素质要求越来越高。因此,要实现农村农业产业结构的战略性调整,促进农村产业结构合理化、高级化,不断提高农村经济的整体素质,实现农村经济的市场化、社会化、现代化,必须大规模、大幅度地提高农村劳动力素质,重视对农民的科技培训,增强农民专业技能和吸纳高效生态农业科技的能力,加快农业科技成果的转化普及。[①]

一 中国农村劳动力素质与城乡结构的调整和优化

(一)中国城乡结构不合理

城乡结构是经济结构的重要组成部分,中国城乡结构不合理也制约着中国农村经济结构、产业结构的调整和优化。中国城乡结构不合理主要表现在以下两个方面:

---

① 张丽亚:《农村产业结构调整与农村人力资源开发的关系探讨》,《农村经济》2006 年第 11 期。

1. 中国城市化水平低于工业化水平

由于历史原因，中国城市化水平低于工业化水平，发展相对滞后。从中国城乡人口结构可以看到，中国城市化进程可以分为两个阶段：第一阶段，1952—1978年，为中国城市化发展基本停滞时期。这一阶段中国城市化水平极低而且发展缓慢，1952年中国城市人口比重仅为12.46%，1978年中国城市人口比重为17.92%。26年的时间中国城市人口比重仅提高了5.46个百分点。第二阶段，1978年以来，为中国城市化较快发展时期。1978年中国城市人口比重为17.92%，2006年中国城市人口比重为43.90%。28年的时间中国城市人口比重提高了25.98个百分点。

比较而言，中国城市化水平仍然远低于工业化水平。1952年中国农业部门收入在国民收入中比重为57.72%，农业劳动力比重为83.5%，农村人口比重为87.54%；到2006年同样指标分别为11.7%、42.6%、56.10%，都有较大幅度的下降，分别下降了46.02、40.9和31.44个百分点。这也意味着，54年间中国非农产业产值和非农劳动力比重增加了46.02、40.9个百分点，而城市人口仅增加了31.44个百分点。而且，1952年非农业劳动力比重和城市人口比重只差4个百分点，到2006年同样指标相差13.5个百分点。这表明中国城市化水平与工业化水平越来越不同步，中国城市化水平相对滞后（见表4—25）。

表4—25 　　　中国国民收入、劳动力部门构成及城乡人口结构　　　单位：%

年份	城市人口比重	农村人口比重	农业劳动力比重	农业产值比重
1952	12.46	87.54	83.5	57.72
1978	17.92	82.08	70.5	27.9
1980	19.39	80.61	68.7	29.9
1985	23.71	76.29	62.4	28.2
1990	26.41	73.59	60.1	26.9
1995	29.04	70.96	52.2	19.8
2000	36.22	63.78	50.0	14.8
2005	42.99	57.01	44.8	12.6
2006	43.90	56.10	42.6	11.70

资料来源：《中国统计年鉴》1993、2006、2007年，中国统计出版社。

2. 中国城市化水平低于经济发展水平

中国城市化水平不仅低于工业化水平,而且低于与中国相近发展水平国家的城市化水平和世界平均水平。表4—26、4—27显示:1999年世界城市化率为46%,与中国相近发展水平国家的城市化率算术平均值为42%,均高于同时期中国城市化率32%的水平,2005年中国城市人口比重也仅为42.99%。

表4—26　　　　　1999年世界及按收入和地区分类城市化情况

区域	人均GDP(美元)	按PPP计人均GDP(美元)	城市化率(%)
全世界	5020	6870	46
低收入国家	420	1870	31
下中收入国家	1200	4250	43
中等收入国家	1980	5200	50
上中收入国家	4870	8770	75
高收入国家	26400	25690	77
中国	780	3550	32

数据来源:《2001世界发展指标》,中国财政经济出版社2002年版。

表4—27　　　　　1999年与中国发展水平相近国家的城市化率

国家	人均GDP(美元)	城市化率(%)
喀麦隆	625	48
土库曼斯坦	668	45
印度尼西亚	688	40
安哥拉	689	34
科特迪瓦	723	46
乌兹别克斯坦	726	37
巴布亚新几内亚	763	17
刚果共和国	764	62
乌克兰	773	68
中国	789	32

续表

国家	人均GDP（美元）	城市化率（%）
斯里兰卡	840	23
洪都拉斯	855	52
算术平均值	742	42

数据来源：《2001世界发展指标》，中国财政经济出版社2002年版。

（二）中国农村劳动力素质与城乡结构的调整和优化

城市化是指随着社会生产力发展和变革，人类生产和生活由乡村向城市转化的趋势和过程，表现为城市数量增加和规模扩大，非农产业和非农人口持续集聚、城市功能和城市环境不断提高和改善。城市化核心就是要减少农民，变农民为市民。这种转变不仅仅是一个身份和结构的变化，更是进城人口面临的产业结构、劳动力市场、社会规范、文化环境等的变化。这也对人口素质提出了更高的要求，即指农民，尤其是在城里做工的农民适应城市并具备城市市民基本素质。

1. 中国城乡劳动力素质存在明显差异

目前，中国城乡劳动力素质差异明显，从2004年城乡劳动力受教育程度比较来看，农村劳动力文盲半文盲率、小学文化程度人口、初中文化程度人口分别比城镇劳动力高5.5、17.1、9.1个百分点，而高中文化程度与大专及大专以上人口却分别比城镇低14.1、17.4个百分点。农村大专及大专以上的劳动力比例仅为0.77%，而城镇这一比率已达18.2%。城乡劳动力素质差异意味着农村劳动力转移到城市和其他非农产业的机会相对更小。[1]

一般而言，高文化程度从业者具有更强的获取信息和处理信息的能力，他们能够发现机会，抓住机会，从而拓展经营领域，改进经营、就业观念。目前，中国第一产业的从业人员人均受教育年限为6.79年，仅相当于初中一年级的文化程度，半数以上为小学及以下文化程度，全国文盲、半文盲的90%以上在农村，严重影响了第一产业的人口顺利转移，以及技术水平和生产效率的提高。[2]

---

[1] 王道勇等：《农民市民化：传统超越与社会资本转型》，《甘肃社会科学》2005年第4期。
[2] 赖德胜、郑勤华：《当代中国的城市化与教育发展》，《北京师范大学学报》2005年第5期。

如此大规模人口的教育水平得不到提高，意味着新增城镇人口和非农业劳动力整体素质低下的面貌无法得到根本的改善。这既影响到他们的就业竞争力和收入水平，也对城市的发展和社会进步产生不利影响。正如现代化学者英克尔斯和史密斯指出："在发展过程中一个基本的因素是个人，除非国民是现代的，否则一个国家就不是现代的。在任何情况下，除非所在经济以及机构工作的人民具有某种程度的现代性，否则我们怀疑这个国家的经济会有高的生产力，或者它的政治与行政管理机构会很有效率。"[1]

2. 中国农村劳动力素质与农村劳动力转移呈现明显的正相关关系

当前，随着中国农村地区义务教育普及水平逐年提高，农村小学适龄儿童的入学率达到98.6%，初中毛入学率达到94.1%，人均受教育年限达到8年，超过了世界平均水平。[2] 中国农村劳动力素质，将不断加快农村人口向城市转移的速度。中国农村至城镇迁移人口估算显示：随着农村劳动力素质的提高，农村向城市转移人口总量不断增加。农村至城镇迁移人口总量从1995.11.1—1996.10.31的415.23万人迅速增加至1999.11.1—2000.10.31的4142.86万人（见表4—28）。这其中除了相关制度改革带来的增加效应以外，农村劳动力素质的提高起到了重要的作用。中国农村劳动力的转移，进一步促进了城乡结构的调整和优化，使之与中国社会经济发展以及经济现代化的要求相适应。

表4—28　　　　　中国农村至城镇迁移人口估算　　　　　单位：万人

年份	迁移人口增长率（‰）	农村至城镇迁移人口总量	二代移民数量	总迁移人口
1995.11.1—1996.10.31	14.37	415.23	3.00	418.23
1996.11.1—1997.10.31	14.52	976.29	10.15	986.44
1997.11.1—1998.10.31	13.11	1734.40	17.90	1752.30
1998.11.1—1999.10.31	12.30	2758.75	27.85	2786.60
1999.11.1—2000.10.31	12.02	4142.86	41.81	4184.67

资料来源：《中国人口统计年鉴》（2002），《中国2000年人口普查资料》，中国统计出版社。

---

[1] [美]阿列克斯·英克尔斯、戴维·H.史密斯著，顾昕译：《从传统人到现代人——六个发展中国家中的个人变化》，中国人民大学出版社1992年版。

[2]《中国教育统计年鉴》，中国统计出版社2004年版。

相关的统计分析也显示：在中国农村劳动力转移过程中，农村劳动力的文化技术素质与农村劳动力到工业部门工作的机会呈现明显的正相关关系。农村劳动力受教育和培训等年限平均每提高一年，到城市工业部门工作的机会则增加 2.2% 和 3.2% 左右。①

二 中国农村劳动力素质与其就业结构的调整和优化

(一) 中国农村劳动力素质对农业生产效率的制约

1. 中国农村劳动力素质相对偏低

据《中国农村统计年鉴》显示：2004 年我国农村劳动力中，高中文化程度的占 10.05%，中专文化程度的占 2.13%，大专及大专以上的劳动力仅占 0.77%，文盲半文盲仍有 7.46%，小学文化程度以下的占到了 36.66%，初中文化水平的劳动力较多，占到了 50.38%。另据教育部职业教育与成人教育司综合改革处的统计，目前中国农村劳动力中接受职业教育和培训的情况也不容乐观，接受过技术培训的农村劳动力比例不足 24%：其中，接受过短期培训的占 20%，接受过初级职业技术教育或培训的只占 3.4%，接受过中等职业技术教育的只占 0.13%，而没有接受过技术培训的竟高达 76.4%（见表 4—29）。而美国、加拿大、荷兰、德国、日本等发达国家接受职业教育和培训的比例则均在 70% 以上。同时，我国农村专业农技人员严重不足。据有关资料显示：中国农村人口为 8.6 亿人，而专业农技人员只有 46 万人，仅占乡村人口的万分之五，而发达国家的该比值则在万分之三十至万分之四十。②

表 4—29　　　　　　　2005 年中国农民职业培训情况　　　　　　单位：%

短期培训	初级职业技术教育或培训	中等职业教育	未接受技术培训	总计
20.0	3.4	0.13	76.4	100

资料来源：张东阳：《对农民进行科技培训应是根本》，《中国信息报》2006 年 2 月 28 日。

---

① 吴健辉等：《农村人力资本投资效益实证分析的模型选择与结论综述》，《商业研究》2007 年第 5 期。

② 张东阳：《对农民进行科技培训应是根本》，《中国信息报》2006 年 2 月 28 日。

2. 中国农村劳动力素质相对偏低导致农业生产效率低

由于文化程度偏低和职业技术教育或培训的欠缺,中国农业劳动中的技能主要来自于传统经验的传承,缺少必要的文化知识,对现代科技知识的理解与接受存在一定的困难,致使农业人力资源的整体劳动效率比较低,中国农业生产中的科技贡献率只有40%—50%,明显低于发达国家70%—80%的水平。[1] 农业生产效率低加之缺乏规模经济效益必然导致大量的农村劳动力由农业转向非农产业。

(二) 中国农村劳动力素质与就业结构的调整和优化

农村劳动力素质高低与其到非农产业就业的意愿、可能性、就业层次、结构息息相关。

1. 农村劳动力素质越高,转移到非农产业更容易

一般而言,具有一定文化教育水平,或掌握某种非农生产技术的农村劳动力通常能率先脱离农业,实现农村劳动力有效转移。究其原因:(1) 受教育程度高者,他们的知识和技能在获得学习和就业的机会上有较好的条件和更多的选择性。表现在文化程度越高,技能和能力相对越强,转移择业的领域就越广,层次也越高。同时,非农产业的发展客观上需要有一定的文化水平和技能水平的劳动力。(2) 具有一定文化水平的劳动者转移的欲望更为强烈。一般而言,有较高科技文化素质的农村劳动力,他们在从业观念、就业方向、创新意识、接受新生事物、捕捉信息、驾驭市场能力等方面,比较低文化素质的人员有着明显优势。(3) 具有一定文化水平的劳动者转移就业能力越强。文化程度较高的从业者具有的较强的获取信息和处理信息的能力,使他们能够发现和抓住机遇、自我调整,懂得运用科技、市场信息提高效率与效益,从而掌握了拓展经营领域或调整经营策略的本领。同时,由于他们具有较强的接受新知识、新技术和创新的能力,因而能够在较短时间内获取所需的专业技能和市场信息,并适应新工种的技术及市场要求。高素质的劳动者还表现出很强的凝聚力、组织能

---

[1] 应霞等:《农民科技培训对农业产业结构调整的推进作用》,《浙江农业科学》2006年第5期。

力和应变能力,他们往往能够召集一批人,形成一种有效的经营组织和应变机制,形成区域经营规模,提高产品竞争力,并表现出在传统农业以外和非农产业寻求新的发展空间的能力。

2. 农村劳动力素质越高,转移到非农产业就业层次越高

一般而言,低素质的劳动力通常只能从事传统的、低级的、简单的、收入很低的劳动。从目前我国农村劳动力转移后所从事的工种看,农村转移出去的劳动力大都集中于劳动密集型行业,如建筑业,或工厂的简单劳动以及城市居民多数不愿从事的脏、累、险活,俗称 3D（Dirty, Hard, Danger）行业。这并非如有些人说的仅仅是对农民歧视的结果,主要还是由农民自身的文化技术素质决定的。目前中国农村转移出去的劳动力整体文化技术素质相对较低,职业技能训练不足,所以从事其他行业难以胜任。只有极少数有一技之长或文化素质较高的人,才能涉足技术和管理等高级就业领域。

3. 农村劳动力素质越高,转移到非农产业就业越稳定,收入也越高

劳动力教育文化水平对农村劳动力转移后职业的稳定性和收入水平有显著作用,水平的高低是影响职业稳定性和收入水平的决定因素之一。据调查,1994 年全国农业劳动力转移到第二、第三产业的占农业劳动力总数的 7.3%,而当年因素质低下又从非农产业部门返回的占转移劳动力总数的 24.2%。另据国家统计局的调查资料表明,1994 年在转移后又回流的农业劳动力中,初中以下文化程度的占 17.8%,文盲半文盲达 21%,而高中以上文化程度的仅占 9.49%,其中大专及大专以上回流的则很少。回流的劳动力,主要就是因为文化素质差,难以适应新的环境和条件。劳动力的文化水平与其技术创新能力是成正比的。有关研究表明,在农村劳动力转移中,高文化水平的劳动力一般都是率先转移出来,而且转移时间较长,稳定性强;相反,低文化水平的劳动力,转移比较迟缓,且绝大多数是临时性转移。从劳均收入来看也是如此,1999 年、2000 年农村转移劳动力的劳均寄带款与劳动力的受教育程度之间的相关系数分别达 0.9838 和 0.987,均呈高度相关。①

---

① 厉敏萍:《农村剩余劳动力转移和农村教育的相关关系及对策》,《成人教育》2007 年第 2 期。

三 中国农村劳动力素质与农业结构的调整和优化

农业产业结构调整过程实质上是由单一的高产型农业向多元化的高效生态农业转变的过程,是由低素质的体力型农业向高素质智力型农业转变的过程,也是由传统的资源型农业向高科技知识型农业转变的过程。农村劳动力素质高低直接影响农业结构的调整和优化。

(一) 中国农村劳动力素质对农业结构调整的制约

1. 中国农村劳动力科技文化素质对农业结构调整的制约

长期以来,由于中国农村教育发展滞后,农民接受再教育培训的机会少,农村劳动力的科技文化素质还处于较低水平。据统计,中国农村劳动力文化程度的具体结构是:文盲半文盲劳动力占 7.4%,初中及初中以下文化程度的劳动力占 87.8%,大中专以上程度的劳动力仅占 2.5%。其次,科技素质整体水平低。在中国农村劳动力中,目前接受过短期培训的只占 20%,接受过初级职业技术培训或教育的只占 3.4%,接受过中等技术教育的仅占 0.13%,而没有接受过技术培训的高达 76.4%。[①]

一般而言,科技进步扩展了农村的生产领域,为农村新产业的形成提供了先进的技术支持,因而科学技术的进步是推动一国产业结构长期发展的最为核心的因素。缺乏技术进步的农业结构调整,不但会使农村产业体系在低水平上不断复制,造成农村社会资源的巨大浪费,而且不利于农村生态环境的保护与可持续发展。但是,科学技术的掌握和推广最终的载体是农民,农民素质的高低直接影响着农业科学技术的推广。由于农民科技文化素质低,一些科技含量高、市场潜力大的产品生产开发受到限制,致使农业生产科技应用整体水平低,已导致中国每年的科技成果真正转化为现实生产力的转化率处于较低的水平。同时,由于科技含量低、其生产的农产品加工转化率低、生产组织化程度低、农业名

[①] 李莉:《农业产业结构调整中的人力资源开发探析》,《长春工业大学学报》2006 年第 3 期。

牌产品少、品牌效益差、农业产业化程度低,造成产品市场竞争能力差,已严重影响了农村劳动力收入的增加和当地社会经济文化的发展。因此,在农村产业结构的转换过程中科学技术的进步具有重要意义。调整农业产业结构,就要提高农业的科技含量,而这首先必须提高农村劳动力的科技文化素质。

2. 中国农村劳动力现代意识缺失对农业结构调整的制约

中国农村劳动力现代意识缺失,普遍存在市场意识薄弱,经营、创新、创业意识不强。科技文化素质仅仅是劳动者素质的一个方面,劳动者素质的高低不仅取决于文化素质,还包括技能、管理、心理和身体素质。农民传统的自给自足、小富即安、因循守旧的观念仍然存在,他们不愿意冒风险去接受新事物,只关心眼前的经济利益,缺乏进取心,缺乏现代化的经营意识、经营知识和经营本领,无法适应现代化经营管理,致使中国农业仍然在小规模、低层次上运转。

农业生产经营成本高、效益差,农产品价格和国际市场价格相比居高不下。表面看农产品市场竞争力不强是由于结构不优造成的,但实际上是由于劳动者素质低而形成的。农村劳动力市场意识、经营意识、经营知识和经营本领差,导致一些群众观念落后,不愿接受现代市场经济的要求,不习惯市场化、技术化的生产经营,生产经营中的盲目被动性很大,在市场经济的发展中处于比较劣势,在农副产品的销售中被动地接受市场调节,并表现出品牌意识差,标准化生产水平低,注册商标少等,这些都会造成对农业结构调整的制约。

(二) 中国农村劳动力素质与农业产业结构调整呈现正相关关系

一般而言,劳动力素质越高,越容易掌握各项技能,就更愿意进行产业调整,也具备更多的进行产业结构调整的条件。具体表现在以下几方面:

1. 中国农村劳动力素质与适应市场经济发展之间存在正相关关系

提高农村劳动力素质有利于使农业生产适应市场经济的需要,从而加快农业结构调整。中国社会主义市场经济体制的构建,给中国农业的发展提供了良好的机遇,进一步解放了农村生产力,农民们在生产经营过程中拥有了更多的自主权;但是,市场经济也是一把双刃剑，它在带来市场机遇的同时，也使生产者面临更多的市场风险。如何根据不断变化的市场需求，适应市场优质化和多样化的需求，这是摆在生产者面前的一个最基本的课题。要求生产者必须掌握一定的文化技术，具备较强的市场信息获取与处理能力，只有这样，生产者才能根据不断变化的市场需求，因地制宜、因时制宜、因"求"制宜，充分发挥区位优势、突出特色、发展特色经济，集中生产消费者比较喜爱的名优特新产品、绿色产品和无公害产品，使农产品市场供求结构保持高度的一致。

2. 中国农村劳动力素质与促进农业经营方式的转变存在正相关关系

提高农村劳动力素质有利于农业经营方式的转变，从而有效促进农业产业结构调整。中国传统农业的基本特点之一，就是主要靠外延式扩展，即通过增加耕地和加大物质资源的投入来提高产出。目前，中国人口与资源的矛盾十分突出，全国人均耕地约1.1亩，而人口还在不断增长，耕地逐步减少，中国农业外延式扩展空间十分有限。基于这种国情，农业发展必须超越这种传统模式，向现代集约型农业转化。集约型农业所依赖的主要是农业科技开发和高素质的劳动力。因此，只有提高农村劳动力素质，才能更快摆脱传统农业的束缚，加快中国农业由外延式扩展向现代集约型农业转化。

3. 中国农村劳动力素质与促进农业产业化经营存在正相关关系

走产业化道路，是农业适应社会主义市场经济要求，实现农业现代化的必由之路。农业产业化的基本要求是农业的专业化、社会化、市场化。农业产业化对农村劳动力的素质和人才结构提出了全新的要求：一是要求劳动力素质的提高，专业化、科技化的农业只有具备一定科技知识和专业素质的劳动力才能胜任。二是人才的多样化，除了传统农业中的直接生产劳动者以外，还需要大量的经营人才、管理人才、科技人才等。

目前，中国社会主义新农村建设对农业产业结构的调整提出了更高的要求，如何适应市场的需要，不断优化农业产业结构，改进种植、禽畜饲养方式，提高规模化、集约化、标准化水平；不断优化农业产品结构，发展高产、优质、高效、生态、安全的农产品；不断优化农业区域结构，因地制宜，发展名优特新稀产业带等，显然对农村劳动力素质和人才结构提出了更高的要求。因此，必须通过不断加快发展农村教育、技能培训和文化事业等方式，大力提高农村劳动力素质，培养造就有文化、懂技术、会经营的新型农民，才能更快促进中国农业产业结构的根本调整。

第五章

农村劳动力素质与中国农业产业化、现代化和农村城镇化

农业产业化、现代化和农村城镇化是现代农业发展的必然结果。现代农业的产业特征突出地表现为，农业的经营必须同下游产品的经营连接在一起，把农业直接挂在工业和商业、服务业的火车头上，实行农工一体化或农工商一体化，把非农产业技术进步较快的机制引入农业，使农业也能分享工商业的较高利润，从而使农、工、商各业都能稳定地协调发展，使传统农业转向现代农业的过程大为缩短；而农业现代化则是现代农业的产业特征的集中体现。农村城镇化则是伴随社会生产力提高，农业产业化、现代化的进程，农村人口向城镇转移集聚的过程，体现在乡村分散的人口、劳动力与非农业经济活动不断进行空间上的聚集而逐渐转化为城市的经济要素，也就是一个国家或地区内的人口由农村向城市转移，农业人口转化为非农人口，农村地区逐步演化为城市的过程。在这样一个演进的过程中，农村劳动力素质始终起着重要的影响作用。

第一节 中国农村劳动力素质与农业产业化

传统农业向现代农业转化的一个重要标志就是先进的农业科技推广、应用和农业生产效率的大幅度提高。自产业革命以来，随着技术进步和社

会分工的发展，农业产业的分化加速，与其他经济部门的分工越来越细，经济交往日益增加，开始形成围绕农业产业，在农业的产前、产中、产后形成了一系列独立的、与农业存在密切联系的产业链——农业产业化。

一　发达国家的农业产业化

(一) 农业产业化的起源及内涵

农业产业化最早发端于 20 世纪 50 年代的美国，表述为 "Agricultural integration" 或 "Vertical Coordination"，即农业一体化。指农业生产环节和产前、产后环节的有机结合，是用非市场安排（如：合同制、联合企业等）取代随机的市场交易，以节约交易费用，减少市场风险。农业产业化也包括以专业市场为纽带的区域专业化分工协作，它是新技术革命、产业革命的必然结果；是市场经济发展到一定阶段的必然产物，它以市场规模的扩大，生产、管理和信息处理技术发展和提高为前提。

传统农业的一个基本特征是自给自足，农业所使用的简陋工具及其他生产资料基本上靠农业自身解决。农产品除少量进入市场同其他部门交换外，主要供农民自己消费。产业革命以来，随着技术进步和社会分工的发展，农业产业的分化加速，与其他经济部门的分工越来越细，经济交往日益增加。特别是第二次世界大战以后世界各国农业现代化的迅速发展，使农业和农业关联产业以及它们之间的相互关系发生了根本性的变化。

1. 农业的生产方式发生了很大的变化

在很多发达国家，动力机械和电力逐渐取代人力和畜力成为主要动力，机引农具逐渐取代手工工具成为主要工具，化学肥料取代有机肥料成为主要肥源。同时，在农业生产的各个环节，原来属于传统农业的许多生产职能从农业中分离出来。于是围绕农业产业，在农业的产前、产中、产后便形成了一系列独立的、与农业存在密切联系的产业部门。从产业属性来看，它们有的分属于第二、第三产业，有的则仍属于第一产业（农业），我们统称为"农业关联产业"（这种"关联"表现为生产技术上的投入产出关系）。例如，农业生产资料（包括农业机械、化肥、农药等）的生产已成为现代工业体系中重要的产业门类。又如，农机具的修理和保养、农田水利建设、土壤改良、良种繁育、配合饲料的生产以及农用生产资料的运输和销售都逐步实现了专业化。再如，随着农产品商品率的提高和人们消费观念的改变，各种农产品的运输、加工、储存、保鲜和销售业务都相继发展为庞大的独立的经济部门。农业科研、农业技术推广和服务部门也同农业分离，独立化为许多为农业生产服务的职能部门。

2. 农业与农业关联产业的经济联系越来越密切

从产业结构层次来看，在农业产业分化的同时，农业与农业关联产业的经济联系越来越密切，相互依赖性越来越强。（1）农业已从独立的生产部门变成了一个离开现代工业、服务业便不能独立存在的经济部门。现代农业所使用的各种生产资料，包括种子、化肥、农药和饲料等，不是由工业提供的或不经工业加工的越来越少；工业、服务业提供的各种产品、技术和劳务越来越渗透到农业生产过程的各个阶段和各个环节。（2）农业关联产业部门对农业的依赖性也大大加强。农业既是农用生产资料生产部门的销售市场，又是农产品加工部门的原料供应者。在这种条件下，食品和以农产品为原料制成的其他消费品，已成为农业及其关联产业的共同产物。农业和农业关联产业之间，不仅在人力、资金、资源方面存在一般意义上的经济联系，而且还在生产技术上存在较为密切的投入产出关系。这客观上要求农业和农业关联产业必须在分工协作的基础上按照一定的比例关系协调发展。

3. 农业与农业关联产业之间实现经济联系的组织形式发生变化

在农业与其关联产业之间的经济联系日益密切的同时，它们之间实现经济联系的组织形式也随之发生变化。起初，农户（农业企业）同有关的工商企业、服务组织之间主要是以市场为媒介发生一般的商品买卖关系；随后，它们之间开始签订短期的、不固定的经济合同，建立起比较松散的经营联系；进而，为了节约交易费用、获取规模经济效益，它们之间开始订立长期的、固定的经济合同，建立起牢固的、稳定的经营联系，逐步在经济上结为利益共同体；最后，它们之间还产生了一定的组织联系，以至逐渐在组织上实现一体化。

值得注意的是，随着现代农业科技发展步伐的加快和农业机械以及高科技手段的广泛应用，最近几年在西方发达国家，农业的工业化取得很大进展。特别是生命科学和生物技术的迅猛发展，使人们更加了解生物的生长规律，对生物生长过程的控制能力也越来越强。在农业的一些领域，生产过程越来越广泛地采用工业的工艺和管理方法，实行工厂化生产。这不仅昭示了农业产业发展的广阔远景，而且从较为现实的意义上说，农业的工厂化生产使农业生产的各个环节划分为相对独立的流程和工艺，为农业和农业关联产业在产业属性上的融合和微观组织上的一体化创造了条件。伴随着科技进步和经济的发展，农业产业不断分化和综合，农业与其关联产业日益紧密结合并实现协调发展；同时，随着农业市场化和社会化的发展，在农业生产经营过程中，农户（农业企业）与有关利益各方为获取规模经济效益，自愿采用一定的组织形式进行联合从而实现一体化经营。

（二）发达国家农业产业化产生的背景

1. 西方农业发达国家的农业产业化与专业化和市场化

西方农业发达国家的农业产业化起步于20世纪50年代，随着生产力水平的不断提高和新科技对农业生产的辐射、渗透、推动作用的加强，农业生产的专业化程度已经非常高，不论是区域专业化还是生产环节的专业化都已经达到相当高的程度。同时，这些国家的农业已完全转变为商品化生产，市场化程度很高。到20世纪50年代初，美国主要农产品的商品率已经达到95%以上，少数农产品（如小麦、大豆等）甚至接近100%。[①]专业化和市场化大大提高了农业的劳动生产率，促进了农业的发展，同时也加大了农业的市场风险。而农业产业化正是在这样的情况下出现的。它既减少了市场风险，节约了交易费用，又保持了专业化高效率的优势，因而得以不断发展。

2. 西方农业发达国家的农业产业化与合作化

从农业发达国家的情况看，合作社在农业产业化中起到重要作用。一些农业经营者组织合作社，进行生产领域内的合作，并向供应和农产品加工、销售领域延伸，最终纵向实现一体化经营。而且，许多大公司、大企业往往不直接和农场主打交道，而是和农场主合作社进行合作，这样可以降低管理成本。合作社在这些国家的农业产业化中起到非常重要的作用。例如，在美国合作社经营了乳品的33.5%、谷物和油菜子的25.7%、水

[①] 王新钢：《中外农业产业化背景的差异及对我国的启示》，《张家口农专学报》2000年第2期。

果和蔬菜的14.5%,供应了化肥的44%、饲料的16%、种子的15%。[①]

3. 工商资本进入农业与农业产业化

在西方农业发达国家,农业产业化的动力不仅来自于农业内部,而且来自于农业外部,工商资本进入农业是农业产业化发展的重要动力。在西方农业发达国家,许多行业的产业化是围绕大型工商企业展开的。例如,养猪业、肉鸡饲养业、蛋鸡饲养业都是围绕大型饲料加工企业展开的。饲料加工企业有的直接创办工业化的养猪场、养鸡场,有的与农户合作,为农户提供饲料和技术,并收购其产品。而一些蔬菜、水果生产的产业化则是围绕加工工业进行的,由大型的加工企业和农场主签订合同,农场主按公司的要求组织生产,提供合乎标准的产品,公司则保证按合同价格进行收购。西方农业发达国家工商资本的积累和集中为农业产业化营造了良好的外部环境,为农业产业化创造了良好的资金条件。可以说,工商资本大量进入农业是这些国家农业产业化的一个重要推动力量。

(三) 发达国家农业产业化实现的必要条件

从发达国家农业产业化实现的经验来看,农业产业化的实现必须具备以下一些基本条件。

1. 相关企业和部门在空间上的统一性。生产资料、产品生产和产品加工部门必须集中在交通便利的、一定距离的范围内。

2. 相关企业和部门在管理上的统一性。生产资料、产品生产和产品加工部门的生产由龙头企业统一计划指挥和协调。

3. 内部和外部信息收集和管理的统一性。一体化经营内部各企业、部门以及外部市场的信息能够得到准确、迅速的集中、分析和使用。特别是计算机联网。

4. 劳动生产效率的提高。随着机械化程度的提高和管理技术的进步,每个劳动者的生产和管理能力必须明显增加,每个契约农户的生产必须达到一定的规模。

5. 日常工作和临时工作分工。在农业产业一体化的最基本单元(如

[①] 王新钢:《中外农业产业化背景的差异及对我国的启示》,《张家口农专学报》2000年第2期。

农户）中把日常工作和 10—20 天需要一次的临时性工作分离开。从而使从事后一种工作的专业人员能够在一体化经营体内部的各农场、农户之间循环工作。

6. 技术工作和普通工作分离。在整个一体化经营中只采用极少数的技术人员，指导全部技术工作。

7. 合理的利益分配机制。在一体化经营内部，各企业、部门以及参加的契约农户之间形成共同、长期利益概念，同时也建立合理的利益分配机制。①

（四）发达国家农业产业化的特点及其基本经验②

1. 立足农村发展农业产业一体化经营

世界发达国家在产业一体化发展过程中，都尽可能把农业的产前、产后部门建立在农村，在乡村集镇建立一体化公司或合作社。在美国，分布在广大乡村地区的农场是农业的基本生产单位，其中 90% 左右又是家庭农场，其余是合作农场、公司农场。公司农场是 20 世纪 80 年代涌现出的股东在 10 人以上的股份制农场，由投资者、经营者和生产者三个方面组成，以经营者为中心，经营者善于农业产业化经营，投资者向公司农场投资，生产者（即那些资金短缺、经营能力不强的家庭农场）按公司的计划生产，公司向他们提供生产资料，产品全部交公司统一经销。三者之间的责、权、利均由合同予以明确。

2. 通过农业产业结构的调整推进农业产业一体化经营

在市场需求的拉动下，西方发达国家建立了以畜牧业特别是以奶牛饲养业为主的农业产业结构。饲养业关联效应强，有力地带动了种植业和食品加工业的发展，使食品业成为产业一体化经营中最重要的工业部门。在美国，农产品的 80% 售给食品工业，其中肉类工业和奶制品工业又占食品工业农产品购买量的 80%。就美国而言，农业产业一体化主要指食品生产系统。在美国、英国、原联邦德国、法国、荷兰等西方国家，农业生

---

① ［日］杉山道雄：《产业一体化的构造特色》，岩片教授退官纪念论文集《农业经营发展的理论》，养贤堂，1973 年。

② 彭安玉：《发达国家农业产业化的基本经验》，《唯实》2003 年第 10 期。

产本身及其与之关联的农业前部门、农业后部门,它们在提供国内生产总值容纳就业人数方面的情况大致是:农业前部门比农业本身容量大,而农业后部门比农业生产本身容量更大,呈两头粗、中间细的葫芦形。为促进农村落后地区的开发,一些国家通过在这些地区发展小工业和服务业等非农产业,形成了农村产业综合发展的区域性一体化结构。

3. 在农业产业一体化经营过程中完善农业社会化服务体系

农业社会化服务,是农业生产力和商品化发展到一定历史阶段的产物。发达国家农业社会化服务体系的建立和发展有力地促进了各国农业现代化的进程和农村经济的持续发展。(1)完善的农业社会化服务体系改善了农业生产的经营条件。优质的产前服务为农业提供各种投资和服务,保证了农业生产发展的需要;高效的产中服务,代替农民完成许多劳动,大大减少了农民直接从事生产劳动的时间;发达的产后服务,将农业生产和农产品加工与销售等直接联系起来,使农民摆脱了后顾之忧。(2)发达的农业社会化服务体系有助于农业经济的发展。一方面,农业社会化服务体系的发展使农产品产量大幅度增加;另一方面,农业社会化服务体系的发展又大大提高了产业经济效益。如农业社会化服务为农业提供一系列优质、高效的农用物资以及熟练的高科技服务,使农业得以实现持续的、高速度的增长;通过分等、加工与产后服务,使农产品大量增值,实现农业的高产、优质和高效的目标。(3)农业社会化服务体系的完善为农业的规模经营和最新科技成果的不断推广应用,开辟了广阔的前景,从而把农业生产推向新高度。可以说,没有完善的农业社会化服务体系,就没有发达国家农业的现代化。

4. 政府通过产业政策引导农业产业化发展

(1)信贷支持政策。政府通过政策鼓励各行各业,尤其是鼓励农业产前、产后企业直接和农场签订信贷合同,以贷款、补贴和预付款等方式把资本投向农业,或采取直接控股手段投资农业。同时,政府对为农业提供低息信贷的金融机构给予补贴。

(2)政府给合作社以各种政策优惠。农业合作社是西方农业社会化服务体系的主体力量,是解决农产品流通渠道问题的特殊有力的工具。为了推进合作社事业的发展,各国政府不同程度地对合作社给予政策优惠。如美国政府规定反托拉斯法不适用农业合作社,日本规定垄断禁止法不应用于农协,农协区在法人税方面享受减免税率的待遇。

(3) 制定法规,推进农业土地集中和农业的规模经营。西方国家实行土地私有化政策。为了促进土地集中,许多国家规定土地买卖须接受官方或半官方机构的监督和管理。这些机构有权优先购买小块土地,然后优先出售给有生产能力的中等农户。鼓励中小农户出卖自己的土地,加快农业土地的集中。为防止出现新的小规模农户,一些国家政府一方面规定禁止建立小于政府规定面积的新农场,一方面又通过推行土地继承法阻止土地进一步分割。

(4) 实施低税收政策。家庭农场加盟一体化的公司可以得到公司在社会安全和失业保险等方面的税收减免。如美国在1982年前对公司农场的最高边际税率为46%,而对个人则是70%。[1]

(5) 通过立法保护农业产业化经营。法律规定,实行稳定的合同契约关系,建立市场风险防范基金;按保护价格收购农场或农户原料;农场或农户可以低于市场价从龙头公司得到生产资料和系列服务。在1996年美国通过的新农业法,其政策导向是通过政府对农业的支持性政策,把农业进一步推向市场,增强农产品在国际市场上的自主应变和竞争能力;通过农业科技成果产业化政策,推进农业科技产业化,提高农业生产的科技水平和农产品的附加值。

二 农村劳动力素质与中国农业产业化

现代农业的产业特征突出地表现为,农业的经营必须同下游产品的经营连接在一起,实行农工一体化或农工商一体化,使农业也能分享工商业的较高利润,从而使农、工、商各业都能稳定地协调发展。

(一) 中国学术界对于农业产业化的解读

中国是一个传统的农业大国,但人均耕地资源极为有限,而且,这种人地比例偏紧的局面短期内难于从根本上得到解决,因此,农民要靠无限提高单产来增加收入是不可能的,要靠不断大幅度提高农产品价格或靠政

---

[1] 彭安玉:《发达国家农业产业化的基本经验》,《唯实》2003年第10期。

府长期给予大量价格补贴也是不现实的。无论从国际经验或者是从改革以来我们自身经验看,唯一的成功选择就是把农业的产业链条向后延伸,用工商业的较高利润来弥补农业的低收入。必须强调,实行农业产业化经营,把农业直接挂在工业和商业、服务业的火车头上,可以把非农产业技术进步较快的机制引入农业,使传统农业转向现代农业的过程有可能大为缩短。这是发达国家农业现代化的普遍之路,更是我国农业现代化的必经之路。

20 世纪 90 年代以来,随着中国农村经济体制改革进一步深化,要求通过实现农业产业化促进农村经济发展、提高农民收入和生活水平的呼声日益高涨,对农业产业化内涵及其实现形式的理论探讨逐步深化,并进行了多种形式的、卓有成效的实践活动。但是,到目前为止,理论界对于农业产业化内涵的理解和界定尚未完全达成一致,比较有代表性的观点主要有以下几种:

第一,韩连贵认为,[①] 农业产业化就是以国内外市场为导向,以持续保护和科学开发农业资源为前提,以农民家庭联产承包责任制为基础,以提高生态效益、社会效益和经济效益为中心,对农业的第一、二、三产业实行多层次、多元化、多形式的优化组合,形成种养加、产供销、农工商一条龙产业链,结成贸工农、内外贸、农科教一体化产业体系,带动农民将分散零星的小生产转化为规模化、专业化、社会化大生产,实现农民之间利益共享、风险共担的企业化生产经营机制,切实达到科学开发利用农业资源,优化组合农业生产要素,提高农业综合生产能力,促进农民增收致富,保障农业和农村经济持续发展。

第二,杨旭认为,[②] 农业产业化是以市场化、社会化、集约化为特征的农业纵向合作化过程,这种纵向合作化就是指农业实现产前、产中、产后相互联系、相互渗透的合作经济一体化过程。

第三,赵奎等认为,[③] 农业产业化是以主导产业或主导产品为核心,以龙头组织为骨干,由产、加、销、贸、工、农和社会化服务等相关产业

[①] 韩连贵:《加强农业产业化建设,加快实现农业现代化》,《经济研究参考》2004 年第 25 期。

[②] 杨旭:《略论农业产业化》,《农业现代化研究》1997 年第 1 期。

[③] 赵奎等:《论农村经济产业化》,《经济改革与发展》1996 年第 10 期。

或相关环节构成的产业系统或产业群,而并不以形成组织严密的利益共同体或经济实体为主要条件。它既可以是组织严密、利益相连的利益共同体,也可以由经济利益相互独立、纯粹由市场关系之间相互联系的经济元素或生产、经营和服务等环节构成。

第四,国风认为,[①]农业产业化是在市场经济条件下,区别于传统农业生产方式和组织形式的一种新机制。它包括以下几层含义:(1)在生产组织形式上,按照农业经济再生产规律,将农业的产前、产中、产后诸环节通过利益纽带联结成一个完整的产业系统;(2)在经营方式和经营内容上,适应市场经济要求实行种养加、产供销、贸工农一体化经营;(3)在生产经营目的上,要在提高产业化组织整体经营利润的基础上,使农业的增值能力和比较利益得到提高,逐渐形成农业自我积累、自我发展的良性循环机制,实现农业增产、农民增收、财政增收的目标。在实践中,农业产业化具体表现为生产专业化、布局区域化、经营一体化、服务社会化、管理企业化。

第五,钱长根认为,[②]农业产业化是指围绕农业生产的产、供、销、贸、工、农一体化经营,其实质是通过现代市场经济的契约、合同、入股、入社等形式,利用现代科学技术和经营管理以及国家的宏观调控,把现代工业、商业、金融、保险、信息咨询等有关部门同农业的种、养、加紧密结合而形成的一种互利互惠的农业一体化的利益共同体。

上述观点虽然在表述上各有千秋,但是其基本出发点是一致的,从中我们也可以对农业产业化进行一个简单的概括:农业产业化是指适应市场经济发展的需要,以国内外市场为导向,以利益机制为纽带,以提高农业比较效益为中心,优化组合各种生产要素,对区域性主要产业实行专业化生产、系列化加工、企业化管理、一体化经营、社会化服务,形成的农产品种养加、产供销、农工商一体化产业系统。

(二)中国农业产业化发展的主要模式

温家宝总理指出:"我国农业现代化道路,决不能照搬别国模式。既

[①] 国风:《中国农村经济制度创新分析》,商务印书馆2000年版,第124页。
[②] 钱长根:《关于发展农业产业化组织的思考》,《农业与技术》2003年第1期。

不能盲目追求土地经营规模的扩大,也不能走政府高额补贴农业的路子,必须从我国国情出发,着眼于农业经营方式的创新和农业整体规模效益的提高。……不能把家庭经营与农业现代化对立起来……国内外的经验都表明,家庭经营最适合农业生产的特点,可以容纳多层次的生产力,与农业现代化并不矛盾。……实践证明,实行农业产业化经营,有利于把小规模农户经营与国内外大市场连接起来,有利于采用先进技术和物质装备,有利于提高我国农业的专业化、商品化和现代化水平,是适合我国国情的一种规模经营形式。"[1] 这就是说,中国的农业产业化,除了农业产业化的一般要求以外,还有两个突出的特征,一个是小规模农户经营;一个是立足于先进的技术和物质装备。同时,中国农业产业化的目标也不是单纯的规模经营和效益,而是在农业资源质量基础上的农业经营方式创新和农业整体规模效益的提高。

因此,中国农业产业化虽起步晚,但发展较快,农业产业化模式在不断演变,主要有以下模式:[2]

1. 公司＋农户模式

这种模式是以当地骨干公司为龙头,围绕一种重点农产品的生产、加工和销售,在互利的基础上通过合同与广大农户结成产加销一体化的经济实体,建立优质产品生产基地,以社会化服务为纽带,实行市场牵龙头,龙头连基地,基地带农户。公司以合同方式按计划对农户进行资金、生产资料、技术方面进行投入和服务,按合同收购农产品,承担自然风险和市场风险。这种模式的特点在于,由公司强化农业资源产出并使其增值,然后组织销售。它尤其适合在市场风险大、分工细、专业化程度和技术水平要求高,以及资金密集的生产领域发展。中国许多大型工商企业进入农业多选择这种模式。农户和龙头企业结合的方式可以分为五种。(1) 契约生产形式。龙头企业同农户签订合同,农户只能购买龙头企业独家提供的原料,然后按照契约规定的质量、数量以及价格向龙头企业缴售产品。(2) 资本融资形式。对于缺乏流动资金的农户,由龙头企业担保向银行贷款,或者龙头企业直接借款给农户,然后农户通过向龙头企业出售产品的

---

[1] 《中国市场经济报》2000年12月12日。
[2] 唐春根、李鑫:《国内外农业产业化发展模式比较分析》,《世界农业》2007年第2期。

方式偿还贷款。(3)流动资本所有形式。龙头企业和农户共同出资生产，龙头企业提供流动资本，农户提供固定资产和管理劳动。(4)部分所有形式。农户除了提供土地以外，其他的生产资料全部由龙头企业负责。(5)完全所有形式。土地、固定资产和流动资本全部属于龙头企业所有，农户仅仅只提供管理劳动。随着农户和龙头企业结合的方式从（1）向（5）推移，农户在生产中的管理意志决定权逐渐削弱，同龙头企业交涉的力量也逐步下降，从具有完全意志决定权的独立生产者转化为依赖龙头企业的工薪劳动者。

2. 中介组织＋农户

这种模式以中介组织为依托，创办各类农产品生产、加工、服务、运销企业，组织农民进入市场。按照自愿互利的原则成立一种跨区域、跨行业、融沟通信息、协调关系、合作开发等职能为一体的协会性组织。宗旨是面向国内外市场搞好农产品的生产、加工、销售，协调企业之间的关系，克服无序竞争，协调企业与农户的关系，建立比较稳定的购销渠道，增加农民收入，保证企业的原料供应。

3. 专业批发市场＋农户

这种模式以兴建农产品专业批发市场为龙头，通过农产品市场，农户可以快捷地接受市场信息，灵敏地作出反应决策，从而达到一个农产品专业批发市场带动一个区域发展支柱产业的目的。

4."4＋2"模式

4即"公司＋农户＋基地＋市场"，2即"研发中心＋培训中心"。公司、农户、基地、市场、研发中心、培训中心是一个有机整体，缺一不可。在这个模式中，市场是导向，农户是关键，基地是基础，公司是桥梁，培训是手段，研发是核心。

这些模式虽然各有其特点，但都通过形成的农产品种养加、产供销、农工商一体化产业系统推动中国农业向现代农业的转变。

（三）中国农业产业化发展的主要特点

从前面现阶段中国农业产业化发展的主要模式来看，中国农业产业化的特征主要包括以下几个方面：

其一，经营市场化。在市场经济条件下，农业产业化必然以市场化为导向，按照市场经济的运行规律，按照市场供求关系合理组织产、供、销等活动。

其二，生产专业化。生产专业化是农业产业化的基本条件。专业化生产有利于新的农业科学技术和先进的生产经营方式的推广和运用，可以节省成本、提高效益。

其三，组织多样化。农业产业化必须改变农户一市场单纬度、自发的经营模式，通过公司＋农户、中介组织＋农户、专业批发市场＋农户、"公司＋农户＋基地＋市场"等多样化组织形式，实行种养加、产供销、贸工农一体化经营，提高经济效益。

其四，服务社会化。农业产业化需要完善的农业社会化服务体系来改善农业生产的经营条件。通过优质的产前服务、高效的产中服务、发达的产后服务，以及最新科技成果的不断推广应用，为农业生产经营提供一系列优质、高效的农用物资以及熟练的高科技服务。

其五，利益分配合理化。农业产业化经营一般由经营者和生产者两个方面组成，以经营者为中心，生产者（农户）按公司的计划生产，公司向他们提供生产资料，产品全部交公司统一经销。二者之间的责、权、利均由合同予以明确，有利于利益分配合理化。

（四）传统农业对中国农业产业化发展的制约

从发达国家的经验来看，促使传统农业向现代农业转化的唯一出路就是走农业产业化道路。农业产业化一体化产业系统形成过程实际上也就是对中国长期以来形成的自给、半自给的传统农业改造的过程。通过这种改造使传统农村经济与市场接轨，在家庭经营的基础上通过将农业生产过程中的产前、产中、产后诸环节联结成为一个完整的产业系统，实行农工贸一体化经营，逐步实现农业生产的专业化、商品化和社会化。

20世纪80年代初开始的农村经济体制改革以及由此引发的全方位的改革开放，使中国农村经济体制发生了深刻的变化，"三级所有，队为基础"的人民公社农村经济发展模式为"家庭联产承包责任制"所取代；高度计划性的农业生产经营活动开始为自主经营、面向市场的农村生产经营活动所取代，农村社会经济发生了巨大变化，有了很大的发展，这给农业产业化、一体化产业系统形成提供了制度保证。但是，在农业生产和经营过程中，在农业产业化形成和发展过程中，"家庭联产承包责任制"这种小生产、分散经营的传统农业模式越来越多的深层次的矛盾不断暴露出来，极大地制约着中国农村经济进一步发展；同时，也对中国农业产业化的实现提出了更加紧迫的要求。[①]

1. 小生产与大市场的矛盾

家庭联产承包责任制使农户成了独立的生产经营者，调动了农民的积极性，促进了农业的发展。但是在当前市场经济中，这种独立的生产经营面临着诸多困难：一是生产规模小、生产成本高、势单力薄，抵御市场风险的能力弱，无力抵御因市场竞争、需求变化带来的巨大市场风险；二是生产经营信息不灵，难以对市场情况进行及时、全面、准确的掌握和预测；三是商品交换、交易方式陈旧落后，流通费用高。

2. 分散经营与生产组织集团化的矛盾

家庭联产承包责任制实现了农村经济组织的微观基础，农户居住分散，独立经营，户均耕地少的生产规模与当前大市场要求的生产经营组织集团化构成了矛盾。

3. 传统的农具加牲畜的简单劳动与农业生产手段机械化、现代化的矛盾

传统的小农经济劳动生产率低下，生产规模狭小，生产工具落后，严重地影响了农业机械化、农业现代化的实现。而现代化的大农业生产，客观上要求实现农业生产手段的机械化与现代化，提高劳动生产率。这一对矛盾，成为阻碍现代化农业发展的重要因素。

4. 传统农业的粗放型与现代农业的集约型的矛盾

传统的粗放型农业有两个致命的弱点：一是采取对资源的掠夺性经营；二是无节制的使用化肥、农药、塑料等。环境污染严重，加剧了农业生态的恶化。

5. 传统农业的劳动密集型与现代农业的科技密集型的矛盾

传统农业是劳动密集型农业，农民素质差，劳动效益低，而现代农业要求实施科学管理，科技成果被广泛应用，农业的科技含量越来越大，劳动生产率越来越高，这客观上促使农业由劳动密集型向科技密集型转化。

---

① 叶水英：《农业产业化与农民教育》，《景德镇高专学报》1999年第12期。

6. 二元经济结构与城乡一体化的矛盾

现代农业客观上要求打破城乡壁垒，实现生产要素跨地区的流动和组合。而中国长期以来形成的城乡二元经济结构，使中国城乡市场长期处于割裂状态，城市的先进技术、科技人才、资源设备等无法通畅流向农村，与农村的土地、劳动力等资源实现优化组合；而农村的剩余劳动力也不易向城市第二、第三产业等城市非农产业转移，以促进城市和农村生产要素双向启动，优化配置，加快城乡一体化的进程。

此外，当前中国农业产业化经营中依然存在诸多制约因素：一是思想认识依然重生产轻市场，对于农业一体化经营缺乏统筹考虑。二是农业产业化经营链条中各环节间的连接不紧密，容易出现产业化经营链条的割裂、甚至断裂。农民和龙头企业还是各担各的风险，履约缺乏有效的保障，出现问题后依然要靠政府出钱进行补贴。三是农村基层干部依然习惯于靠行政手段抓产业化经营。四是外部扶持力度依然不够。五是金融和保险部门对农民专业合作组织和龙头企业的业务持谨慎态度，很多龙头企业发展一直受到资金的困扰等。

比较而言，在上述这些制约当前中国农业产业化经营的主要因素中，长期以来中国传统农业所导致的农村劳动力素质低下对中国农业产业化的影响更大。

(五) 农村劳动力素质与中国农业产业化

传统农业对中国农业产业化发展的制约虽然体现在以上几个方面，但是从本质上来看，传统农业对中国农业产业化发展的制约体现在传统农业生产条件下低素质的劳动力上。

1. 中国农业产业化需要具备实现现代素质的新型农民

中国农业产业化必须培养和造就有文化、懂技术、会经营的具有现代素质的新型农民。现代素质是一个综合概念，主要包括道德素质、智能素质和生理素质。

(1) 道德素质是在对待万物千象的社会生活，对待自己、他人、集体、国家的认知准则和行为规范的"内化—外化"与"再内化—再外化"这一过程中逐步形成的，它是评价他人和自己的行为与调整他人和自己的关系的尺度。现代道德素质要求具有科学的世界观、正确人生观和公正的价值观。

（2）智能素质是指现代化建设人才所把握的知识的广度和深度，以及运用知识的能力，包括知识素质和能力素质。现代知识素质的具体要求是：较宽广的科学文化基础知识和基本技能、较深厚的专业基础知识和基本技能。现代能力素质则对人们提出了两个要求：勤于观察、敏于思考，不断挖掘和发挥自身智力的潜能，使自己具有自我完善智能机构的一般思维品质。敢于设问，勇于探索，能从新的角度抓住问题的症结，并有能提出解决问题的新方案的创造性思维品质。

（3）生理素质主要指体质，其具体表现是一个人的形态发育水平、生理机能状况、身体素质和心理素质。现代社会高度紧张的工作和快节奏的生活，要求人们有更强健的体质和更旺盛的精力。同时，激烈竞争的社会要求人们具备健康的心理素质，不仅要有求胜求优的竞争精神以及面对失败较强的心理承受能力。

这些相适应的基本素质具体表现在：

（1）扎实的文化素质。农民的文化素质通常是指其所具备的文化知识水平。农民的文化素质高低，关系到现代农业科学技术能不能在现代农业中加以利用，这对于推动农业现代化和农业产业化有着重要的影响。

（2）良好的科技素质。农民的科技素质通常是指其所具备的科技知识水平，它直接反映农民掌握科技知识的数量、质量以及运用于农业生产实践的熟练程度。首先，掌握现代农业生产技术与操作技能，能运用新型农业机械从事农业生产，具有创新意识和创新能力。实现农业产业化，需要不断提高农业劳动生产率、提高资源在农业生产中的利用效率，以生产出更多更好的、适应市场需求的农产品来满足社会需要。它有赖于农业生产新技术和新型农机具在农业生产中的应用，而这些应用离不开新型农业生产者。

其次，能研究、引进、开发和推广应用优质、高效的农业生产新技术，能直接服务于农业生产的产前、产中环节的技术指导与推广。中国农业生产基本上以家庭为生产经营单位，规模较小，缺乏对新技术的研究、引进、开发和应用能力，而农业产业化注重区域化布局、专业化生产，非常需要农业技术推广部门在产前、产中环节提供有效的服务，这就离不开大量的农业技术指导与推广人才。

第五章　农村劳动力素质与中国农业产业化、现代化和农村城镇化　／　169

再次，能不断开发和应用农产品储藏、保鲜、加工与包装的新技术、新工艺、新方法的农产品加工。实施农业产业化，要使农业产业由目前的低效益、弱质产业向着高效益产业转变，需要不断延长农业产业链，增加农产品附加值，以适应市场需求，这就需要进一步对农业初级产品进行保鲜、储藏、加工和包装，而这些都需要大量的专门人才去完成。

（3）先进的经营管理素质。农民的经营管理素质通常是指其经营和管理农业的能力和水平，具有现代经营与管理知识，市场意识强，有开拓精神，懂经营、会管理。农业产业化强调产加销、贸工农一体化经营，需要农民善经营、懂管理，把农业作为产业，和经营企业一样，去把握市场动态，合理安排生产结构，顺利实现产品市场交易。而中国目前的农业生产现状是以家庭为单位分散生产和经营，不利于农产品的销售，也影响生产效益与生产者的积极性。因此，需要大量的经营管理人才去做好产后服务、开拓市场、促进销售，从而带动农业生产。

（4）思想道德素质。农民的思想道德素质包括其道德、伦理、理想、情操等方面，是农民精神文明的重要标志。反映在他们的思想水平、政治水平和道德水平上。良好的农民思想道德素质，是实现农业产业化的思想保证。

（5）健康的身体素质。农民的身体素质是指其身体体质与机能，是一个人整体素质的一部分。当前农民的身体素质令人担忧。由于不重视卫生和自我保健，以及农村自然环境越来越恶劣，致使很多农民健康状况低下，一些农民过早地丧失了劳动能力，无力适应环境变化和农村强劳动的挑战。农业产业化客观上也需要现代农民具有适应环境能力，迎接挑战的生存能力和在较长时间内有效工作、不断进取的自我发展能力。

此外，实现农业产业化，首先要求农业劳动者必须转变那些阻碍农业产业化发展的落后观念意识，树立与农业产业化相适应的现代观念意识。

（1）创新意识。农业产业化，客观上要求现代农民必须抛弃传统的观念意识，接受现代的农业科学技术，对传统农业不断改革、创新，以推动农业现代化、产业化。

（2）市场意识。农业产业化进一步把中国农业推向市场，这客观上要求现代农民必须具备现代农业的市场观念，具备驾驭农业大市场的能力，以真正使中国农业走向市场。

（3）生态意识。农业产业化客观上要求农民放弃掠夺性经营，具备生态环境意识，保护生态环境，使农业朝着持续发展的道路前进。

（4）风险意识。农业本身就是一个弱质产业，面临着很大的自然风险和市场风险。农业产业化把农业推向大市场，带来了农业的更大的市场风险。加上近些年来，农业生态环境的破坏，自然灾害的频繁，农业的自然风险也在加大，这就要求农民必须具备风险观念意识。

（5）创业意识。长期以来，中国传统农业生产方式满足于牲畜加农具的简单操作，安于现状，缺乏创业动机。农业产业化客观上要求现代农民必须把农业生产当作企业一样来经营、来管理，来进行市场竞争，这就必须具备竞争与进取精神，具备创业意识。

2. 农村劳动力素质与中国农业产业化

（1）农村劳动力素质的提高有利于中国农村产业结构的调整

从前面的分析可知，农业产业化要实现产供销、种养加、贸工农、经科教紧密结合的一条龙经营体制，绝不是种植业、养殖业、加工业的生产和销售的简单相加，更不是这些产业的生产和销售的低水平重复，而是通过农业大幅度调整产业和产品结构，从粗放型低效益向节约型高效益转变，从以初级产品为主的低层次结构向以加工制成品为主的高层次结构转换，通过实行种养加、产供销、贸工农一体化经营，提高经济效益，实现高附加值。从根本上说，农业现代化依靠传统农业是无法实现的，必须通过调整农村经济结构、农业产业结构，让农民从第一产业转移到第二、三产业，就必须发掘农村人才，不断提高农民素质，让其具有胜任第二、三产业的能力。对于这一点，本书第二章、第三章、第四章进行了说明。

（2）农村劳动力素质提高有利于中国农村农业增长方式的转变

实现中国农业由粗放型向集约型转变，克服中国传统农业面临的诸多矛盾，根本出路就在于实现农业产业化，而走农业产业化道路的关键在于当前农民的素质。农业增长方式由粗放型向集约型转变的核心是知识和技术的集约，关键是提高农业从业人员的科技文化素质，必须拥有一批高素质的农业劳动者。只有培养大量的农业科技与管理人才，大幅度提高农民的科技文化素质，并研究、引进、开发和应用先进的生产与管理知识，才能不断提高农业生产和经营效益，才能促进农业和农村经济的持续稳定发展。因此，实现中国农业产业化必须培养和造就有文化、懂技术、会经营的具有现代素质的新型农民。

(3) 农村劳动力素质提高有利于中国农村农业生产率的提高

没有高素质的农业从业人员,先进的农业生产技术和管理方法就不可能得到推广应用,现代化的农业机械就无法普及,农业劳动生产率就难以提高,就不可能真正实现农业现代化。同时,也只有提高农业从业人员的科技文化素质,拥有大批高素质的农业劳动者,才能使农业增长由依靠土地、资本、劳动力等生产要素的投入为主,转变为依靠技术进步,从而促进生产率的提高为主上来。目前,农业技术人员仅占农村人口的0.06%,科技对粮食增产的贡献率仅为40%左右;农业科技成果转化率也仅30%多一点。其根本原因是农民接受新技术的能力差,大部分劳动力不能掌握现代科学技术,仍然沿用传统的生产方式和方法从事生产,加上农业技术推广人员不足,致使许多先进的科学技术和方法难以推广。另外,新中国成立以来培养的104万农业科技人才,目前只有50万人左右尚留在农业战线,平均每万农业人口中科技人员仅6.6人。[①] 农业劳动者素质低下,农业技术推广人员严重不足,将制约中国农业产业化的进程。

第二节 农村劳动力素质与中国农业现代化

西奥多·W. 舒尔茨认为,发展中国家的经济成长有赖于农业的迅速稳定的增长,而传统农业不具备迅速稳定增长的能力,出路在于把传统农业改造为现代农业,即实现农业现代化。[②]

一 现代化的基本含义和标准

(一) 现代化的基本含义

大约在20世纪60年代,西方出现了现代化研究的热潮。现代化的概

[①] 陈作珍、仟律川:《农业产业化与农村人力资源开发的辩证分析》,《乡镇经济》2002年第11期。

[②] 西奥多·W. 舒尔茨:《改造传统农业》,北京经济学院出版社1991年版。

念是西方学者提出来的,其基本含义是指从农业社会向工业社会的转变。虽然迄今对现代化含义的理解还存在不少分歧,总体上看,学术界对现代化从不同角度进行了大量研究,归纳起来,形成了五大主要研究方向:一是以伊斯顿、阿尔蒙德、阿普特和亨廷顿等为代表的政治学方向;二是以罗斯托、弗兰克、格申克隆和库兹涅茨等为代表的经济学方向;三是以帕森斯、列维、勒纳和穆尔等为代表的社会学方向;四是以英克尔斯和麦可勒兰德等为代表的人文学方向;五是以布莱克为代表的制度学方向。这几个学派基本上是从两个角度去定义现代化:

第一,把现代化作为一个过程来定义,亨廷顿教授总结了七种学者们关于现代化的基本一致的看法:(1)现代化是革命的过程;(2)现代化是复杂的过程;(3)现代化是系统的过程;(4)现代化是长期的过程;(5)现代化是同质化的过程;(6)现代化是不可扭转的过程;(7)现代化是进步的过程。由于现代化是个动态的概念,因此,最近人们干脆把它定义为:为了追求理想的境界而不断合理化的过程。

第二,把现代化作为结果或目标来定义,迪恩认为,现代化包括经济领域的工业化、政治领域的民主化、社会领域的城市化、意识形态领域的世俗化等在内的多层面转变。它广泛涉及国际环境、政治结构、经济发展、社会整合和技术进步等方面。学者们更多地倾向于把现代化理解为一个包括政治、经济、社会、文化等方面内容的全方位的社会变革。[1]

(二) 现代化的基本标准

现代化既然是社会的全面变革,衡量现代化的发展水平就应包括经济、政治、社会、思想、文化等各个方面。但是,由于一些内容尤其是政治和思想的现代化很难量化,国际上衡量现代化的标准主要围绕经济和社会指标来拟定。目前,比较有代表性的现代化标准是美国社会学家英格尔斯20世纪70年代提出的现代化的十条量化标准:[2]

---

[1] [美]迪恩·C. 蒂普斯:《现代化理论与社会比较研究的批判》,载西里尔·E. 布莱克主编《比较现代化》,上海译文出版社1996年版,第100页。

[2] 中国科学院可持续发展战略研究组:《中国现代化进程战略构想》,科学出版社2002年版,第159页。

1. 人均GDP3000美元以上；
2. 农业产值占GDP比例低于12%—15%；
3. 非农业人口占70%以上；
4. 服务业产值占GDP45%以上；
5. 城市人口占总人口50%以上；
6. 80%以上的人口识字；
7. 大学入学率在10%—15%以上；
8. 平均寿命在70岁以上；
9. 每名医生服务人数在1000人以下；
10. 人口自然增长率在1%以下。

二 农业现代化内涵、特征、标准和实现途径

（一）农业现代化的内涵和基本特征

上述关于现代化的基本思想对于理解农业现代化十分重要。农业现代化不仅仅是农业生产部门内部的事，它必然要反映到农村经济、文化、社会生活的方方面面。农业现代化是现代化的重要组成部分。农业现代化不是从天上掉下来的，农业现代化是农业生产和社会经济发展到一定阶段的产物或成果。世界农业的发展经历了漫长的岁月，划分为若干发展阶段。迄今，人类农业的发展经历了原始农业、传统农业和现代农业三个发展阶段。从总体上说，这种划分是以生产力水平，主要包括生产工具、劳动者的技能和生产力的组合方式等为标志的。

现代农业是在采用大机器生产的现代工业的基础上发展起来的。发达国家农业现代化大体上是从18世纪末19世纪初开始，到20世纪六七十年代完成。现代农业是人类第一次在农业生产和经营中大规模自觉应用现代科学技术和农业机器，现代农业广泛采用以"机械—化学技术群"为核心的现代科学技术和现代工业提供的生产资料和科学管理方法，同时，现代农业是高度发达的商品经济。

从20世纪中期中国提出农业现代化的这一概念和范畴以来，就一直是理论和政策关注的"热点"问题，以致近半个世纪中，不同发展时期、众多的研究者从不同的角度对实现农业现代化的概念和含义，提出了种种

不同的认识或界定。归纳起来，大致有以下几种：

第一，顾焕章认为[①]，农业现代化是一个综合的、世界范畴的、历史的和发展的概念。作为一个动态的、渐进的和阶段性的发展过程，在不同的时空条件下，随着人类认识程度的加深而不断被赋予新的内容。为此，他们将农业现代化定义为传统农业通过不断应用现代先进科学技术，提高生产过程的物质技术装备水平，不断调整农业结构和农业的专业化、社会化分工，以实现农业总要素生产率水平的不断提高和农业持续发展的过程，农业现代化即是指农业由传统的生产部门转变为现代的产业部门。

第二，张仲威认为[②]，农业现代化不仅仅局限于农业本身，它有着更为宽泛的内容。他不仅包括农业生产过程的现代化、流通过程的现代化，还包括消费过程的现代化。此外，还应包括农村的现代化和农民的现代化，也就是说，农业现代化不是农业领域中的一个方面、一个过程的现代化，而是全方位全过程的现代化。持此观点的学者普遍将农民现代化看作是农业现代化的主要内容与主要标志。他们认为，农业现代化实际上就是生产力现代化了的农业。因此，农业现代化必然包括农业劳动者—农民素质的现代化。甚至一部分学者直截了当地认为，农业现代化归根结底是人的现代化。

第三，王明华认为[③]，农业现代化是由于科学技术在农业中的应用扩张而引发的组织制度、管理方法的变革与创新。因此农业现代化就是最终消除二元经济结构，实现制度现代化。

第四，蒋伏心认为[④]，农业现代化实际上是资源如何更加有效配置，即如何通过资源配置提高土地产出率、劳动生产率和资源利用率。农业现代化是体制系统（主要为产权制度和价格制农业人力资本）和作为保证的农用生产资料工业及流通体系三大系统的有机统一体。

第五，黄国祯认为[⑤]，农业现代化的完整含义就是用现代科学技术和

---

① 顾焕章：《论农业现代化的涵义及其发展》，《江苏社会科学》1999年第1期。
② 张仲威：《中国农业现代化若干问题的探讨》，《农业现代化研究》1994年第3期。
③ 王明华：《消除城乡二元结构，推动中国农村现代化》，《农业经济问题》2001年第2期。
④ 蒋伏心：《体制现代化与中国特色的农业现代化》，《江海学刊》1996年第5期。
⑤ 黄国祯：《农业现代化再界定》，《农业现代化研究》2001年第1期。

第五章　农村劳动力素质与中国农业产业化、现代化和农村城镇化 / 175

生产手段装备农业，以先进的科学方法组织和管理农业，提高农业生产者的文化和技术素质，把落后的传统农业逐步改变为既有高度生产力水平又能保持和提高环境质量以及可持续发展的现代农业过程。

第六，阎耀良认为[①]，农业现代化不是在一个封闭状态下的独善其身的过程，而是一个不断国际化和用知识经济武装的过程。

第七，梁荣认为[②]，农业现代化的内涵应当包括农业生产力的现代化、农业生产关系的现代化和农业上层建筑的现代化。

第八，韩士元[③]主张用农村现代化概念去代替农业现代化概念，认为仅仅从农业一个生产部门出发对农业现代化的分析是不够的，更能反映农业、农民、农村经济和社会发展的概念是农村现代化。农业现代化实质上与农村现代化没有区别，至多是内容的广泛性和强调发展的重点不同，广义的农业现代化其实就是以农业为重点的农村现代化。

第九，宣杏云和王春法认为[④]，农业现代化是一个有中国特色的用语，西方国家没有农业现代化这个概念，只有农业商品化。在对西方国家农业现代化透视的基础上，他们提出应从两个方面把握农业现代化的内涵：（1）农业现代化是一种过程，具体体现在：其一，它是从以直观经验和手工工具为基础的传统农业转变为以现代科学技术、生产手段和经营管理方法为基础的现代农业的过程，农业科学技术的发展及其在农业生产中的大规模推广应用是这一过程的主要内容，直接体现在诸如农业机械化、电气化、化学化、水利化、良种化、工厂化，等等；其二，它是从自给自足农业向商品农业转变和商品农业大发展的过程，在这一过程中，不仅农业的最终产品即各种农产品进入了市场交换领域，而且各种中间产品、劳务和消费品以及农业生产要素，也成为农业市场交换的对象，形成多层次和广泛的市场交换关系。农业现代化的实质和核心是农业生产和经营的商品化，农业生产的机械化和科学化是从属于农业生产商业化的需要的。（2）农业现代化又是一种手段，即一国使其落后

---

① 阎耀良：《知识经济与农业现代化》，《中国农村经济》2001 年第 1 期。
② 梁荣：《农业产业化与农业现代化》，《中国农村观察》2000 年第 2 期。
③ 韩士元：《农业现代化的内涵及评价标准》，《天津社会科学》1999 年第 5 期。
④ 宣杏云、王春法：《西方国家农业现代化透视》，上海远东出版社 1998 年版，第 3—8 页。

的农业生产部门尽快实现现代化的各种手段的总称,从这个意义上讲,农业现代化又是一种发展战略。实际上,大多数发展中国家的农业现代化主要是后一种意义上的农业现代化。

(二) 农业现代化的基本特征

农业现代化,从本质上说,就是把传统农业转变为现代农业的过程。从总体上看,现代农业主要具有以下几个基本特点:[①]

第一,随着以自然科学为基础的现代农业技术体系的形成和推广,农业生产中大规模采用以现代科学技术为基础的生产工具和生产经营管理方法,使农业生产和经营的科学化、规范化程度空前提高。

第二,由于现代农业机械体系的形成和各种农机具的广泛应用,农业由"畜力—改良农机具生产型"转变为"机械动力(电力、内燃机)—现代机器生产型"。现代农业的生产逐步实现全盘机械化,并向生产自动化迈进。随着现代农业的生产机械化、自动化程度的不断提高,现代农业能源的投入也相当大,农业及其相关产业成为电力、石油消耗量最大的部门之一。

第三,农业生产的专业化程度越来越高,农业生产中的社会分工日益深化。不仅地区分工和产品种类上的分工越来越细,而且形成了生产工序上的分工,如产前、产中和产后的分工,产中主要作业工序上的分工。在此基础上,形成了一个比较完整的农业社会化服务体系,大量的农业生产及其产前、产后经济活动是由各种专业化服务组织来完成的。

第四,形成了发达的农业市场经济,不仅大部分农产品成为商品,而且农业生产所必需的各种生产要素也成为商品。农产品市场和农业生产要素市场空前发达,尤其是农业生产要素市场的产生和发展,成为现代农业的一个重要特征。

第五,随着专业化和协作的发展,农业的产业组织方式发生了根本的变化,农业的产业链条延伸,农业开始实行一体化经营和企业化管理。

第六,劳动生产率普遍得到了大幅度的提高,大量农业劳动力转移到

[①] 傅晨:《基本实现农业现代化:涵义与标准的理论探讨》,《中国农村经济》2001年第12期。

工业以及其他非农产业,农业人口和农业劳动力在总人口和总劳动力中所占比重大大下降。

第七,农业基础设施完备,交通便利,从而为农业生产和农民生活提供了方便的条件,城乡差别明显缩小。

综上可见,现代农业是建立在现代科学技术的基础上,以现代工业为依托,在现代市场条件下进行的大农业,是一种高科技含量、高资本投入、低劳投入、高消耗、高产出、高商品率和高度社会化的农业。

(三) 中国农业现代化的参考标准

农业现代化是一个相对的、动态的概念。从发达国家农业现代化的进程来看,各国农业现代化都有一个由低到高不断完善的过程。这期间要经历若干阶段,每一个阶段都有其主要的内容和侧重点以及相应的制度变迁和政策调整。从总体看,到目前为止的农业现代化的发展一般要经历以下三个阶段。第一阶段,是农业现代化的起步阶段。主要是解决国民经济发展所需要的粮食问题,并在此基础上,提高农业生产的商品化和产业化水平。第二阶段,是农业现代化的全面发展阶段。主要是加速农业产业化、技术化、社会化、国际化发展,把传统农业改造成现代农业,推进农村经济市场化、工业化、城市化,逐步缩小工农、城乡差距。第三阶段,是农业现代化的进一步完善阶段,主要是发展生态农业,协调人与自然之间的物质转换关系,保持农业的持续稳定发展。尽管各国农业现代化各个发展阶段的具体形式、主要内容和基本特点会有所不同,但农业现代化的发展都会表现出阶段性的特点。

农业现代化就是把传统农业转变为现代农业的过程,对于这一点,人们的看法基本一致。问题在于,达到什么样的标准,才算实现了农业现代化。由于没有一套国际和国内公认的农业现代化标准,从20世纪80年代起,中国理论界和相关职能部门根据发达国家的经验以及中国经济特别是中国农村经济发展的特点,进行探索,力图建立既符合国际标准,又能反映本国和本地特色、切实可行的现代化指标体系。对此,提出了比较具体的关于农业现代化参考标准。比较有代表性的主要有农业部农村经济研究中心农业现代化量化标准和中国农业大学农村发展研究所农业现代化量化标准。

1. 中国农业大学农村发展研究所农业现代化量化标准

表 5—1　　中国农业大学农村发展研究所农业现代化量化标准

指标名称	单位	指标值
社会人均 GDP	美元	>3400
农村人均纯收入	美元	>1200
农业就业占社会就业比重	%	<20
农业占 GDP 比重	%	<10
耕种机械化率	%	>85
预期受教育年限	年	12—14
成人文盲率	%	<10
农业劳动生产率	美元	>2600
市镇人口占人口总数	%	>65
预期平均寿命	岁	>70

资料来源：刘斌：《中国三农问题报告》，中国发展出版社 2004 年版，第 155—156 页。

中国农业大学农村发展研究所农业现代化的这套量化标准主要参考美国社会学家英格尔斯 20 世纪 70 年代提出的现代化的十条量化标准，并结合发达国家农业现代化以及世界各发展中国家农村经济和农业发展的一般状况而形成的，对于中国以及世界各发展中国家农业现代化具有重要的参考作用。

2. 中国农业部农村经济研究中心农业现代化量化标准

农业部农村经济研究中心农业现代化这套量化标准，是在美国社会学家英格尔斯 20 世纪 70 年代提出的现代化的十条量化标准以及发达国家农业现代化具体进程的基础上，结合世界各发展中国家特别是中国农村经济和农业发展的实际，对于农业现代化标准进行进一步的具体化。该指标体系把农业现代化的指标体系分为农业外部条件指标、农业内部条件指标和农业生产效果指标三组，还制定了阶段性标准，分为农业现代化起步阶段标准、初级阶段标准、基本实现阶段标准。这个指标体系简练，操作性较强。中国及其他发展中国家可以据此客观了解本国处于农业现代化的哪一个发展阶段，在此基础上制定下一阶段具体发展目标以及有针对性地采取相应的政策措施,推动农业现代化的实现。因此,这套量化标准对于推动中国农业现代化以及各地区农业现代化的实现同样具有十分重要的意义。

表5—2　　中国农业部农村经济研究中心农业现代化量化标准

指标名称	单位	1997年水平	起步阶段标准	初级阶段标准	基本实现标准
社会人均GDP	美元	730	800	1500	3000
农村人均纯收入	元	2090	3000	6000	10000
农业就业占社会就业比重	%	49.9	40	20	10
科技进步贡献率	%	40	45	60	80
农业机械化率	%	32.4	40	60	80
从业人员初中以上比重	%	53.5	55	70	80
农业劳均GDP	美元	490	600	1000	2000
农业劳均生产农产品率	吨	2.6	3.0	6.0	10.0
每公顷耕地农业总产值	美元	2300	2500	5000	8000
森林覆盖率	%	13.5	15	20	25

资料来源:柯炳生:《对推进我国基本实现农业现代化的几点认识》,《中国农村经济》2000年第9期。

(四) 对中国农业现代化认识的深化

近年来,我国对于农业现代化的认识有了进一步深化:[1]

1. 农业现代化是传统农业过渡到现代产业的多层面演进过程

这个过程的内容应包括多个方面,要用现代工业提供的物质技术装备农业,用现代生物科学技术改造农业,用现代市场经济观念和组织方式来管理农业,创造很高的综合生产率,同时关注生态保护,建设富裕文明的新农村。

2. 农业现代化目标的多层次性

农业现代化的目标不能局限在只是运用现代工业物质技术和现代科学技术。农业现代化应同步伴随以下目标的实现:(1) 提高农民的社会和经

---

[1] 丁泽霁、杜志雄:《中国农业现代化的道路选择与面临的新形势》,《中国农村经济》2001年第3期。

济地位，缩小城乡差别；(2) 农村人口城镇化；(3) 可持续发展和保护自然资源与环境；(4) 确保粮食安全。实现农业现代化的目标，没有必要设定精确时间表，不能定在某一年。

3. 农业现代化与城市化相互促进

因为农业现代化的目标不论怎样表述，最终都必须落脚到让农民富裕，而这就离不开农村人口城镇化与农业劳动力向非农产业转移。中国农民收入增长缓慢的原因很多，根本原因在于农业生产率低。农业劳动生产率低的原因也很多，其中，农业中剩余劳动力多，农民就业不充分是一个重要原因。农业人口城镇化是实现农业现代化的必要条件。

4. 树立可持续发展观，研究可持续发展的指标体系

现在可持续发展问题已成为国际学术界研究的热点之一，我国当前很重视研究可持续发展的指标体系，建立信息支持系统，以综合反映可持续发展的现状和问题，评估和调整现行农业政策，还要为建立食品安全预警系统提供监测评价的依据。

5. 重视农业标准化

农业标准化不只是为农产品的生产制定质量与监督的依据，农业标准化可以增强农产品的市场竞争力，是农产品创品牌的关键，是打开各地方名、特、优产品市场的必要条件。我们要加强对于国际标准的研究，考虑如何与国际标准接轨。

6. 新的粮食安全观

粮食安全的含义已经不仅是在保证粮食生产和储备数量的那种传统的备荒意义了。粮食安全在保障人民免于饥饿的基础上，还要包含：食品健康（如绿色食品营养等）、生物多样性、维护民族文化等新的观念。有学者指出，美国的麦当劳、肯德基在各国兴办分店，不仅推销了美国农产品，而且同时也推销了美国文明观念，它会改变输入国民族的饮食文化。

7. 把教育农民作为实现农业现代化的关键

只把农业现代化看成向农业提供现代工业生产的物质技术，容易忽视人的作用。农业现代化意味着提高农业劳动生产率，而提高农业劳动生产率不能只是使用现代物质投入，不能"见物不见人"，必须认识到使用现代物质投入品的只能是具有现代技能的农民。

（五）发达国家农业现代化的三种模式及对中国的启示

一个国家实现农业现代化，究竟采用哪种起步方式，一般说，主要是由当时的土地、劳动力和工业化水平决定的。人少地多的国家，首先从生产工具上进行改革，发展机械化，以节约劳动力；人多地少的国家，则从多投入劳动力，充分利用土地以提高单产入手。就目前来看，在世界范围内，农业现代化的起步方式存在三种模式，即美国模式、日本模式和西欧模式。[①]

1. 发达国家农业现代化的三种模式

（1）美国模式，即"节约劳动型"模式

美国的特点是地广人稀，人均土地资源丰富。这一资源禀赋特征，使得土地和机械相对价格长期下降，而劳动力相对价格不断上升，促使农场主不得不用土地和机械动力替代人力。这种替代主要包含农业机械技术的不断改进。

（2）日本模式，即"节约土地型"模式

日本的资源禀赋特征与美国正好相反，1880年每个男性农场工人的平均农业土地面积只有美国的1/36，到1960年则只有美国的1/97，可耕地是美国的1/47。由于资源禀赋的差异，土地和劳动力的比价也与美国不同。日本在农业现代化过程中，以生物技术为农业技术创新的重点，以缓解土地资源不足，提高单产，增加农产品供给。

（3）西欧模式，即"中间类型"模式

西欧的一些国家，既不像美国那样劳动力短缺，也不像日本那样耕地短缺，因此在农业现代化过程中机械技术与生物技术并进，把农业生产技术现代化和农业生产手段现代化放在同等重要的地位，实行"物力投资"和"智力投资"同时并举，实现农业机械化、电气化、水利化、园林化，既提高了土地生产率，也提高了劳动生产率。

美国经济学家弗农·拉坦用实证资料证明了以上的模式划分，即劳均土地在30公顷以上的国家走的是机械技术型；劳均土地3—30公顷之间的国家，走的是生物技术—机械技术交错型；而劳均土地不足3公顷的国

[①] 宣杏云：《国外农业现代化的模式》，《农村工作通讯》2007年第3期。

家，走的是生物技术型。但是，以上的划分仅是从农业现代化过程的起步方式上看的。实际上，农业现代化是通过多元技术变革实现的而不仅仅是单一技术变革。因此，农业现代化的进程是要靠多元技术变革来共同推动的。

2. 中国农业现代化的实现条件

比较而言，由于中国特殊国情，中国农业现代化实现模式有自身的特点：

（1）资源丰富，但人均拥有资源量相对贫乏，而且区域间的自然条件差异大。中国资源的绝对量大，但其相对量小。此外，中国的资源分布很不均衡，93％的耕地集中在面积不到国土一半、人口却占96％的东南部省（市），而占国土一半以上的西北部省（区）却只有7％的耕地和4％的人口。① 由于人口仍在继续增长，人口与资源之间的矛盾将日益突出。因此，中国的农业现代化发展道路，既要体现充分有效地利用资源，又要与节约、保护资源相结合。

（2）资源利用不合理，生态环境恶化。长期以来，由于生产结构单一，资源利用不合理，造成地力下降，植被破坏，水土流失加剧，旱涝灾害频繁，草原退化，沙漠面积扩大，自然生态遭到严重破坏，影响了农业生产乃至整个农村经济的发展。经过近些年来的调整，虽起了一定作用，但还没有从根本上解决问题。因此，在中国农业现代化进程中，应力求实现农业良性循环，为子孙后代创造一个最佳的生态环境，保证农业持续稳定发展。

（3）人口众多，且在继续增长。目前中国人口已超过13亿，其中农村人口9亿以上。在实现农业现代化过程中，有数量可观的农业剩余劳动力需要在农村安排，这是中国农业现代化所面临的一个重大实际问题。在发达国家的农业现代化过程中，城市大工业从农村吸收了大量剩余劳动力。而中国的国情决定了我们不能像发达国家那样让大量农村劳力流入城市，主要应该由农村就地吸收，走农工商一体化的道路。这样，一方面可以避免由于农村人口大量流入城市而引起的大城市人口的无限膨胀，另一方面也可解决农业现代化过程中的部分资金问题。

---

① 吴振兴：《我国农业现代化的国际比较研究》，《热带农业科学》2003年第4期。

（4）国家底子薄，积累少，区域间的生产及经济发展不平衡。发达国家的农业现代化是在工业化以后，或在工业已经相当发达的基础上，通过工业支援农业的办法实现的；而中国工业基础差，目前还处于工业化过程中，国家经济实力弱，不可能给农业以大量的投资。所以，中国农业现代化道路的选择必须因地制宜，争取以较少的投入获得最佳的收益。通过农业良性循环为农业现代化提供资金和积累，即在国家的必要扶持下，走农业综合道路，主要靠农民、靠农业内部积累，发展农业生产，繁荣农村经济。

3. 中国农业现代化发展模式的选择

中国的农业现代化道路，是在现代生物学、生态学、经济学、系统科学等综合性学科的指导下，不仅在物理、生物、化学等技术上，而且在生态、技术和经济方面，对农业进行改革和优化等的基础上形成的。因此，必须从农业和农村的特点出发，把农业和农村的社会、经济、科技视为一个整体，并运用现代先进的科学和技术对农业实行工程设计，建立农业工程体系，使其具有鲜明的系统性、整体性、地区性、集约性、高效性和调控性；加快农业生产区域化、专业化、商品化和农工商一体化进程，促进农业生态和农村经济良性循环，充分、合理利用当地的各种资源，使土地生产率、劳动生产率和商品生产率得到稳定增长。其发展模式的选择主要有以下几种：

（1）生态农业型。在发展农业生产的过程中，坚持生态良性循环的指导思想，兼顾目前利益与长远利益，借助生物工程、机械工程及先进科学技术，合理地利用和保护自然环境与自然资源，促使自然生态环境效益的充分发挥，获得量多质好的农产品，达到生态效益与经济效益、社会效益相协调，以保证农业的持续稳定发展。生态农业是适合中国国情的农业现代化建设的一个重要形式。

（2）立体农业型。立体农业具有"三维立体网络结构"，也就是农业生产在形式和内容上具有广度、深度和高度；在功能上具有"三维"：生物生产功能维、资源开发功能维和经济增值功能维。它与平面农业的区别，就在于它包含农产品加工、储藏、运输、销售等一些使农产品增值的并与市场连接的环节。它也是中国农业现代化道路的一种重要表现形式。

（3）集约农业经营型。它包括劳动密集、技术和知识密集、资金密集。当前对中国来说，一般以劳动密集型农业为主，在条件许可的地方，适当发展资金密集型农业。中国在农业现代化过程中，需要解决的一个重要问题，就是农村大量剩余劳力的安置，发展劳动密集型农业可以解决部分剩余劳动力问题，同时配以知识和技术密集。这是中国农业现代化的重要出路之一。

（4）农业良性循环工程型。农业良性循环工程是用工程化手段建设农业，应用生态学、生态经济学原理和系统工程方法与现代科学技术。如生物、物理、化学、生态、遗传工程、信息、电子等多学科技术组合而成的一个新型生态经济体系。它主要不是依赖石油、煤炭和天然气之类的矿物能源，而是最大限度地吸收、利用太阳能；也不是单纯地利用化肥、化学农药之类导致生态环境恶化的生产方式，而是通过综合、循环利用自然环境资源，使农业资源在生态良性循环中发挥最佳经济效益，使包括农、林、牧、副、渔、工、商在内的各种产业综合发展。与生态农业等比较，它更富有人类的控制和干预成分。它既强调农业生产对生物物种、种群数量等实现时间季节的科学布局和结构优化设计，又注重农副产品及资源的加工深化和综合经营与规模经济。这是中国农业现代化进程中的一个富有生命力的道路。

三　农村劳动力素质与中国农业现代化

从理论界对于农业现代化的理解来看，农业现代化大致包括农业生产方式的现代化、农业产业化、农产品的市场化、农民生活的现代化、农民素质的现代化等内容。农民素质是指农民在生产经营中所具有的潜在能力体系，主要包括农民的文化知识水平、价值取向、劳动技能、竞争意识、心理素质、行为方式等方面，这些方面不仅反映出农民的社会化程度，也说明了农民现代化的程度。就中国农村和农业发展状况而言，农业现代化的重点和难点在于农民的现代化，而农民现代化的核心是农民素质现代化，即以现代科学文化知识武装农民，不断提高农民素质，造就文明、智能、发展的现代农民，努力拓展农民视野，使之适应社会经济发展趋势，自觉以市场为导向，应用现代农业科技手段进行生产经营，在竞争中树立风险意识，增强心理承受力，使自己逐渐成为现代农业生产经营的主体。

同时，也只有造就文明、智能、发展的现代农民，才有可能打破愚昧、落后、封闭的传统农村社会组织形态，建立科学、民主、法制、秩序的现代农村社会组织形态，推动农村社会政治、经济、文化、社会制度的变革，从而全面推进农业现代化。因此，农村劳动力素质现代化的程度直接影响中国农业现代化进程。①

（一）农业现代化对农村劳动力素质的要求

从前面的分析可知，中国农业现代化的实现，对农村劳动力有以下要求。

1. 思想道德素质

从事现代化农业，从思想道德素质方面，必须具备以下素质。②

（1）热爱农业，对农业有着满腔热情。现代农民应是对于职业的主动选择。它既是一种职业，也是自己的事业；既是一种谋生的手段，也是自身理想和人生价值实现的一种途径和载体。

（2）诚实守信，遵守法律，公平竞争。现代化农业是一种产品高度商品化的产业，参与市场竞争，是现代农民不能不面对的现实。在激烈的市场竞争中，应当恪守诚实守信、公平竞争的职业道德，遵纪守法，凭产品的质量、品种和良好的服务，去占领市场、巩固市场。

2. 科技文化素质

"科学技术是第一生产力"，也是现代农业生产发展的动力。现代农业生产融入了越来越多的科学技术成分，现代农民必须经常学习运用新的农业科学技术和现代农业生产经营管理方式。如良种、肥料、农药、农业生物技术、电子信息技术等。良好的科技文化素质也可以使现代农民能够迅速地领悟国家政策及相关信息，根据社会化的农业生产劳动和市场供求规律、供求信息和动态及时调整和改进农业生产。

3. 思维心理素质

与其他行业相比，农业一直是一种弱质产业，面临着较大的自然风险

---

① 李培庆：《中国农业现代化的关键是农民素质现代化》，《华侨大学学报》2000年第2期。

② 杨文志等：《农业现代化对农民素质的要求》，《农业科研经济管理》2002年第4期。

和市场风险。因此，按照这种弱质产业的职业要求，现代农民除具有一般社会成员所需心理素质之外，还应有以下几个方面的素质：

（1）强烈的求知欲和创新意识。追求新知识、新技术，勇于在生产中大胆尝试，对新生事物比较敏感，善于捕捉各种新的信息，长于对各种信息分析、综合，合理取舍，为我所用。

（2）勤劳、踏实、肯干。农业生产劳动周期比较长，生产时间与劳动时间差别比较大，它不像工业生产那样可以立竿见影地看到自己的劳动成果，也没有严格的劳动纪律约束。但是它有一分耕耘一分收获的特点。因此，现代农民同样必须勤劳、踏实、肯干，任何的懒惰、投机取巧到头来都可能使自己两手空空。

（3）机动灵活、善于决策，因时因地制宜。由于农业生产受自然条件影响较大，一些自然灾害的发生具有不可预测性和不可抗拒性。现代农民能够因时因地制宜，能够在不测情况发生时及时采取措施，积极补救生产损失，将损失降低到最低限度。当某种良好的生产经营机会到来的时候，又能够及时把握机会，调节生产，获得尽可能大的收成和尽可能好的经济效益。

4. 能力素质。现代化农业生产对农民能力的要求是多方面的，主要包括：

（1）预测、决策能力。这是保证农业生产高效率的基本条件，包括：对产品市场的预测，如市场规模、需求状况、发展趋向的预测；生产中可能出现的问题及其解决办法等。事实证明，在生产中善于预测+迅速反应、大胆决策、敢为人先的部分农民，总是能够取得较高的生产效益。而那些瞻前顾后、不善于分析和把握机会，老是跟在别人后面走的农民，往往总是慢半拍，生产效率相对较低，甚至亏本。

（2）敏锐的观察能力。农业生产的对象是有生命的动植物，它们的生长发育是个动态的过程，在整个过程中，一旦发现病害、虫害、气候变化带来的灾害，将直接影响到生产。因此，农民必须随时观察生产对象和生产环境的变化情况，及早采取有针对性的措施，保证生产的有效性。所以，现代农民应具有敏锐的观察力，以防患于未然。

（3）农机具操作使用能力。农机具是农民进行现代农业生产劳动的工具。能够准确而熟练地操作使用农机具可以提高生产效率、减轻劳动强度、缩短劳动时间、取得事半功倍的效果。在现代农业生产劳动中，随着数字化、智能化、机械化、电气化、自动化程度的提高，对农业劳动者农机具操作能力的要求也在不断提高，一般农机具操作使用能力可以通过实践逐步掌握，而复杂的农机具操作需要进行专门的培训。

（4）经营协作能力。现代化农业生产是社会化生产，它强调与其他部门之间及各生产环节之间的相互协作关系。如农用物资供应、生产技术提供和产品销售、经验技术交流、农机具调剂使用等都需要劳动者之间相互协作。现代农民只有具有良好的经营意识和协作能力，才能更适应现代化的农业生产经营的需要，不断提高现代农业生产经营的效率。

（5）及时获取、把握、分析、运用市场信息的能力。现代化农业生产是一种商品化、市场化和信息化的农业生产，打破了千百年来农民生产自给自足的传统。农业产品与工业产品一样，融入了瞬息万变的竞争市场。及时获取和掌握信息、准确把握市场供求关系和未来市场动态是现代化农业生产经营获得成功的非常重要的条件。现代农民应当具有充分有效地运用现代通讯工具的能力，利用计算机网络等先进媒体及时获取真实有效的信息。

5. 身体素质

现代农业生产虽然在较大程度上使劳动者摆脱了传统农业生产条件下近乎于残酷的体力要求，但农业生产劳动中仍然有较多的劳动属于体力劳动，大部分工作仍然需要在野外进行，条件相对简陋，工作时间比较长，而且农民在农忙季节往往需要加班加点，甚至超负荷劳动。因此，农民的身体健康水平对于农业生产效率同样影响极大，农民的健康水平也是保证劳动效率的主要条件。

（二）中国低素质农村劳动力对农业现代化的内部制约

1. 农村劳动力素质低直接制约农业生产方式的现代化

农业生产方式的现代化具体表现为农业综合开发能够实现农业生产要素的优化组合，获取最佳生产效益，这是现代农业的必然选择。近年来，中国农民已在此方面做了很有益的尝试，如立体农业、立体林业、多层养殖等方面都有成功的例证。但是，农业综合开发面广、形态多样，涉及学科多，是一项复杂的系统工程，要求有相当数量的、掌握特殊劳动技能的农民。但是，由于中国传统农业条件下农民习惯于小耕小作的简单劳动，劳动技能单一，管理意识淡薄、缺乏理性和科学态度，不利于农业生产内部结构调整，往往会导致农业综合开发面临重重困难。如农业生产结构、农产品结构雷同，农产品开发广度和深度不够，分工协作性差，效率不能达到应有水平。因此，农民要适应现代农业发展趋势，必须不断接受文化教育和实用技术训练，提高农业综合开发的能力，促进农业生产方式的现代化。

2. 中国农村劳动力素质低制约农业生产社会化和农产品高度市场化

现代农业的一个主要特征是农业生产社会化和农产品高度市场化。自20世纪70年代末中国农村实行联产承包责任制后，农村生产关系发生了变革，农民获得自主经营权，但是把土地平均分给各个农户经营，造成了土地分割细碎化和农业生产小规模化，现实的经营格局削弱了农民走向市场的冲动，农产品商品化程度不高。随着市场经济的发展，农业生产社会化和农产品的市场化步伐进一步加快，农业对市场依存度逐步加大。然而，由于市场观念弱、竞争意识低、合作意识差、心理素质差、风险承受能力有限，大部分农民仍然远离市场，直接介入程度低，市场取向不强烈，农产品产销脱节依然存在，因而从事农业生产的农民未能成为真正意义上的市场主体，反过来又制约着农产品的市场化。

3. 中国农村劳动力素质低直接制约农业产业化

农业产业化是农业现代化的有效途径。农业产业化的主要障碍在于农户生产的分散性。农业产业化要求农业生产达到适度规模，以满足对农产品的深度加工，实现多次增值，避免价值流失。但是，由于当前中国土地分割细碎化和农户生产的分散性，对农户生产的组织和协调主要是由农产品加工企业来承担，而农户与加工企业分属于不同利益的主体，它们经常处于一种对立状态。绝大部分农户并没有参加深加工环节，仅仅是初级农产品的提供者。农产品的价值流失不是在市场上，而是在加工环节，真正受益的不是农户，而是加工企业。虽然在龙头企业的带领下，农业可以实现产加销一条龙，农工商一体化；但农民的开放意识、效率意识、科技意识、创新意识并没有因此得以加强，反而因得不到实质利益，而缺乏应有的积极性，削弱农业生产组织化程度。究其根源，农民的生产方式尚未现代化，农业生产无法达到适度经营规模。

4. 农村劳动力素质低直接制约现代农业技术的推广和应用

"科学技术是第一生产力",也是农业生产发展的动力。中国现代农业的稳步发展不是依靠传统农业技术来获取的,而是现代农业技术的推广和应用的结果。然而,农民整体素质处于较低水平,限制了其接受农业技术的能力。这表现在,不仅一些现代先进的农业科技无法应用,而且某些实用的一般农业技术也难以推广普及。尽管有一些现代农业科技虽得以推广和普及,但在实际操作过程中却带来了极大的负面效应。如:农民因过度地信赖农药和化肥而大量使用,造成生态环境的破坏问题,需要花费更大的人力、财力、物力去解决。实践证明,只有把农业科学知识传授给直接进行农业生产活动的劳动者,使操纵生产工具的农民的技术知识和技术才能与生产工具的技术水平相适应,才能使科技变成现实的生产力。因此,如果使用现代农业科技的农民,没有真正理解、掌握其手中的技术,在思想、观念、态度方面没有相应转变,素质没有根本提高的话,那么,农业技术不合理应用导致畸形发展和种种意想不到的后果是不可避免的。

随着传统农业向现代农业转变,农业走向现代化迫切要求农民素质的现代化。只有从事农业生产经营的主体具有较高素质,才能充分发挥其自主性、能动性和创造性,才能加快农业现代化的实现。

(三) 中国低素质农村劳动力对农业现代化的外部间接影响

中国农村劳动力素质是农业现代化的内部制约因素,那么,大量农村剩余劳动力的存在则是农业现代化的外部障碍。而大量剩余劳动力滞留在农村从一定意义上说也是农民的低素质所造成的。回顾发达资本主义国家和一些发展中国家的农业现代化历程,我们可以看到,众多农用技术装备的广泛使用,节约了大量的劳动力,农业剩余人口纷纷向其他行业转移。虽然中国农业具有特殊情况,农业现代化不可能重复其他国家所走过的路,但是,不管怎样,有八九亿之多的农村人口在农业现代化进程中不可能都在农村务农。事实上,大量农村剩余劳动力的存在已经明显制约了中国农业的进一步发展。因此,中国的农业现代化也必然与发达国家一样,要让一些剩余劳动力转移到非农岗位就业。

从目前中国农村劳动力流动的状况看,由于素质较低、能力较差的农村剩余劳动力的大量存在,不论是向非农产业转移,还是向城镇转移,以及在转移的范围、地域和领域上,难度日益增大。除政策障碍外,人口素质已成为制约农村劳动力转移的"瓶颈"。

1. 阻碍了农村劳动力转移的规模和层次

农村劳动力由于自身素质障碍,主要集中在餐饮、纺织、建筑等行业。这些行业不仅脏、累、差,而且报酬也比较低。并且随着农村剩余劳动力的不断涌入城市,这些行业属于农民工就业的空间将会逐渐缩小。而一些新兴的行业,如机械电子、物流配送,则需要掌握新技能和文化素质较高的劳动力,农村劳动力文化程度低,不能够满足这些新兴产业的需要,这就增加了他们求职的困难程度,进而影响其外出务工的持续性,同时阻碍了农村外出劳动力向更高的新的产业转移。

2. 抑制了农村劳动力转移的进度

农村劳动力吸收和反馈信息渠道不畅。一方面,农民无法快速地获得全面准确的市场信息;另一方面,农民自身的信息无法及时传送给社会,这就必然使农村劳动力外出就业存在盲目性。目前,中国现有富余劳动力1.5亿人,每年将有4000多万人要向外转移,城镇工作岗位有限,良好的信息沟通方式,将会促进更多的农村劳动力有目的、有准备地向外转移。

3. 影响了农村劳动力转移过程的有序化和规范化

农村劳动力在外出就业之前,很多并没有相应的保障知识,如合同法、医疗保险等。他们对这些与自身息息相关的信息的匮乏,导致在外出务工期间,易遭受不公正待遇,而他们常常不知该如何去处理解决,往往被工头、老板任意克扣工资,强迫加班加点,甚至遭遇意外的伤亡。农村劳动力在外就业的恶劣环境,致使许多农民想出去而不敢出去。农村劳动力向外转移多是单个自发的行动。由于缺乏相关的信息支持,农民工经常处于孤立无援的境地。虽然目前农村劳动力转移已由自发为主逐渐向结伴与组织化发展,但在相当一段时间,大部分农民还将处于无组织的状态,给城市的就业、交通、治安、住房等方面带来巨大压力。农村劳动力输出的不稳定、无组织化、无保障,势必会影响整个农村劳动力的有序化、规范化转移。

因为目前农民的素质和劳动技能普遍较低,在就业竞争中处于不利地位,其直接后果是,农村剩余劳动力转移通道受阻,大量剩余劳动力继续置留于农业之中，新增的剩余劳动力又返回其中，农村就业不充分和农业生产经营效率低下的状况将长期化，农业现代化的步履变得更加沉重。

4. 影响了对外的劳务输出

农民的素质和劳动技能普遍较低，影响了通过劳务输出来减缓农村剩余劳动力的就业压力。目前，国际劳务市场也存在着较为剧烈的竞争，劳务市场对劳动力的需求呈多样化、高级化、专业化的趋势。撇开文化上的差异不说，单就劳动力本身的竞争而言，中国廉价劳动力具有一定的竞争力，可是由于中国农民的文化素质和劳动技能上的欠缺，又在很大程度上无法满足国际劳务市场需求。因此，企盼农村剩余劳动力能够大规模地流向国际市场，就目前的状况而言，是不现实的，也是不可能的。

只有提高广大农民包括农村剩余劳动力的素质和技能，增强选择职业能力，逐步向一些专业性行业流动，才能保证农村剩余劳动力从农业持久地分流出来，为农业实现现代化创造前提条件。同时，通过农村劳动力转移打破了乡村的闭塞，构筑了乡村与外界联系的渠道，成为城乡经济、农业与工商业的纽带和桥梁，有利于乡村与外界的各种生产要素的流动，有助于消除城乡、农工"二元经济结构"的存在，加速城乡经济一体化，促进农村现代化。而且，当一部分素质较高的劳动力在外打工掌握了各种各样的技能以后，他们返回家乡往往能起到加快家乡农业现代化的作用。尤其对于贫困地区来说，这种作用表现得更加明显。他们所积累的资金、所掌握的技术将缓解农业综合开发的不足，丰富的经营管理经验和敏锐的市场洞察力促使其可带领乡亲走向市场，加速农业产业化的进程。

第三节　农村劳动力素质与中国农村城镇化

一　农村城镇化是中国社会经济发展的必然选择

(一) 农村城镇化的内涵

农村城镇化是城市化的初级发展阶段。自人类社会第一次社会大分工始，畜牧业、商业部门依次从农业分离出来，农业劳动力就开始了向非农领域的转移;自城市出现始,农村人口就开始了向城市迁移的步伐。英国在 11—13 世纪出现了一股农村人口向城市迁徙的浪潮,数百个城市涌现出来,史称"城市复兴"。因此,农村城镇化是伴随着工业化和经济发展而出现的一种世界性的社会经济现象,自工业革命以来,城镇化进程即开始加速。

中国农村城镇化既有一般性的特点,又带有明显的中国特色。目前,中国理论界对于其含义的概括主要包括以下几种:

第一,辜胜阻等[1]认为:农村城镇化是指在市场机制和政府宏观调控的作用下,农村人口向县域范围内的城镇的集中过程。农村城镇化的着眼点是城镇人口在非都市人口中的比重。

第二,祝怀刚[2]认为:农村城镇化是农村人口在产业结构转换升级的引导和生活高预期推力的共同作用下的就地转移过程,是实现城市化的过渡阶段。在这一过程中,城镇物质文明、精神文明、政治文明向城镇扩散,城镇的数量增加、规模扩大、功能优化,衍生出新的生产力发展空间形态。

第三,陈鸿彬[3]认为,农村是相对于城市而言,乡村是相对于城镇而说。农村城镇化指的是乡村人口向各类城市和建制镇集中、农业人口向非农业人口转化、农业经济向非农业经济转变、乡村社区向城镇社区转型的过程,即乡村社区的农业人口日益减少,第一产业比重日益降低,县域城镇和乡村社区的基础设施、公用设施等日益完善,农村居民的生活质量、生活方式、行为方式、思想观念日益与城市接近或相同的过程。

综上所述,所谓农村城镇化是指社会生产力和农村人口向城镇转移集聚的过程,体现在乡村分散的人口、劳动力与非农业经济活动不断进行空间上的聚集而逐渐转化为城市的经济要素,城市相应成长为经济发展的主要动力的过程。城镇化进程最基本的表现和特征是人口城市化水平的日益提高,也就是一个国家或地区内的人口由农村向城市转移,农业人口转化为非农人口,农村地区逐步演化为城市,城镇数目不断增加,城市人口在

---

[1] 辜胜阻、简新华:《当代中国人口流动与城镇化》,武汉大学出版社 1994 年版,第 272—295 页。

[2] 祝怀刚:《农村城镇化研究述评》,《山地农业生物学报》2005 年第 5 期。

[3] 陈鸿彬:《提高农村城镇化质量的若干思考》,《地域研究与开发》2004 年第 4 期。

总人口中的比重越来越高。同时，发展中的城市以其"聚集效应"，以及提供一个总量不断扩大的有着较高收入的城市就业人口等优势，对工业的持续增长起到拉动作用，由此带动农业现代化。历史经验表明，在后工业社会到来前，工业化与城镇化相互推进，工业化拉动城镇化率快速提高，使得城市以聚集效应引导工业向自身集中，这种不断进行的集中又在不断地加强城市的聚集效应，循环往复的过程使得城市的规模不断扩大。

农村城镇化主要具有以下三个特征：（1）身份的转变，即由农民转变为市民，这只是表面的特征；（2）生活方式的转变，也是谋生手段的改变，这是最主要的特征，即由主要从事第一产业向第二、三产业转移；（3）思想观念的转变，这是深层次的特征，即由原来农民阶段的自给自足的小农经济向以交换为主的市场经济的转变。城镇化的这种社会生产力和农村人口向城镇转移集聚，非农人口在社会总人口中的比重不断提高的过程，是一个地方综合实力、文明程度和现代化的重要标志。城镇化率越高，城镇的第二、三产业越发达，城镇的功能越健全，其城镇工业化、信息化程度就越高，非农人口的比重就越高，社会的现代化程度也就越高，对农村的辐射和带动作用就越强，必然带动农村产业结构调整，带动农业现代化，吸纳和转移更多农村人口，减少农民，富裕农村。

（二）农村城镇化发展趋势

城镇化具有阶段性的发展规律：据传统发展模型显示，在工业化率、城市化率同处于 0.13 左右的水平后，城镇化率开始加速，并明显超过工业化率，当城市化率超过 70% 后，其速度又趋减缓，最终稳定在 80%—90% 之间。

美国城市地理学家诺瑟姆（Raw M. Northam）用"S"形曲线描述了这种演进趋势（图5—1）。[①]

1. 城市化水平低于 30% 时，属于缓慢发展阶段

在这个时期，一方面农业经济占主导地位，比重较大，农业人口占绝对优势，这一时期农业生产率较低，农产品的剩余量较少，同时，人口处于高出生率、高死亡率的缓慢发展时期，农村对劳动力的"推力"还不太

---

① 赵伟：《城市经济理论与中国城市发展》，武汉大学出版社 2005 年版，第 71—74 页。

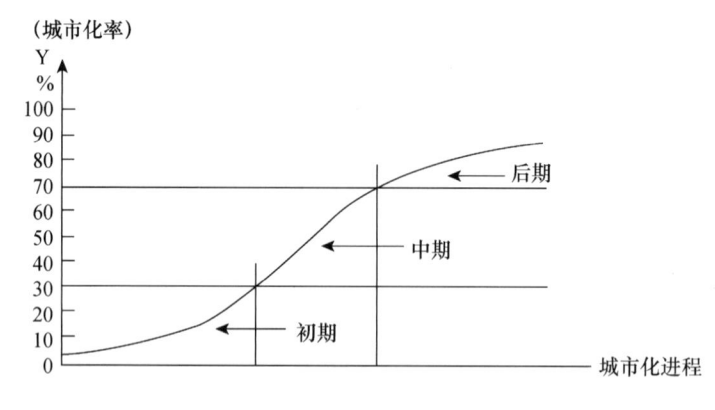

图 5—1 城镇化"S"形曲线

紧迫。另一方面，现代工业刚刚起步，规模较小，发展中受到资金和技术的制约，城市对农村人口的吸引力即"拉力"也还不大。因此，来自农村的"推力"和来自城市的"拉力"的缓慢释放，使得农村人口向城市转移的速度较慢，表现在城市化进程需要一个相当长的时期，城市化水平才能从百分之几上升到百分之二三十。

2. 城市化水平为30%—70%，属于加速发展阶段

在这个时期，随着现代工业基础地位的逐步建立，经济得到相当程度的发展，工业规模和发展速度明显加快，城市的就业岗位增加，使得城市的拉力增大。而农村生产率也得到相应的提高，使更多的劳动力从土地上解放出来；同时，由于医疗条件的改善，人口增长进入了一个高出生率和低死亡率的快速增长阶段。农村人口压力的增强，使得农村对农业人口的"推力"明显增大。在这种条件下，农村人口向城市集聚的速度明显加快，城市化进入快速发展阶段，城市化水平在相对较短的时间内，从百分之二三十达到百分之六七十，世界发达国家大约用了100年的时间达到这个水平。现阶段，就整个世界而言，当前城市化正处于高速发展时期。

3. 城市化水平高于70%属于稳定发展阶段

在城市化水平达到百分之六七十以后，发展速度又转向缓慢。这时，全社会的人口进入低出生率、低死亡率、低增长率的阶段，农村人口经过前一时期的转移，人口压力减小，农业生产率进一步提高，农村的经济和生活条件大大改善，农村人口向城市转移的动力变小。同时，在城市的工业发展中，资金、技术投入越来越重要，就业岗位增加速度减慢，对劳动

力的素质要求也逐渐提高，剩余劳动力开始走向第三产业。由于农村的"推力"和城市的"拉力"都趋向减小，城市化进程开始放慢，城市化水平徘徊不前，直到最后城乡间人口转移达到动态平衡。

世界发达地区和美国的城市化发展轨迹基本与这一曲线相吻合，从而验证了城市化发展速度的这一基本规律，也就是说，城市化过程的缓慢与迅速，根本上取决于社会的经济发展水平。

（三）农村城镇化是中国社会经济发展的必然选择

大量的剩余劳动力停留在农村，是造成农业劳动生产率低、农民收入难以增加的根本原因，促进农村富余劳动力有序转移，根本出路在于推动农村劳动力向非农产业转移，加快城市化进程，走符合中国国情、大中小城市和小城镇协调发展的多样化城镇化道路是中国社会经济发展的必然选择。

据初步匡算，中国三分之一农村劳动力处于就业不充分状态，现有农村富余劳动力总数在1.5亿人左右。大量的剩余劳动力停留在农村，是造成农业劳动生产率低、农民收入难以增加的根本原因。21世纪初期农村劳动力将处于新的供给高峰，根据预测，2001—2010年全国农村将新增劳动力6350万左右。促进农村富余劳动力有序转移，根本出路在于推动农村劳动力向非农产业转移，加快城镇化进程。中国城市化进程，不是随着工业化的发展，逐步推进城市化，加速农村劳动力和人口向城镇转移，而是从行政体制、政策制定到各项管理制度上，都是限制城镇的发展和劳动力的流动，限制农民大量进城。从长远看，国民经济的增长有赖于农村剩余劳动力的根本性转移。中国由计划经济向社会主义市场经济的转变，在城乡关系方面也要有一个相应的转变，即由限制农民进城转向主动大量吸引农民进城，这是关系到国家现代化成败的历史性转变。

1. 新中国成立以来中国农村城镇化的进程

（1）起步阶段（1949—1959年）。这个阶段是中国城镇化的酝酿阶段，此时产业结构不合理，农轻重比例不协调，偏向重型化，国家更多地注重高强度的积累方式而忽视城镇的基础设施建设。

（2）动荡阶段（1958—1965年）。由于此时国家政策的不稳定以及农业上诸多失误，城镇发展也进入一个动荡的阶段，基本上还在原地踏步甚至有所倒退。

(3) 萧条阶段 (1966—1976 年)。此时正是中国十年浩劫的"文化大革命"时期，整个国家陷入一片混乱：生产停滞，工业布局分散，城乡分割进一步加剧，城镇化水平倒退 (1965 年为 17.9%，到 1976 年只有 17.4%)。

(4) 发展阶段 (1977 年至今)。1978 年十一届三中全会以后，中国迎来了新的发展和机遇。国民经济快速发展，经济结构变化，城镇就业规模扩张；同时，中国农村家庭联产承包责任制在一定程度上消除了农民就业的制度性障碍，中国的城镇化水平也迅速上升。

2. 中国农村城镇化过程中存在的问题[①]

(1) 产业与空间失调

农村城镇化的实质是由生产力变革引起的人口和其他经济要素从农村向城镇转变的过程，现在生产方式上，就是产业结构的大规模调整，即农业剩余劳动力向各非农产业部门转移。转移速度越快，转移比例越高，则城镇化水平越高。在这里，城镇化水平有两重含义：一是一定范围内城镇的数量和规模；二是城镇人口在总人口中所占的比重。城镇化进程必然要求产业结构升级和城乡空间的合理布局。中国农村城镇化进程中，产业结构得到一定程度的优化，但也暴露出如下问题：

首先是城镇化滞后于工业化，阻碍现代化的进程。由于体制的原因，中国的城镇化未能与工业化同步发展。由于"二元经济结构"以及"三农"问题长期存在，中国农村城镇化率远远低于工业化率。目前，中国工业化水平已达到中期阶段，但城镇化率处在较低的水平，城镇化严重滞后于工业化，城乡关系严重失衡，正在成为影响和制约国民经济快速增长和实现全面小康社会的"瓶颈"。

其次是城镇规模总体偏小，限制了第三产业的发展。由于第三产业存在"生产与消费（或供求）在时空上不具备可分割性"，以及"消费者分布在空间上必须呈现出大规模聚集"等特征，产业的发展要求人口必须相对集中且达到一定的规模，才能实现其规模经济效益。从中国城镇化发展战略看，侧重于小城镇发展，力量分散，对资源的利用能力低，对周边的

[①] 张腊娥：《中国农村城镇化的历史教训和发展思路》，《苏州科技学院学报》2007 年第 2 期。

资源和资金的吸引小,集聚效应差,工业难以形成产业链和行业群,服务业达不到分工起始条件,难以拉动第三产业的发展。

最后是城镇空间布局失调,功能难以发挥。近年来,随着中国市场经济的迅速发展,城乡人口的相互融合,小城镇的经济发展较快,但大部分处于无序、自发的发展状态。基础设施建设跟不上、管理落后、脏乱差现象严重,城镇素质不高,对人口和企业缺乏集聚力,对区域经济社会发展的拉动力、整合力不强。

(2) 户口划分与城镇化相悖

城镇化是人口从农村向城镇的迁移,并实现身份的真正转换。随着工业化和城镇化的发展,农民从乡村走向城镇,从农业流向第二、三产业。由于中国独有的城乡分割的二元户籍制度制约,中国农民进城基本上是"移而不迁"。

首先,人户分离,农民难以成为市民。城镇的工业化发展、城乡之间巨大的收入差距吸引着数亿计的农村剩余劳动力,进行职业的转换。但由于城乡分割的二元管理体制的限制,进城务工经商的农民绝大多数是"移而不迁",人户分离。据 2000 年第五次全国人口普查显示,现住地与户口登记地不一致的流动人口为 14439 万,扣除 2707 万本市区内人户分离的其他街道人口,其余 11732 万可视为跨省和省内的流动人口。其中流入市镇的占全部流动人口的 78.6%。[①] 形成了"民工"这一世界现代化进程中的独特现象。

其次,城乡分割,社会难以保公平。城镇化的方向是统筹城乡发展,实现城乡经济和社会的一体化。统筹城乡发展问题,说到底是资源配置问题。以户籍制度为核心的一系列制度的实施,将国民分割成城乡两大利益集团,赋予他们不同的社会资源,按不同的政策进行管理,"城乡分割,一国两策"。二元户籍制度与就业、教育、医疗、住房、福利、社会保障等一系列的待遇具有制度化的联系,这样,非农业户口明显优于农业户口,农村人口的国民待遇空洞化情形严重,相对生活水平下降,城乡居民收入差距不断拉大。1984 年中国城市居民和农民的收入比例是 1.84∶1,到 1994 年是 2.86∶1,到 2005 年则是 3.22∶1。如果考虑到城镇居民可

[①] 《全国流动人口一亿二千万人》,山东泰山网,2008 年 3 月 13 日。

享受到的各种福利如教育、住房、医疗以及社会保障等因素，城乡实际收入差距已经达到5∶1甚至6∶1，而国外普遍接受的城乡收入差距应该在1.5∶1，发展中国家的城乡差距也不过为1.7∶1。

（3）政府推动与市场失灵

城镇化是经济发展到一定时期的必然要求，也是市场机制的必然结果，它是市场化、工业化、现代化和人性化的综合，是通过市场配置资源，以工业化、现代化促进劳动力充分就业，实现满足经济发展和人民生活水平普遍提高的人性化目标。政府的行政命令必然破坏市场在资源配置中所发挥的基础性作用。中国的城镇化大多是地方政府主导的，在城乡分割的城市发展思路下，一开始就具有一种非市场经济的特征，农村城镇化所需要的资金、物资、劳动力不是通过市场实现供求平衡，政府自觉或不自觉超越市场机制对城镇化的资源配置发挥基础性作用，往往造成市场失灵。在偏离市场机制要求的情况下，政府推动型的城镇化过程会出现区域规划上缺乏统一性、考核指标上缺乏全面性、行为指导上缺乏正确性等问题，从而阻碍城镇化质和量的并行。

3. 中国农村城镇化滞后的制约

目前，中国的经济发展水平已达到了工业化中期阶段，但城镇化进程仍然较慢，其城市化水平与经济发展水平相近的国家比较，大致落后5个百分点以上。按世界银行的购买力平价（PPP）计算，1997年我国人均GNP为3570美元，同年人均GNP在2040—4840美元的28个国家平均城市化水平为52.6%，中国低了16个百分点。[①] 农村城镇化滞后，使得城乡经济难以协调发展，严重阻碍了中国社会经济特别是农村经济的发展。

（1）中国城镇化的滞后，直接影响了市场容量的扩大，妨碍国内需求有序扩展和升级，形成具有持续性的城乡消费断层，导致工业生产能力和投资领域的扩张受到严重的城乡二元结构的明显阻滞。目前中国经济增长面临"产业转换缺口"问题，亦即指在20世纪80年代及90年代前期支撑我国经济快速增长的许多产业，相对于需求结构而言，已过早地进入增长平缓甚至衰退状态，而有能力带动经济持续增长的新兴产业又难以及时跟进填补衰退产业留下的空缺。这种产业转换缺口有供给约束型和需求约

---

① 陈锡文、韩俊：《如何有序转移农村富余劳动力》，《人民日报》2002年6月3日第九版。

束型，中国在不少领域存在供给缺口，但更直接影响我国经济发展的是需求约束型缺口。

中国经济发展一直存在严重的二元经济结构，虽然这种现象普遍地存在于发展中国家，但在中国工业化进程中，由于人为阻滞城市的发展，二元经济结构的矛盾却显得格外突出。在这种背景下，形成了低人均国民产值与高重化工业产值结构的非常组合，其结果就是社会需求结构的严重偏差。首先，城镇市场相对狭小，70％左右的农村居民，其消费结构远未达到推进工业增长向重化工业转化的阶段，以至于工业增长尤其是消费品工业被迫减速慢行甚至过早衰退。其次，城乡需求结构断层。改革开放以来，尽管农村居民收入不断提高，但与城镇居民相比，差距却在不断扩大，农村居民现金支出中，消费支出比重很低，城乡居民消费差距不断扩大，农村消费市场与城镇消费市场间的层级差别不断扩大，城镇市场上已趋饱和的高级消费品无法向农村市场转移，亦即城镇居民消费升级后留下的空缺无法由农村居民的消费扩张来填补，造成城乡需求结构断层的特殊现象。最后，地区消费结构断层。中国东、中、西部地区呈梯度发展态势，其间的经济发展差异趋于扩大，地区间居民收入及消费水平的差距也不断扩大，东部地区市场已趋饱和的产品无法向缺乏有效需求的西部扩展。

（2）中国城镇化的滞后，直接影响了第三产业的发展，削弱了第三产业在其结构推移中大量吸纳农村剩余劳动力的能力。大量过剩农业劳动力滞留在农村，造成人地关系高度紧张，也阻碍了农产品市场容量的迅速扩大，阻碍了农业大规模经济的发展和农业劳动生产率的提高，分散的农村工业享受不到城镇化进程聚集效应，其进一步发展受到影响，缩小了其繁荣农村经济的积极效应，这直接影响了农业和农村经济的发展。

二 农村劳动力素质与中国农村城镇化

中国农村城镇化的重点在哪里？国际经验和国内实践证明，农民是农村城镇化的主力，高素质的农民对于推进农村城镇化尤为重要，农民素质的高低，决定农村城镇化的进程。世界上发达国家都把农民的文化素质教育放在极其重要的位置。如受过大学、中学及良好职业技术教育的农民，日本占 59％，德国占 67％，英国高达 78％。而中国截至 2002 年年底，初中及以下文化程度劳动力的比重高达 87.16％，受过专业培训的劳动力仅为 12.14％。① 另外，随着科技、信息的发展，又出现了新的"功能性"文盲（即不懂科技、外语、电脑）。

通过提升农村劳动力素质，加快农村劳动力向城镇和发达地区转移，是发挥农村人力资源优势，有效减少农村地区常住人口，带动农民增收，提升其人均 GDP 水平，促进农村城镇化的有效途径。

（一）农村劳动力素质对农村剩余劳动力转移的作用

1. 影响农村劳动力的就业竞争力

（1）提高农村劳动力素质，增强其职业技能，有利于他们进入更多的行业工作，扩大就业范围，增加就业机会，改变目前农村进城务工人员大多集中于劳动密集型行业如建筑业、工厂的简单劳动，以及多数城市居民不愿从事的脏、累、险活的状况。

（2）随着中国城乡统一的劳动力市场的建立，农村剩余劳动力中，年轻力壮，具有一定文化基础和职业技能的群体将在就业竞争中处于有利地位。随着科学技术的发展和生产条件的改善，社会主义市场经济体制的完善，经济水平的提高和经济结构的调整，单纯依靠简单体力劳动的岗位就会越来越少，竞争将会趋于激烈，而技术含量高的技能型岗位将会增加，对技能型劳动力的需求必将增大，劳动力素质的高低将成为决定转移者就业机会和就业范围的关键因素。

2. 影响农村劳动力转移的动机与意愿

农村劳动力是否实现转移，取决于其对迁移成本与收益的比较，在更大程度上取决于迁移预期收入。一般说来，文化素质高，具有较高技能的农村劳动力因为在城市能够找到更合适的岗位，对自己有较高的迁移预期收入，其迁移的动机和意愿更为强烈。农村劳动力是否迁移也与其获取信息和做出决策的能力有关。具有较高文化水平的农村劳动力能更为有效地

---

① 刘惠林：《农村剩余劳动力转移过程中农村劳动力素质问题研究》，《商业研究》2008 年第 3 期。

对劳动力市场信息进行收集、加工和判断,他们有更为广泛的现代信息获取渠道,其获取的信息质量高、数量多,决策的正确程度较高,正面强化了其动机和意愿。

3. 影响农村剩余劳动力转移的规模与速度

改革开放后,中国农村人口,特别是农村劳动者受教育水平的状况得到很大的改善。但整体水平落后于城镇水平,更与发达国家、部分发展中国家农村人口教育水平有较大差距,直接制约了我国农村剩余劳动力转移的规模与速度。据统计:1995—2001年浙江省转移的农村劳动力中,小学及以下文化程度的平均年转移率为51.5%,而初中、高中及以上文化程度的分别为71.4%、81.9%,均明显高于小学及以下文化程度的。[①]

4. 影响农村剩余劳动力转移的"回流"

部分农村劳动力由于文化水平低,经常找不到工作,即使找到工作,也都为临时性、季节性工作,很不稳定。市场经济条件下,就业机制的特征是能进能出、竞争上岗,素质较低的转移者很容易被素质较高的转移者所代替。由于中国劳务市场尚处于发育的初级阶段,农民工的合法权益经常受到侵害,与科技文化素质高的劳动者相比,素质低的劳动者的权益更易受到雇主的侵害,素质低的劳动者也更易重返农村。

5. 影响农业的产业化、现代化和可持续发展

发达国家经验显示:农业的出路是实现由小农经营向产业化经营,由不可持续发展向可持续发展,由传统农业向现代农业方向的转型。完成这一转型的基本条件是提高农村劳动力的素质。当前,中国农村劳动力转移出去的一般是有知识有文化的青壮年,滞留在农村的剩余劳动力往往素质较低,难以适应农业产业化、现代化和可持续发展的要求。

(二)促进中国农村城镇化的措施

1. 加强对农村劳动力的职业技能培训

加强对农村劳动力的职业技能培训,是促进农村富余劳动力有序转移

[①] 刘惠林:《农村剩余劳动力转移过程中农村劳动力素质问题研究》,《商业研究》2008年第3期。

的重要保障。中国农村劳动力素质不高,全国4亿多青壮年农民中有近四分之一是文盲和半文盲。这种状况不能适应现代经济发展的要求。因此,应提高农村劳动力素质,一是要积极推行九年制义务教育,积极发展职业技术教育,延长农村中小学生在读时间,推迟他们的就业年龄;二是要大力推广适用技术,加强农村劳动力技能教育;三是要搞好上岗前培训,培养一批有文化、有技术的合格劳动者。

2. 转变观念、提高认识

农民素质的提高,除了强化培训外,务必实现两个转变,即由农村向城镇转变,由农民向居民转变,调整思维方式,改变生活习惯,增强谋生致富手段,从而达到在转变中改变,在改变中提高。对政府而言,主要是要切实关注广大农民,从政策上重点扶持,并积极地多渠道筹集资金,加大引资力度,推进城镇化发展,使农民早日成为市民,让他们充分感受城镇化所带来的好处,切实受到城市文明的熏染,能享受完善的公用设施,并有相应的医疗、失业等社会保障,享有更高水准的科技文化教育和公民教育;对农民而言,主要是增强他们的商品意识和开拓精神,使自身素质得到迅速提高,从而起到一种示范作用,吸引农村更多富余劳动力到城镇来建家立业。

3. 取消对农村劳动力进入城镇就业的不合理限制

当前农村劳动力进入城镇就业仍受到很多不合理的限制。如:一些大中城市为了保证城市居民就业,限制农民进入某些行业和工种;农民外出就业要办理名目繁多的证件,面向外出打工农民的收费也过多、过滥;一些地方存在简单粗暴地清退进城务工农民的做法。现在许多城市面临就业压力,对进城农民工进行适当管理是必要的,但也要城乡兼顾,控制适度,管理得当。目前的一些做法既不符合市场经济的公平竞争原则,也没有真正起到引导农民有序流动的作用。要进一步完善和规范政府对劳动力市场的管理,清理各地区制定的对农民进城务工的不合理限制政策和乱收费,改变重收费、轻服务的做法。要坚决纠正简单粗暴地清退农民工的做法。

4. 加快户籍管理制度改革步伐

目前,小城镇户籍制度改革正在全面推开,个别大城市的户籍制度改革也有了较大的动作。事实表明,放开户口后并没有产生消极影响。要进一步加大户籍制度改革力度。从长期看,应当允许农民自由进城。这样有利于解决城乡居民两种身份、就业和待遇不平等的问题,从而有利于城乡经济的发展。但从目前现实情况看,既要考虑推进城市化,也要考虑各方面的承受能力,必须稳步、有序地进行。

第六章

农村劳动力素质养成条件与中国农村经济增长

劳动力素质主要包括文化素质、科学技术素质和身体素质。农村劳动力素质对中国农村经济发展的影响,也体现在农村劳动力素质养成基本条件(普通教育、职业技术教育、营养、医疗卫生健康状况等)对中国农村经济增长的影响上。因此,关于农村劳动力素质与中国农村经济增长的关系,也可以从中国农村劳动力接受普通教育、职业技术教育以及营养健康水平对中国农村经济增长影响进行计量分析,从中把握他们各自的相互关系和影响程度。

第一节 农村普通教育与中国农村经济增长

关于教育与经济增长之间的关系及其比较分析,国外学术界已有较多比较成熟的研究成果。主流的教育发展观认为,投资于基础教育比投资于更高层次教育(尤其是高等教育)的收益要高,因此高等教育是发展中国家无法提供的奢侈品。这一观点主要基于教育收益率分析。半个世纪前,劳动经济学家开始切实地研究教育投资的收益。到20世纪70年代中期,他们开始研究受过不同层次教育的人们的年收入差异,后来又分析了教育的社会与个人收益率(rates of return)差异。这些分析方法表明,高等教育的个人收益低于初等教育的个人收益。同时，考虑到高等教育吸收了大量的资金投入，他们还发现，高等教育的社会收益也低于初等教育的社会收益。如世界银行高级顾问、著名经济学家萨卡罗普洛斯（G. Pscharopoulous）分地区和不同类型的国家等对教育收益率进行了测算，得出了以下一组影响深远的数据（见表6—1）。

表6—1　　　　　　　　　若干地区的教育收益率

地区	社会收益率（%）			个人收益率（%）		
	初等教育	中等教育	高等教育	初等教育	中等教育	高等教育
非洲	28	17	13	45	26	32
亚洲	27	15	13	31	15	18
拉丁美洲	26	18	16	32	23	23

资料来源：G. Pascharopoulos, Returns to Education: A Further International Update and Implications. *The Journal of Human Resources*, 1985, Vol. 20, No. 4.

20世纪60年代，经济学家舒尔茨测算教育对经济增长的贡献率，他当时测算美国的结果是33%，也就是说美国投入教育的经费对经济增长的贡献率达到33%，[①] 这个比例相对于其他物质行业来说贡献率要高得多。中国的测算有的是18%，有的是百分之二十多。当代的发达国家教育对经济的贡献率已经达到了50%。在美国经济学家舒尔茨做的预测中，小学教育的投资回报率为35%，中学教育的投资回报率是20%，高等教育是15%，这种回报随着教育层次的上升而递减，因此越是基础的教育越有高的回报率。

关于教育与农村经济增长之间的关系及其比较分析，国外学术界也有相关的研究成果。据美国经济学家米凯·吉瑟研究证明，在农村地区，教育水平提高10%，将多诱导6%—7%的农村人口迁出农业，按照净效应，

[①] 中国教育与人力资源问题课题组：《从人口大国迈向人力资源强国》，高等教育出版社2003年版，第65页。

它将把农业工资提高5%。①世界银行《1991年世界发展报告》指出：劳动力平均受教育水平每增加1年，GDP会增加9%。②江苏统计局2006年统计分析资料显示：若按照农村住户每户劳动力最高文化程度分组，大专户人均纯收入是文盲户的2.4倍，而大专户的劳务收入更是文盲户的4倍；若按照农民人均纯收入分组，高收入户与低收入户文化指数差1年，高收入户的农民人均纯收入是低收入户的5.4倍；表明人口和劳动者素质与农村居民收入水平的正相关性。③下面主要从几个方面分别分析农村劳动力素质对中国农村经济增长的影响。

农村普通教育主要包括农村初、中等和农村高等教育。下面，主要从中国农村义务教育、农村高等教育与农村经济发展的关系进行具体分析。

一 农村义务教育与中国农村经济增长

（一）义务教育及其特点

义务教育的推行，最早源于16世纪的欧洲，当时的宗教改革运动希望民众都能信仰基督教义，人人都能阅读圣经，于是欧洲部分国家开始出现了由政府设立的免费公立学校。1619年德意志魏玛邦公布学校法令，规定父母应送6—12岁儿童入学，否则政府强迫其履行义务。这被认作是义务教育的开端。义务教育真正普遍实行，还是由于资本主义生产技术发展的要求和工人运动的压力。1834年英国国会颁布《工厂法》规定：14岁以下儿童必须接受义务教育和初等教育，否则不允许进入工厂做工。义务教育应具备以下几个特点：

1. 义务教育是适龄儿童、少年必须接受的教育。
2. 义务教育是国家、社会、家庭必须予以保证的教育。
3. 义务教育是国民教育。

---

① 中国教育与人力资源问题课题组：《从人口大国迈向人力资源强国》，高等教育出版社2003年版，第611页。
② 同上书，第666页。
③ 江苏省统计局：《江苏新农村建设中人口文化素质探析》，http://www.jssb.gov.cn 2006-11-06。

4. 义务教育是受法律约束的教育。

中国九年制义务教育始于20世纪80年代。1985年《中共中央关于教育体制改革的决定》指出：义务教育，即依法律规定适龄儿童和青少年必须接受国家、社会、家庭必须予以保证的国民教育。义务教育有两个含义：一方面是指父母有义务将学龄儿童送进学校接受教育，如果父母不执行，应受到惩罚；另一方面又是政府有义务为学龄儿童提供教育。目前中国的义务教育主要是指小学和初中阶段。

（二）普及农村义务教育对增加农民收入的作用

1. 教育和农民收入增长研究方式——明赛尔收入函数

如前所述，关于教育与农村经济增长之间的关系及其比较分析，国外学术界也有相关的研究成果。西奥多·W. 舒尔茨分析了人力资本投资（包括教育、培训和保健）在现代经济增长中的作用，他通过长期对农业经济的研究认为，促使美国农业产量迅速增长的重要原因已不是土地、劳动力或金融资本存量的增加，而是人的知识和技能的提高。加里·S. 贝克尔将新古典经济学的基本工具应用于人力资本投资分析，提出了一套较为系统的人力资本理论框架，包括人力资本投资的原因和均衡状态、人力资本收益分配及其与职业选择的关系等内容。

在此基础上，雅各布·明塞尔建构了一个把个人收入的分配与个人的教育投资联系起来的模型，指出人力资本投资是提高个人获得收入能力的形式。明赛尔收入函数[①]是关于教育和收入关系的被广泛采用的经典计量回归模型，是教育经济学领域最常见的一种衡量教育收益率的方法，它包含受教育年限和工作年限两个解释变量，其表达式为：

$$Ln(Inc) = a + bE + c1t + c2t^2 + \mu$$

其中，Inc 为从业人员的收入，E 为受教育年限，t 为工作年限，t^2 为工作年限的平方项（反映个人收入与工作年限之间的非线性关系），μ 为随机扰动项。b 表示教育收益率，含义是劳动者多受一年教育时个人收

---

① [美] 雅各布·明赛尔著，张凤林译：《人力资本研究》，中国经济出版社2001年版。

入的变化率,预期的回归系数的符号为正。c1 和 c2 分别表示工作年限和工作年限的平方项对个人收入的影响,预期 c1 的回归系数的符号为正,预期 c2 的回归系数的符号为负。

利用明赛尔收入函数,得到的现有关于教育与收入关系的实证分析的结论主要集中在两个方面。一方面的实证分析显示了初等教育投资比其他教育有更高的回报。萨卡罗普洛斯(G. Psacharopolous)[1]通过对世界各地区的考察得出初等教育的回报率超过中等或高等教育的结论。Hossain[2]对中国和世界上其他国家的教育回报率进行了测算,结论是,教育是对人力资本的投资,不仅能带来私人收益,而且还能产生社会效益,有助于实现公平和效率的双重目标,特别是初等教育投资的社会回报率和私人回报率皆大于中等教育和高等教育。

另一方面的实证分析论证了增加学校教育对社会上的弱势群体比对强势群体具有更高的回报。Tin[3]通过对中国5个省份农村居民教育与农业生产率之间关系的回归分析,认为提高教育水平(尤其是提高户主的教育水平)有助于提高农业生产率。

2. 中国农村义务教育对增加农民收入的作用分析

中国农村义务教育对增加农民收入的作用问题,一直是中外学者关注的主要问题之一,也有大量的研究成果。"完善农村义务教育财政保障机制"课题组在明赛尔提出的收入函数的基础上,建立了一个农村义务教育普及率对农村居民收入的回报率的模型,并利用 1990—2002 年的数据做了实证研究[4](见表6—2)。

农村义务教育对农村居民收入影响的计量回归模型为:

---

[1] Psacharopolous, G.: Returns to Investment in Education: A Global Update, *World Development* 22 (9): pp.132−441, 1994.

[2] Hossain, Shaikh: Making an Equitable and Efficient Education: The Chinese Experience, China; *Social Sector Expenditure Review*, World Bank, 1996.

[3] Nguyen, Tin; Cheng, Enjiang; Findlay, Christopher: Land Fragmentation and Farm Productivity in China in the 1990s, *China Economic Review*, 7 (2): pp.169−180, 1996.

[4] 课题组:《普及农村义务教育对农民增收的实证分析》,《中国农村经济》2005年第9期。

第六章 农村劳动力素质养成条件与中国农村经济增长

表 6—2　　　　1990—2002 年中国农村义务教育普及率　　　单位：万人、%

	农村16周岁人口数	农村初中毕业生人数	农村义务教育普及率
1990	1717.59	715.90	41.68
1991	1574.93	685.50	43.53
1992	1432.27	671.50	46.88
1993	1376.41	658.27	47.82
1994	1320.55	653.92	49.52
1995	1333.12	684.56	51.35
1996	1345.68	715.87	53.20
1997	1443.37	787.61	54.57
1998	1541.05	864.59	56.10
1999	1413.72	891.31	63.05
2000	1421.91	904.00	63.56
2001	1430.10	833.00	58.22
2002	1438.29	878.00	61.03

数据来源：根据《中国统计年鉴》（相关各年）计算，中国统计出版社。

$$\mathrm{Ln}(\mathrm{Inc}) = \alpha_1 + \alpha_2 \mathrm{Edu} + \alpha_3 t + \alpha_4 t + \alpha_5 \mathrm{Edu}(-1) + \alpha_6 \mathrm{Edu}(-2) + \alpha_7 D1 + \alpha_8 D2 + \mu$$

Inc 为农村居民收入，Edu 为农村义务教育普及率，t 为时间趋势项，μ 为随机扰动项。α_1 为截距项；α_2 表示农村义务教育普及率对农村居民收入的贡献程度，含义是农村义务教育普及率提高 1 个百分点时农村居民收入的变化率，预期的回归系数的符号为正；α_3 和 α_4 分别表示时间和时间的平方项对农村居民收入的影响，预期 α_3 的回归系数的符号为正，预期 α_4 的回归系数的符号为负；α_5 和 α_6 分别表示农村义务教育的滞后一期的解释变量 Edu（-1）和滞后两期的解释变量 Edu（-2）；α_7 和 α_8 分别表示农村税费改革对农村居民收入的影响以及农村非农产业劳动力就业高潮（农村非农就业人数第一次超过乡镇企业职工人数），虚拟变量 D1 和虚拟变量 D2（见表 6—3）。

表6—3　　　　　　　　　1990—2002年相关数据　　　　　单位：元、%

年份	农村居民纯收入（Inc1）	财产性收入（Inc2）	转移性收入（Inc3）	农村居民生产性收入（Inc=Inc1-Inc2-Inc3）	Edu	D1	D2
1990	686.31	0.00	28.96	657.35	41.68	0.00	0.00
1991	708.55	0.00	33.04	675.51	43.53	0.00	0.00
1992	783.99	0.00	38.04	745.95	46.88	0.00	0.00
1993	921.62	7.02	41.61	872.99	47.83	0.00	0.00
1994	1220.98	28.55	47.59	1144.84	49.52	0.00	1.00
1995	1577.74	40.98	57.27	1479.49	51.35	0.00	1.00
1996	1926.07	42.59	70.19	1813.29	53.20	0.00	1.00
1997	2090.13	23.60	79.25	1987.28	54.57	0.00	0.00
1998	2161.98	30.37	92.03	2039.58	56.10	0.00	1.00
1999	2210.34	31.55	100.17	2078.62	63.05	1.00	1.00
2000	2253.42	45.04	78.81	2129.57	63.56	1.00	1.00
2001	2366.40	46.97	87.90	2231.53	58.22	1.00	1.00
2002	2475.63	50.98	98.19	2326.46	61.03	1.00	1.00

数据来源：《中国统计年鉴》（相关各年），中国统计出版社。

利用表6—3中的相关数据，根据建立的计量回归模型，经过ADF单位根检验后，运用OLS方法处理可得回归结果，如表6—4所示。

表6—4　　　　　　　　　　回归结果

考查项	系数	t值
Edu（农村义务教育普及率）	0.065	19.023
t（时间趋势项）	0.045	2.184
t2（时间趋势项的平方）	-0.010	-6.701
Edu（-2）（教育滞后二期变量）	0.0844	27.121
D1（虚拟变量1）	-0.409	-8.799
D2（虚拟变量2）	-0.120	-5.678

数据来源：课题组：《普及农村义务教育对农民增收的实证分析》，《中国农村经济》2005年第9期。

研究结果表明，农村居民收入与农村义务教育程度成正相关关系。农村义务教育普及率与农村居民收入之间存在显著的正相关关系，提高1个百分点的农村义务教育普及率，可带来6.5%的当期收入增长和8.4%的延迟收入增长。2003年，农村义务教育普及率约为65%，因此，如果完全普及农村义务教育，即农村义务教育普及率增长35个百分点，那么，在其他条件稳定的情况下，农村居民收入将会增加2.28—5.22倍。①

(三) 普及农村义务教育对城乡收入差距的作用

1. 城乡差距及其根源

城乡差距是指城乡间经济、社会以及影响经济和社会发展的各方面要素差距组成的"集合体"，即城乡间社会经济综合实力水平的差距，城乡居民的收入差距是城乡差距的核心表现。在经济学研究中，衡量城乡差距的指标主要集中在人均GDP、人均GNP、人均收入和人均消费等，少数研究中也涉及其他一些社会指标，如平均受教育年限、人均卫生支出，有的甚至构造了系统的指标体系。

一般来说，一国的农村义务教育的普及是与其经济发展水平相关的，但是中国的义务教育普及却远远落后于经济发展水平。有研究表明，在农业科技推广、水利、道路交通、教育、电力、通讯等六项投资中，投资于教育对提高农业生产率的影响位列第二，仅次于农业科技推广；但是投资于教育对减贫的影响则位列第一，影响远远大于其他各项投资。联合国教科文组织和世界银行研究表明，发展中国家与发达国家的差距实际上是"知识差距"。农村义务教育的普及使得农村劳动生产率提高，从而促进了农村经济发展，增加了农民收入，缩小了城乡收入差距。

舒尔茨早已测算提出，一个小学毕业生可以提高劳动生产率43%，中学毕业生提高108%，大学毕业生提高300%；大、中、小学毕业生智力活动能量比为25∶7∶1。世界银行研究也表明，劳动力受教育时间每增加一年，就能提高劳动生产率9%。中国科学院《2002中国可持续发展报告》称：体能、技能、智能三者投入比为1∶3∶9；而收益却为1∶

---

① 课题组：《普及农村义务教育对农民增收的实证分析》，《中国农村经济》2005年第9期。

10∶100。① 假使农民与城市居民具有相同的人均人力资本水平，不难推断，将会出现如下一系列积极变化：

（1）农民的工资性收入明显增加。这种增加来自就业空间的扩大，劳动者生产效率的提高，以及由劳动者技能增长而带来的非劳动资源利用效率的改进。（2）城市化进程加速。城市化推进以城市部门存在就业机会为前提。在城乡人均素质无差异时，非农就业机会就会平等地呈现在城乡居民面前，农民的市民化就会成为一种自然进程。（3）城市化的加速，在减少农民数量和提高农民素质的同时，又有利于提高农民的组织化程度。（4）在城乡居民素质水平趋同的条件下，农民非农转移的能力增强，剥夺农业和农民所引发的社会成本就会较为平均地为全社会分担，而不是主要落在农民身上。这时，农业作为一个战略性产业部门才可能真正为全社会所重视。

2. 农村义务教育对缩小中国城乡收入差距的分析

从前面的分析可知，中国城乡差距实际上主要是"知识差距"。因此，缩小城乡收入差距政策设计的主要着眼点，应放在促进农村部门劳动力素质提高方面；其政策目标是，实现城乡之间人均素质水平的趋同，在农村培育起与城市部门同质的、在城乡统一的劳动力市场上具有同等竞争力的收入创造主体；其基本内涵为促进农村部门劳动力素质的快速提高，增加农民的人均收入。而农村部门劳动力素质的提高首先必须提高农村义务教育普及率。

（1）中国农村义务教育状况

中国自九年制义务教育制度实施以来，农村义务教育的普及率整体上呈现出稳定上升的趋势。表6—5显示：农村义务教育普及率在1986年仅为36.43%，在1987—1990年期间，农村义务教育发展比较平稳，农村义务教育普及率持续保持在41%左右。1991年以后，农村义务教育普及率呈上升趋势，从1991年的43.53%上升到2002年的61.03%。其间，农村义务教育普及率的增长率则相对基本稳定，1986年为11.28%，此后几年间持续下降，到1990年出现负增长，其增长率为－0.21%，1992年农村义务教育普及率的增长率回升到7.71%，增长了近8个百分点，此

---

① 吴昌顺：《教育的贫困是最大的贫困》，《学习月刊》2002年第10期。

第六章　农村劳动力素质养成条件与中国农村经济增长　/　213

后的几年间农村义务教育普及率的增长率比较稳定，持续在3%左右，而1999—2002年这四年间，农村义务教育普及率的增长率出现大的波动，1999年为12.38%，到2001年出现了负增长，其增长率为－8.40%，下降了20多个百分点，2002年又回升到4.82%。

表6—5　　　　1985—2002年中国农村义务教育普及率　　　单位：万人、%

年份	农村16周岁人口数	农村初中毕业生人数	农村义务教育普及率
1985	1900.92	622.28	32.73573
1986	1822.52	663.89	36.42704
1987	1821.05	728.45	40.00165
1988	1819.58	755.31	41.51013
1989	1768.58	732.6	41.42295
1990	1717.59	715.9	41.68049
1991	1574.93	685.5	43.52574
1992	1432.27	671.5	46.88362
1993	1376.41	658.26	47.82496
1994	1320.55	653.91	49.51862
1995	1333.11	684.56	51.35057
1996	1345.68	715.86	53.19736
1997	1443.36	787.60	54.56741
1998	1541.05	864.58	56.10369
1999	1413.72	891.31	63.04719
2000	1421.91	832.62	63.56181
2001	1430.1	877.71	58.22169
2002	1438.29	937.38	61.02522

数据来源：《中国统计年鉴》（相关各年），中国统计出版社。

(2) 中国城乡居民收入增长但差距扩大

表6—6显示：1985—2002年中国城乡居民收入呈现增长的态势，分别从739.10元、397.60元增加到7702.80元、2475.60元，分别增长了10.42倍和6.23倍。但是，与此同时中国城乡居民收入差距却在不断扩大，收入差距指数由1986年的1.86增长到2002年的3.11，增长了

1.25。同时，城乡收入差距的增长率在 1986—2002 年期间出现了明显的波动，且波动幅度很大。从 1986—1988 年，其增长率呈下降趋势，从 14.19% 下降到 0.07%，1994 年城乡收入差距增长率增长到 5.35%，到 1990 年出现了负增长，其增长率为 −3.66%，下降了 9 个多百分点，1991 年城乡收入差距增长率回升了 12.72 个百分点，达到 9.06%，此后的 5 年间，城乡收入差距增长率呈下降趋势，1997 年再次出现了负增长，其增长率为 −1.73%，1998 年以后到 2002 年呈持续上升趋势，到 2002 年达到 7.34%，增长了近 8 个百分点。

表 6—6　　　　1985—2002 年中国城乡收入差距　　　　单位：元、倍

年份	农村居民人均纯收入	城镇居民人均可支配收入	城乡收入差距指数
1985	397.6	739.1	1.858903421
1986	423.8	899.6	2.122699387
1987	462.6	1002.2	2.166450497
1988	544.9	1181.4	2.168104239
1989	601.5	1373.9	2.284123026
1990	686.3	1510.2	2.20049541
1991	708.6	1700.6	2.399943551
1992	784	2026.6	2.58494898
1993	921.6	2577.4	2.796657986
1994	1221	3496.2	2.286339066
1995	1577.7	4283.3	2.714711289
1996	1926.1	4838.9	2.512278698
1997	2090.1	5160.3	2.468924932
1998	2162.2	5425.1	2.509296947
1999	2210.3	5854.02	2.648518301
2000	2253.4	6280.00	2.786899796
2001	2366.4	6859.6	2.898749155
2002	2475.6	7702.8	3.111488124

数据来源：课题组：《农村义务教育普及水平对城乡收入差距的影响》，《教育研究》2005 年第 9 期。

第六章 农村劳动力素质养成条件与中国农村经济增长

(3) 农村义务教育对缩小中国城乡收入差距分析

表 6—7　　　　　　　1986—2002 年各项主要指标列表

年份	城乡收入差距（y）	农村义务教育普及率%（edu）	农业支出占财政支出的比重（fan）	第一产业占GDP的比重（gdpl）	工农业产品综合比价（price）	虚拟变量（W）
1986	2.122699387	36.42704	8.4	27.1	1.030009681	0
1987	2.166450497	40.00165	8.7	26.8	1.067683508	0
1988	2.168104239	41.51013	8.6	25.7	1.080843585	0
1989	2.284123026	41.42295	9.42	25	0.975402884	0
1990	2.20049541	41.68049	9.98	27.1	0.945631068	0
1991	2.399943551	43.52574	10.26	24.5	0.952380952	0
1992	2.58494898	46.88362	10.05	21.8	1.003883495	0
1993	2.796657986	47.82496	9.49	19.9	1.04323827	0
1994	2.863390663	49.5186662	9.2	20.2	1.030427632	1
1995	2.714711289	51.35057	8.43	20.2	0.928571429	0
1996	2.512278698	53.19736	8.82	20.4	1.005535055	0
1997	2.468924932	54.56741	8.3	19.1	1.030150754	0
1998	2.509296947	56.10369	10.69	18.6	1.057142857	0
1999	2.648518301	63.04719	8.23	17.6	0.997912317	0
2000	2.786899796	63.5618	7.75	16.4	0.98284561	0
2001	2.898749155	58.2169	7.71	15.8	1.032290616	0
2002	3.111488124	61.02519	7.17	15.3	0.988059701	0

数据来源：课题组：《农村义务教育普及水平对城乡收入差距的影响》，《教育研究》2005 年第 9 期。

通过建立回归方程模型，分析农村义务教育普及程度及各项经济政策对城乡收入差距的影响：

$$dt = c + \beta 1 \cdot edu_t + \sum a_{tj} \cdot D_{tj} + \mu_t$$

在方程中，下标 t（=t1986，…，2002）代表第 t 年，μ 是残差项。

dt 是代表城乡收入差距（是城镇居民家庭人均可支配收入与农村居民家庭人均纯收入之比），这个变量的值越大，表示城乡收入差距越大。edu 代表农村义务教育普及率，是我们度量农村义务教育普及水平的指标，教育产生作用具有滞后性，通过试错法测算，这里采用拟滞后一期作为变量。β1 是农村义务教育普及率变量的系数。Dtj 包括了一系列我们在计量分析中控制的其他变量，而 atj 是这些变量的系数。在研究中控制的其他变量包括：

fan：是 1986 年以来农业支出占财政支出的比重，此变量的选取是考虑财政支农政策对城乡收入差距增长速度的影响。

gdpl：是衡量工业化的指标即第一产业 GDP 占 GDP 的比例，经济增长发展阶段的推进影响城乡收入差距。

price：是工农业产品综合比较，是农产品收购价格指数与农业工业品零售价格指数之比，1994 年以后的工农产品比价是农村商品零售价格分类指数与农产品生产资料价格分类指数之比。

W：是虚拟变量，反映乡镇企业发展，20 世纪 90 年代中后期中国的乡镇企业发展出现了走下坡路的迹象。以 1994 年为转折点，该年取值 1，乡镇企业的发展可能加剧城乡收入差距。

通过对 1986—2002 年间数据进行回归分析（见表 6—6），可以发现：农村义务教育对缩小城乡收入差距有显著影响，其相关系数为 0.026510，即农村义务教育普及率每提高 1％，城乡收入差距减小 2.65％。[①]

二　农村高等教育与中国农村经济增长

（一）"农村高等教育"的界定

农村高等教育是"以科教兴农方针和高等教育大众化理念为指导，以普通高等院校为依托，以地市高等院校为龙头，以县市农村社区发展学院为主体，面向农村社区（县市、乡镇）经济社会发展需要的，由中央政府提供政策和部分资金支持，地方政府统筹下的农科教等部门共同实施的，由县市域基础教育、职业教育、成人教育、高等教育等多种教育统筹结

[①] 课题组：《农村义务教育普及水平对城乡收入差距的影响》，《教育研究》2005 年第 9 期。

合，采取多种教育手段和教育方式的，能够提供各种层次学习机会和满足学习者多方面多层次学习需要的高等教育"。① 农村高等教育包括普通高等教育、高等职业教育等多种类型。

(二) 中国农村高等教育发展状况及其制约

1. 中国农村高等教育发展状况

(1) 中国高等教育发展与发达国家差距较大

中国是世界上最大的发展中国家，总人口约占世界人口的21%，教育人口约占世界的26%（其中，学历教育约占22%）。虽然中国劳动力总量在国际上很有竞争优势，但人均受教育水平不高，劳动力素质与国际上还有相当的差距。中国中等及高等教育的毛入学率与中等偏上收入国家平均水平相比落后15年左右，与发达国家相比落后30年以上，高中及以上学历的人口比例远低于中等发达国家水平。②

(2) 中国农村与城市高等教育差距拉大

1990年到1998年城市入学率与全国入学率的差值很小，大都保持在1.6的倍数关系上。同一时期，城市高等教育入学率与农村高等教育入学率的比值虽在拉大，但趋势比较平缓，由1990年的2.9倍增长到1998年的4.5倍。1999年到2003年这一比值呈急剧增长的趋势，由1999年的5.5倍上升到2003年的9.8倍。2003年，农村高等教育适龄人口有4806.4万人，而高等教育入学率只有2.7%；城镇高等教育适龄人口3752.4万人，高等教育入学率则占到26.5%（见表6—8）。

由此导致农村劳动力素质相对较低。据统计，2006年末，中国农村劳动力资源总量约为5.3亿人，其中文盲占6.8%，小学文化程度占32.7%，初中文化程度占49.5%，高中文化程度占9.8%，大专及以上文化程度仅占1.2%。现行的农村教育很大程度上是为城市培养高级专门人才，培养离开农村、农民和农业的人才。据权威部门调查，大多数大学毕业生择业意愿是大中城市的政府部门、大型国企民企、跨国公司等，如

---

① 刘尧：《农村人力资源开发中的农村高等教育》，《西北农林科技大学学报》（社会科学版）2004年第4期。

② 陈至立：《努力办好让人民群众满意的教育　促进社会主义和谐社会建设》，《求实》2007年第5期。

2005年占就业数的70.7%，而很少有人去农村，仅占1.9%。[①]

表6—8　　　　　　中国农村及城市高等教育情况　　　　单位：万人、%

年份	农村适龄人口	农村在校生	农村入学率	城市适龄人口	城市在校生	城市入学率	全国入学率	城市\全国	城市\农村
1990	7188.4	67.46	0.94	5452.3	138.81	2.55	1.63	1.6	2.9
1991	7113.3	63.61	0.89	5566.8	140.79	2.53	1.61	1.6	2.8
1992	7094	61.94	0.87	5535.3	156.5	2.72	1.73	1.6	3.0
1993	6801.4	65.19	0.96	5967.9	188.36	3.16	1.9	1.7	3.2
1994	6556.1	67.57	1.03	5832.7	212.29	3.64	2.26	1.6	3.6
1995	6147.1	70.08	1.14	5497.8	220.56	4.01	2.5	1.6	3.6
1996	5826.1	69.87	1.2	5241.7	232.24	4.43	2.73	1.6	3.7
1997	5424.4	65.39	1.21	4933.9	252.05	5.11	3.06	1.6	4.3
1998	5137.8	64.06	1.25	4671	276.81	5.93	3.48	1.7	4.5
1999	4938.8	70.38	1.43	4469.1	343.04	7.68	4.4	1.8	5.5
2000	4843.6	82.96	1.71	4158.6	547.13	13.2	6.18	2.1	7.8
2001	4714.7	97.38	2.07	3919.7	621.69	15.8	8.33	1.9	7.6
2002	4829.4	114.2	2.37	3967.9	789.12	19.9	10.3	1.9	8.3
2003	4806.4	131.2	2.73	3752.4	994.32	26.5	12.9	2.0	9.8

资料来源：郭书君：《我国农村高等教育发展状况的实证分析》，《辽宁教育研究》2005年第10期。

2. 中国农村高等教育发展的制约

中国农村高等教育发展面临着多方面因素的制约，具体表现在以下几方面：

（1）观念滞后。忽视高等教育对社会主义新农村建设的作用，将发展农村高等教育完全等同于学历教育，对社会主义新农村建设所需人才的多层次性、多种类性缺乏全面的认识。

（2）高校服务社会主义新农村建设的意识不强。主要表现是：认为高等教育服务的对象主要是城市；认为农民素质较低，不可能对农民进行有

[①] 黄福九等：《加快中国新农村宏大人才工程建设》，息烽农业信息网，2006年3月。

效的高等教育；认为高校的主要任务是传授理论知识，与农村、农民实际技能需求不一致。

（3）管理缺位。现在没有管理农村高等教育的机构和制度，既缺乏对农村现有"成、职、普"等教育资源在发展农村高等教育上的统筹利用，又缺乏对已延伸到农村的各类高等教育形式的统筹整合，更缺乏对农村高等教育发展的统筹规划、政策引导和体制创新。

（4）目标离农。现有农村高等教育的培养目标，参照普通高校的培养目标运作，基本停留在学科教育和学历教育上，缺乏针对性。

（5）投入不足，且条块分割。由于农村教育与经济双向贫困，使广大农村的适龄青年受高等教育水平远远低于城市。长期以来，在城乡二元结构、高度集中的计划体制下，形成了一种忽视地区差别和城乡差别的"城市中心"的价值取向：国家的公共政策优先满足甚至只反映和体现城市的利益。同时，由于现实中发展的农村高等教育还没有在政府层面和全社会范围内达成共识，因此投入不足，缺乏具备相当规模和条件的办学实体的支撑。

（三）农村高等教育与中国农村经济增长

1. 发展农村高度教育有利于实现教育公平

近年来，中国高等教育发展速度迅速，2005年，全国普通高校招生504万人，在校生2300万人，高等教育毛入学率已达到21%，形成了世界上规模最大的高等教育。2006年，全国高等教育在校生总规模达到2500万人，高等教育毛入学率已达到22%。据此，中国宣布已经跨入了高等教育大众化门槛，这反映出中国高等教育发展和民众接受高等教育程度的提高。虽然高等教育的规模在迅速扩大，但仍然有78%的人不能接受高等教育，而这些人中，多数生活在农村地区。研究表明，中国城市中大专、本科、研究生学历人口比例分别是农村的55.5倍、218.55倍和323倍。中国青少年研究中心发布的"中国新生代农民工发展状况及代际对比"研究报告显示，97%的农民工表示愿意继续学习。[①] 高等教育的扩招并没有使教育机会更加均等。

---

① 陈精珠：《发展农村高等教育的几点思考》，《福建广播电视大学学报》2007年第6期。

(1) 中国高等教育的结构布局，基本上是以城市为中心，高校办在中心城市、大中城市里，招生也主要面向城市。农村地区一直就是高等教育薄弱的地区，广大农村孩子希望接受高等教育，但机会很少，最终制约了农村经济社会的发展，影响整个社会的安定、繁荣。

(2) 现在高校的收费标准不断提高。这使贫穷的农村学生难以承受，甚至不得不放弃这个机会。同时，农村学生在英语、计算机能力水平上与城市学生存在明显差距，这些都影响到农村学生接受高等教育的能力。

(3) 在就业过程中，很多单位优先考虑城市学生，排斥农村学生。农村学生就业难，又导致了高校在招生时更倾向于城市考生这样一个恶性循环。

教育公平是社会公平在教育领域的体现和延伸，它实现的程度影响到社会的稳定与繁荣。高等教育的大众化不仅要面向城市，更应该面向有丰富人力资源的农村。发展农村高等教育，充分挖掘农村巨大的人力资源，使高等教育面向人民大众，改变高等教育在城乡间的差距。国务院批转的教育部《面向21世纪教育振兴行动计划》明确提出："高等职业教育必须面向地区经济建设和社会发展，培养生产、服务、管理第一线需要的各类人才，真正办出特色，主动培养农村现代化需要的各类人才。"这些政策依据要求教育要为农村发展服务，要与农结合，为农村高等教育的发展提供了政策保证。

2. 发展农村高等教育有利于促进转移农村剩余劳动力

中国是一个农业大国，但人多地少的矛盾十分突出，人均占有耕地面积与世界平均水平相比显得较低，加之农业的有机构成不高，一直存在着失业人口比重过大和农业劳动力过剩的尖锐矛盾。据统计，中国纯粹务农的农民，每年有近四分之三的剩余劳动时间，他们是农村中巨大的隐性失业群体。同时，中国至少有约2亿农村剩余劳动力急需转移，这么多的剩余劳动力转移，不仅关系到我国城镇化问题的解决，也关系到社会政治稳定和经济的发展。为此，除了积极调整农村产业结构，发展非农产业和多种经营，大力发展乡镇企业，加快城镇建设等外在渠道为农村剩余劳动力的转移广开门路外，最主要的是要大力提高农村劳动力的素质，使劳动力能够适应当今社会的发展变化，具有能够从农业流向非农业，甚至向国外流动的能力。

发展农村高等教育，通过科学技术和知识的传播，不仅可以促进农村产业结构调整和农村经济的发展，吸纳更多的剩余劳动力；更可以通过提高劳动者素质，提高他们的劳动技能，拓宽就业领域，增强他们的就业适应性，从而转移更多的农村剩余劳动力。

目前，由于中国高校主要面向城市，造成城市人才多，就业难。一方面是由于人们受传统观念影响较深，很多毕业生都涌向城市，而不愿意到农村就业；另一方面主要是由于中国高校主要面向城市，培养的人才也主要是为城市的发展服务，使人才无法下到农村去。因此，要进一步发展面向农村的高等教育，根据农村实际需要培养相应的人才，使培养的人才适应农村发展的需要，能够服务于农村。这样既可解决农村人才缺乏的问题，改变中国人力资源分布不合理的现状，又可有效地缓解沉重的就业压力。

3. 发展农村高等教育有利于促进农业可持续发展

农业由于与自然界的关系特别密切，使它在人与自然的协调中起着十分重要的作用，农业可持续发展是人类经济社会可持续发展的基础。目前，由于中国人口总量不断增加，环境被严重破坏，不可再生资源消耗大量增加，水土流失严重，森林耕地面积减少，耕地总面积有不断缩小的趋势，资源的有限性与需求的无限性矛盾影响着农业的可持续发展。为此，从20世纪70年代以来，一些发达国家一直在探索科学的农业发展途径，出现了"有机农业"、"自然农业"等模式。实现农业的可持续发展不仅是一个经济问题，也是一个社会、政治问题，关系到人类的生存和发展。实现农业的可持续发展必须改变人们传统的环境观念，实现农业的经济效益与生态效益的统一，坚持科教兴农的战略，全面推进农业科技革命。面向农村的高等教育能够改变农业生产者的观念，通过环境教育培养农业劳动者自觉的环保意识和生态伦理观念，唤起他们对全球面临的环境危机的忧患意识，增强保护环境的责任感和紧迫性，树立正确的环境价值观；同时，农村高等教育还能推广先进生产技术在农业上的应用，在降低生态破坏甚至没有生态破坏的条件下提高农业产出，使农业与生态环境和谐发展，并最终实现农业的可持续发展。

4. 发展农村高等教育有利于促进农业和农村经济发展

长期以来，中国一直就是一个传统的农业大国，目前仍然处于传统农业向市场农业和现代农业转化的过程中，农业基础薄弱，农业生产主要还是粗放型的经营方式，农产品科技含量低，农业中科技开发少，农业科技信息的传递不通畅，技术进步对农业的支持率还不到发达国家的一半，农业科技支持非常乏力；农业结构升级缓慢，农业生产率低。

如何尽快摆脱传统落后的农业生产方式，向现代农业转化，进一步解放农业生产力，高科技在农业生产经营过程中的推广和应用成为农业乃至整个农村经济发展的重要因素。目前，高科技的农业推广面越来越宽，而没有农科教的结合，没有高等院校的参与，农业科技推广就无法进行，难以提高农业的科技含量，难以用新科技改造传统农业，难以摆脱农村落后的现状。同时，要实现农村经济的增长，实现农业的产业化必须依靠科学的经营管理，而这要求广大农村干部及农业劳动者不仅要有较高的思想素质，还要有较高的科技水平，还要有较高的现代经营管理、生产管理的能力。这是要建立在科技进步和提高劳动者素质的基础上的。目前，中国农村经济的发展对劳动力素质的高要求与农业从业人员素质不高的矛盾已经成为制约农业及农村经济发展的重要因素之一。因此，在巩固和发展农村教育综合改革已有成果的基础上，发展农村高等教育是一条重要的途径。农村高等教育作为科技知识的载体，它紧密结合农村实际，为农村经济建设服务，培养大量农业产业化所需的高级技术人才和管理人才，适应现代农业发展的需要。

第二节 农村职业技术教育与中国农村经济增长

一 农村职业技术教育起源及含义

（一）农村职业技术教育起源

与其他形式职业技术教育发展一样，农村职业技术教育发展，也是伴随着农村科技水平、农村商品经济水平的不断提高而实现的。自17世纪农用机械在农业生产中开始应用，特别是18世纪中叶英国工业革命后，新的农业生产技术更是不断问世。为推广这些农业生产技术，提高农业生产劳动效率，人们迫切要求开展农村职业技术教育。于是，在美国最先创建起一批农村职业技术学校，但这些学校此时的功能定位只是在于向学员传授近代农业生产技术，主要是面向以农业为主的第一产业，强调农村职业技术教育的推广功能与传统农业技术人才的培养。

20世纪五六十年代开始的第三次工业革命，使得各国农业生产的机械化、现代化程度进一步提高，劳动生产效率明显上升，各国从事农业生产的劳动力被从农业中大量排挤出来，而"要使这些被排挤出农业的人不致没有工作，或不会被迫集结城市，必须使他们在农村中从事工业劳动"。即要通过农村职业技术教育帮助他们掌握非农产业的知识与技能，为他们从农业产业顺利转移到工商业、服务业提供便利。此时，对于农村职业技术教育的疏导转移功能就有了明确的社会需求。

在农业产业内部，由于机器人、生物技术等的直接介入，生产专业化程度普遍提高，职业对从业人员的整体素质提出了更严格的要求，农业劳动者不仅要在职业知识、技能上更好地胜任本职工作，而且在职业个性、职业意识、职业态度等各方面亦要与职业岗位相适应。这种时代特点反映在教育目标上，即表现为强调现代农民的培养。

目前，美国、德国、法国的农业劳动者中受过职业技术培训的比例已高达90%以上；日本有80%的青年农民具有高中以上的文化程度；英国具有中等农业学校毕业水平的劳动者占60%以上。[①]

(二) 中国学界对农村职业技术教育含义的理解

新中国成立以来，随着中国经济特别是中国农村集体经济的发展，中国农村职业技术教育得到一定的发展。1958年9月，中共中央、国务院发布《关于教育工作的指示》，指出应该办技术学校，并纳入地方的教育计划。中央还提出了"两种教育制度"的思想，实行全日制学校与半工(农)半读学校并举，普通教育与职业教育并举、国家办学与群众办学并举等一整套两条腿走路的方针。此后全国城乡大量兴办农业中学、职业中学和各种形式的技术学校。到1965年，农业中学及其他职业中学的在校生人数已占各类中等学校在校生总数的31%，农村职业教育有了一定的

[①] 邓宏宝：《国外发展农村职业技术教育的主要经验》，《外国教育研究》1999年第1期。

发展。可是，在"文化大革命"时期，各种中等专业学校和技工学校大部分被砍掉，各类职业学校或停办或被改为普通中学，中等教育只发展普通中学一种类型的学校。这一时期，中国的农村职业教育完全被扼杀了。到20世纪80年代初至90年代中期，随着改革开放的深入，农村职业技术教育事业迅速壮大。中国理论界对中国农村职业技术教育含义、特点、作用、发展模式的理解进一步深化。

1. 汤生玲认为[①]农村职业教育是一个区域性的概念，与城市职业教育相对应，可以理解为发生在农村地区，以农村人口为对象，对农村社会各种岗位所需要的就业者所进行的教育和培训，从而服务于农村社会发展。

2. 刘春生等[②]对农村职业教育的定义从农村这个角度出发，强调了为农村、农业、农民服务的目的性，强调培养对象是农村人口以及农村职业教育的本质目的是为了就业。农村职业技术教育，是职业技术教育的重要组成部分，是以农村、农业和农民为主要服务对象，为农村培养大批高素质的创新型劳动者、初中级技术人才和基层管理人才，提高劳动者的思想道德和科技文化素质，同时向农村劳动者提供科技成果和信息服务，大力普及和推广农业实用科学技术，为农业和农村经济发展服务的教育。

二 农村职业技术教育对中国农村社会经济发展的影响

（一）中国农村劳动力技术素质较低

1. 中国农村劳动力接受过职业技术培训的比例低

2006年国务院研究室发布《中国农民工调研报告》显示，中国农村劳动力中，没有接受过技术培训的达76.4%。[③]

2. 中国农村专业技术人才奇缺

据农业部门统计，农村各类专业技术人才仅占农业劳动力的

---

① 汤生玲：《农村职业教育论》，高等教育出版社2006年版。
② 刘春生：《"三农"背景下农村职业教育内涵探析》，《职教通讯》2005年第9期。
③ 赵秀红、翟帆：《为新农村建设提供强有力的支撑》，《中国教育报》2007年3月10日第1版。

0.71%，而其他各行业专业技术人员占劳动力的比例为 17.26%，比农业部门高出 23 倍。现在中国每 4.67 平方千米土地只有 1 名农业技术人员，每 7000 头牲畜只有 1 名兽医人员，每万亩森林仅有 0.53 个林业专业技术人员。中国农业科技人员在人口中的比例为 1/10000，而发达国家是 30—40/10000。中国目前每百亩耕地平均拥有科技人员 0.0491人，每百名农业劳动者中只有科技人员 0.023 人；而发达国家每百亩耕地平均拥有 1 名农业技术员，农业从业人口中接受过正规高等农业教育的达到 45%—65%，差距非常显著。由于劳动力的文化科学水平低，中国现有适合农村应用的 70% 左右的科技成果在农村推广不了。科学技术进步因素对农业增产的贡献率只有 30%，而发达国家的这一比率一般都在 60%—80%。[①] 乡村"精英"太少了，农业现代化就没有指望，"乡村凋敝"衬托"城市辉煌"的现象就会不可避免地发生。这种情形已经严重影响到中国农业发展、农民增收和整个国家的现代化国家进程，大力开展农村职业技术教育是当务之急。

（二）农村职业技术教育对中国农村社会经济发展影响

职业技术教育具有促进社会进步、经济增长、个性发展的功能，是教育与经济最直接的一种结合形式，也是促使教育与经济协调发展的重要载体，是优化人力资源配置、提高劳动者素质和劳动生产率的必由之路，是缓解社会就业压力、实现人口负担转化为人力资源的重要渠道。职业技术教育对中国农村社会经济发展同样有着巨大的促进作用。

1. 农村职业技术教育是农村剩余劳动力的合理转移、增加农民收入的基础

农村剩余劳动力的合理转移，也是与农村非农产业的不断发展相联系的。农村剩余劳动力的不断转移已成为一种不可逆转的趋势，它是当代中国农村发生重大变革的表征。制约农村剩余劳动力转移的因素甚多，其中农村劳动者缺乏一定的职业技能和文化科技素质偏低是制约转移的重要障碍。

[①] 杨宏、陆宁、张磊：《略论农村职业技术教育与新农村建设的关系》，《科技创业月刊》2007 年第 5 期。

(1) 农村职业技术教育是增加农民收入的重要途径。中国"三农"问题的核心是农民的收入问题。当前,非农业收入已是农民收入增长的主要来源。农民从非农业获得的收入主要靠劳动力外出打工、在本地非农企业劳动以及家庭经营非农产业。这三类都需要劳动者具备一定的文化素质和劳动技能。而劳动者从事农业生产,发展高效优质农业,也需要有一定的文化素质和劳动技能。大力发展教育,尤其是农村职业技术教育,才是提高农民收入的基础。在很多地区,农民务工收入成为农民增收的主要来源。2005年,河南省外出务工人数达到1550万人,2005年上半年劳务收入为374亿元(2004年为613亿元),有力地支援了地方的经济建设。在四川调研发现,一个建筑工地的小工每个月能挣500—600元,而经过电工、电焊工等职业技能培训后收入可达1200—1400元左右[①]。

(2) 农村职业技术教育有利于加快中国农村城镇化的进程。目前,农村转移劳动力的受教育水平虽然高于农村劳动力的总体水平,但由于包含转移劳动力在内的农村劳动力总体受教育水平不高,这导致农村劳动力向非农产业和向城镇转移往往局限于对劳动者文化、技能素质要求不高的行业或领域,它既在一定程度上降低了社会就业的质量,同时也无法适应日趋激烈的市场竞争和劳动者就业竞争。在城乡劳动力的总供给大于总需求的既定条件下,中国现在进行的结构性调整导致的主要不是周期性或摩擦性失业,而是结构性失业,即现有城乡劳动力的数量和质量不适应产业结构升级和新兴产业发展对劳动力的需求。相对于庞大的仅能从事简单劳动的农村剩余劳动后备军来说,大中城市为从事简单劳动的农村劳动力提供的就业机会仍是极为有限的。中国农村剩余劳动力的转移不能仅依托向现有城市的转移,同时更需要通过进一步发展农村非农产业经济和进一步推进农村城镇化而实现转移。农村剩余劳动力的持续合理转移将愈来愈需要深度开发农村人力资源。不断提高农村劳动者的素质,以适应非农产业结构调整与升级的需要,这反映出中国农村经济的发展需要农村职业技术教育的支持。随着中国农村的城市化速度大大加快,在未来的5年内,中国将要转移4000万农村劳动力,而且每年将新增600万农村劳动力。这些

---

① 苏永通:《六高官的一年:徐光春正名河南 王岐山服务北京》,《南方周末》2005年12月22日。

人口大部分将进入城镇工作,他们的就业是一个重大的问题,如果解决不好,则会严重阻碍城市化进程;反之,如果 4000 万农村劳动力受过一定职业技术教育,带着一定的专业技能进入城镇,对中国的制造业来说无疑是一座巨大的人力资源宝库。企业可以获得优质的人力资源,大幅度降低培训成本,提高产品的国际竞争力,从而推动中国经济的发展,加快中国城市化的进程。来自长三角、珠三角的信息表明:拥有高级技工证书的求职者炙手可热、供不应求,以至他们的工资、待遇远远超过一些大专、本科生。反过来,如果农村职业教育发展不力,4000 万农村劳动力得不到必要的职业教育就涌入城市,对城市化进程将造成巨大的压力。

(3) 农村职业技术教育有利于促进城镇经济增长。有一定职业技术、技能的农村劳动力转化到非农业产业,转化为城市劳动力,推动了城市经济的发展。中国劳动和社会保障部信息表明,进城的农民工对城市经济有比较大的贡献,由于劳动力的流动,对 GDP 的贡献率达到 16%。经济学家估算,进城务工农民对广东经济增长的贡献率约为 25%。[①]

(4) 有利于调整农村产业结构,实现机械化操作。农村剩余劳动力的大量转移,使从业人员的人均土地面积大幅度增加,有利于大面积机械化操作,提高了农村生产力,促进了农村产业结构调整。同时,部分拥有一定职业技术技能的转移的农村劳动力,不少人成为收入颇丰的"白领阶层"甚至老板,这些人员在家乡投资办厂,带动了地方经济的发展。为加强对进城务工农民的职业培训,国务院发出了《关于进一步加强就业再就业工作的通知》,要求大力开展职业培训,提升进城务工农村劳动者的就业能力。根据他们的特点和就业需求,开展有较强针对性、实用性的培训并提供职业技能鉴定服务。充分利用电视远程培训等手段,将技能知识和就业信息送到农户。在吸纳进城务工农村劳动者较多的重点行业和组织劳务输出的贫困地区,组织实施国家培训项目。积极创造条件为进城务工的农村劳动者提供必要的社会保障。目前,中国劳动和社会保障部已经开始实施"农村劳动力就业计划",对进城务工的农村劳动者开展职业培训。

2. 农村职业技术教育有利于统筹城乡发展,缩小城乡差距

据统计:2005 年,中国城市人均年可支配收入是 10493 元人民币,

---

① 罗虹、钟宏武:《农村外出劳务的地位和作用》,《中国国情国力》2005 年第 2 期。

农村是3215元人民币，城乡收入差距为3.2∶1。① 如果按照此前农村经济以每年6%的速度增长，到2020年农村人均年收入可能是7800元人民币；而按照中国经济增长以预计的每年9%的速度连续增长，到2020年城市人均收入将是38220元人民币，城乡收入差距会从现在的3.2∶1扩大为4.9∶1。3.2∶1的城乡收入差距在全世界已经是非常大了，如果到2020年，这个差距变成4.9∶1的话，这将是史无前例的。② 到那时候，可能将会造成社会经济上一个比较大的不和谐，一个比较大的社会紧张的边缘，因此，从构建和谐社会，实现五个统筹，落实科学发展观来讲，中国需要做的最关键的是怎样来缩小城乡差距。缩小城乡差距，并不是降低城市人均收入的增长速度，2020年，城市人均收入水平如果达到38220元人民币，这和发达国家比较起来也不算多。因此，缩小城乡差距的关键是怎么快速提高农民收入，提高农民收入可以有以下几条思路。

（1）提高农业的生产能力和水平。中国这样一个大国，必须在粮食上基本维持自给自足。过去中国是以牺牲农业、农村的方式来支持城市的发展，现在已经到了用工业来反补农业，以城带乡的时候了。不过能做的程度也是相当有限的，发达国家能对农业进行大幅度的补贴，因为农业人口非常少。比如说现在发达国家，一般农业人口少于3%，可是2006年中国农村人口占总人口的55.1%③，在这种状况下对他们进行很大的直接补贴，这个程度必然是相当有限的。

（2）减少农民，把农村劳动力向非农产业转移。国外国内理论界、学术界对此问题比较有共识，大家认为解决城乡收入差距，提高农民的收入，最主要和关键的就是要减少农民，把农村劳动力向非农产业转移。其一，劳动力转移出来以后，他从生产者变成需求者，供给减少而需求增加，留在农村务农的农民的收入就会提高。其二，流动出来的人带不走土地，留在农村的人可以扩大土地经营规模，进一步增加他的收入水平。这是各国在解决农村问题、城乡收入差距问题所采取的最主要的途径。如韩国1970年提出新村建设的时候，农村人口占总人口的47%，到2000年，

---

① 《中国统计年鉴》，中国统计出版社2006年版。
② 张德元：《中国农村职业教育和成人教育的现状与问题》，《职业教育研究》2005年第6期。
③ 《中国统计年鉴》，中国统计出版社2007年版。

农村人口是 8.8%。日本也是另外一个对农村问题解决比较好的国家，1950 年，农村人口占总人口的 50%，到 2000 年，农村人口只剩下 4.7%。①

到 2020 年，中国如果要比较好地解决城乡收入差距问题，全面建设小康社会，至少必须从现在的农村人口占 57% 降低到 40% 这样一个水平，现在农村是 7.4 亿人，到 2020 年，农村可能剩下 5 亿多人，有 1.8 亿人在未来要进城，职业教育在这其中至关重要。农村劳动力进城，不仅要面对生活方式的转变，更要进行工作方式、劳动技能的转变。从这点来说，职业教育对缩小城乡收入差距，构建和谐社会来讲至关重要，对留在农村的农民人均收入水平的继续提高也至关重要。农村劳动力转移同时也带来农民扩大土地规模的可能性，这时对农产品的需求会表现为：一是量的增加；二是质的转变；三是对食品安全重视的不断提高。在这种状况下就必须掌握新的技术，只有不断地让他们接受并掌握必要的新的职业教育和技术技能，他们才有办法把握市场机会。随着产业就业结构、技术结构水平的不断变动，城市里面的人也同样必须不断学习，掌握新的技能。

3. 农村职业技术教育是鼓励农民自主创业的重要条件

为推进农村经济结构的调整，政府采取了农村税费改革、发放小额贷款等措施，鼓励农民自主创业。当前，农村涌现出了一批农民企业家、种植能手。他们懂技术、懂经营，走上了致富的道路。这表明一些思想解放、观念更新的农民，特别是新一代的青年农民已不再满足于在自家"一亩三分田"上耕作，他们更为独立，眼界更为开阔，渴望新的知识和技能，渴望凭自己的才智，改变自身命运，自主创业。目前在农村，相当多的适龄青年由于种种原因无法接受普通教育，因此接受职业教育就成为农民继续学习、储备知识和技能、自主创业的一条出路。

4. 农村职业技术教育为农民争取平等地位提供了一个契机

几千年来，农民一直处于中国社会的底层。直到现在，由于中国城乡二元经济结构还没有多大改观，多数农村意味着愚昧、贫穷、落后。究其原因，主要是由于农民得不到必要的教育所致。这种状况只能靠发展农村教育来逐步改变。接受过职业教育和普通教育的农民，才有可能

---

① 李水山：《世界各国的农民教育与培训》，《小城镇建设》2006 年第 3 期。

利用知识的力量，勇敢争取、维护自身的正当权益，摆脱长期以来的弱势地位。

第三节 农村劳动力健康素质与中国农村经济增长

健康素质是劳动力素质的重要组成部分。劳动能力是具体的，它是人们生产使用价值时发挥的体力和智力的总和。通常是从年龄、健康素质、文化科学技术水平和生产劳动经验等方面来综合考虑的。健康不仅是人们拥有的一种财富，一种本质上和知识、金钱具有同样价值的财富；健康同教育一样，也是促进经济增长的一种重要的投资，是促进经济发展和社会进步的基本条件。世界卫生组织把健康教育与健康促进作为最具有普惠性、公平性，最经济、最有效的目标。胡锦涛总书记在党的十七大报告中明确指出：健康是人全面发展的基础，关系千家万户的幸福。

一 健康素质与经济发展的相关理论观点

国民营养与健康状况是反映一个国家或地区经济与社会发展、卫生保健水平和人口素质的重要指标。良好的营养和健康状况既是社会经济发展的基础，也是社会经济发展的重要目标。关于劳动力健康素质与经济增长之间存在的相关关系，国内外学术界已有一定的研究，形成了一些比较成熟的观点。

（一）传统的观点

传统观点认为健康对经济的影响主要表现在：

1. 疾病负担：对个体和家庭来说，疾病带来的最直接的后果就是医疗费用负担。

2. 劳动力增长：严重的疾病会导致劳动人口的劳动能力丧失，甚至导致劳动人口的减少。1998年的统计表明，津巴布韦、赞比亚、南非和博茨瓦纳接近四分之一的15—49岁的人感染了艾滋病，缺乏劳动力是这些国家陷入贫困的主要原因之一。[①]

3. 物质资本积累：作为经济增长的另一个源泉，物质资本积累的一个主要决定因素是储蓄率。大卫·E. 布卢姆（David E. Bloom）对个人在生命不同时期的储蓄方式的研究表明，健康状况的改善和寿命的延长使得人们退休后的时间也相对延长，改变了人们的储蓄行为，储蓄的增加使得社会物质资本积累相应的增加，推动了经济增长。

（二）对直接影响经济增长的因素——健康资本的新解读

20 世纪 50 年代后期，一些经济学家注意到劳动力素质在生产中的地位，并开始对此进行系统的研究。索洛在 1957 年提出全要素生产率分析方法，并应用于古典经济增长模型。舒尔茨 1960 年发表了题为"论人力资本投资"的演讲，系统论述了人力资本理论，部分解释了索洛余数，并因此获得了诺贝尔经济学奖。舒尔茨认为人力资本是体现于人身体上的知识、能力和健康，它在促进经济增长中的作用比物质资本和劳动力数量要重要得多。

根据人力资本理论和贝克尔的家庭生产理论，迈克尔·格罗斯曼（Michael Grossman）发展了健康需求模型（1972 年、2000 年）。[②] 格罗斯曼模型建立了人力资本积累模型的框架，提供了新的角度，从个体水平上研究健康、人力资本和消费的关系以及宏观水平上研究健康与生产率的关系。格罗斯曼模型中，健康资本的影响不同于其他形式的人力资本，它决定了劳动力能获得的全部健康时间。健康是人力资本一个很重要的方面，是个体水平上市场和非市场生产的一个重要的投入。健康资本提供了在质量上是一致的健康时间的流量，一种"有或无"的状态，即健康人力资本影响了健康时间的质量和数量，而健康或健康时间是经济生产过程中的重要投入要素。因此，健康既是最终消费品，也是一种资本。同所有的资本一样，健康会随着时间贬值，并且健康的贬值率会

[①] 《2003 年第三次国家卫生服务调查分析报告》，中国协和医科大学出版社 2004 年版，第 20—40 页。

[②] Stronks K., Van De Mheen H., Van Den Bos J., et al: The Inter-relationship between Income, Health and Employment. *International Journal of Epidemiology*, 1997, 26: pp. 595—600.

因年龄的增加而增加。因此，需要进行投资以恢复和（或）维持健康存量，这些投资包括卫生服务、营养和家庭生产活动等。同时高水平的教育可降低健康的贬值率；而健康的改善增加了人们对获得更好教育的激励，儿童期望寿命的变化改变了父母对儿童教育投资的数量和质量，促进了人力资本的积累。

国民营养与健康状况是反映一个国家或地区经济与社会发展、卫生保健水平和人口素质的重要指标。良好的营养和健康状况既是社会经济发展的基础，也是社会经济发展的重要目标。经济学从整体与个体两个方面来看待健康。在整体方面，健康在社会经济发展中所扮演的角色是劳动力（labor）与资本（capital），是社会经济体系中最主要的生产要素。因此，一个国家整体的生产函数可以简化为：$Q=F(L, K)$，式中 Q 代表产量，L 代表劳动生产要素，K 代表资本生产要素。在生产要素可以替代的情况下，厂商选择最适宜生产要素组合所依据的原则即是成本最小化。而成本最小化的生产要素组合必须满足要素相对价格的比率等于要素边际产量的比率。

G. S. 贝克尔（G. S. Becker）博士将厂商生产函数的概念应用到家庭的消费活动上，在1965年提出了家庭生产函数（Imusehold production function）：消费者从市场上购买各种物品，并结合自己的"时间"，生产可获得效用的消费品（consumption commodities）。麦克尔·格罗斯曼博士将贝克尔博士的概念应用到健康领域，提出健康生产函数（health production function）的概念：消费者在市场上购买各种医疗保健服务，并结合自己的时间"生产"健康。

健康生产函数的一般形式：$H=f(M, Ls, T)$，式中 H 代表消费者的健康，Ls 代表消费者选择的生活方式，T 代表消费者投入生产健康的时间。卫生政策的目标是要"生产"（促进）健康，则在健康生产函数的概念下，要达到同样的健康产出水平，可以通过不同健康生产要素之间的替代，降低生产健康的成本支出。

健康资本与其他种类的资本一样，也会有折旧的问题。麦克尔·格罗斯曼博士认为，消费者可以借着"生产"健康的方式，来补充健康存量的消耗。消费者生产健康的主要生产要素是医疗保健服务。此外，生活方式、环境与教育等，也是消费者健康的主要投入要素。因此，经济学将健康生产函数表示为：H=f（M，Ls，E，S）。健康生产函数的政策意义是：在健康生产函数的概念下，消费者购买医疗服务的目的并不是需要医疗服务本身，而是需要"健康"。医疗服务只是消费者用于生产健康的投入要素。因此，经济学将医疗保健需求看成是消费者对健康需求的"引申需求"。换言之，提供医疗服务只是"手段"，达到健康才是"目标"。在健康生产函数中，各种生产要素之间具有替代性。因此，政府可借助改变各种生产要素的相对价格，诱导消费者选择最低成本的生产要素组合。

二 劳动力健康素质对经济增长的影响

（一）劳动力健康素质与经济增长

早在 1909 年，费雪（Fisher）在给美国国会的"国家健康报告"中指出，从广义的角度看待健康首先是一个财富的形式，界定了疾病所带来的损失包括：（1）因为早亡而丧失的未来收益的净现值；（2）因为疾病而丧失的工作时间；（3）花费在治疗上的成本。由此，估计美国的健康资本存量在 1900 年为 2500 亿美元，大大超过了其他形式的财富数量（Mushkin，1962）。德尼森（Denison）在规模收益不变的假设下，估算出如果死亡率在 1960—1970 年期间下降 10 个百分点，则美国经济增长率可以提高 0.02 个百分点。[①]

据世界银行专家测算，过去 40 年，世界经济增长大约 8%—10% 可归因于人群健康水平的提高。哈佛大学研究认为，大约 30%—40% 的亚洲经济增长源于人群健康水平的提高。世界银行前行长詹米逊在研究中国经济发展时，比较中国和印度成年人生存率，发现印度劳动力人口死亡率比中国高出 16%，如果今天的中国劳动人口按照印度的成年人死亡率测算，则中国经济水平应该低于目前水平 15%—20%。在 20 世纪 80 年代中期，同济大学的一项研究以新中国成立初期居民健康状况指标为基础，通过分析 30 多年来居民健康状况改善的指标，计算延长的劳动时间，结合生产力水平综合计算发现，中国国民生产总值的增

---

① 杜本峰：《健康—人力资本—经济效应》，《经济问题》2005 年第 3 期。

加，至少有20％是由于居民的健康状况改善而获得的。不难看出，健康、高素质的劳动人口是社会生产力的重要组成部分，良好的健康状况是促进经济与社会发展的中心环节。卫生经济专家的研究表明，目前中国劳动力人口每年累计患病天数为202亿天，人均年患病天数为28天，每年累计休工天数为47亿天，人均年休工6.5天。全国居民因疾病、伤残和早死造成的经济损失相当于当年国民生产总值的8％左右，疾病引起的医疗资源消耗相当于当年国民生产总值的6％左右，且均有增高趋势。① 患病人群因劳动力丧失以及医疗费用，一年要消耗上千亿元人民币。健康问题不仅与医疗成本有关，而且影响着生产效率以及造成人才损失。具体表现在以下几方面：

1. 健康素质提高有利于减少由于疾病带来的直接或间接损失

医疗费用是一个国家、社会和个人为了防治疾病而消耗的活劳动和物化劳动的货币表现。近年来，医疗费用的大幅度上升已成为一个世界趋势，据统计OECD国家平均卫生费用占GDP的比例已超过10％并且仍在增长。中国近20年来，卫生费用在国民经济中的比例也在不断上升。② 而减少疾病的发生，增强人们的健康状况无疑会节约大量的医疗成本，从而会解放大量资源以用于其他方面的投资。大量医疗成本的减少，既有利于减轻个人的家庭经济负担，又有利于减少因病致贫、因病返贫现象的发生，特别是对贫困人口而言，健康状况的改善具有更大的经济意义。特别是广大的农村，他们比其他人更多地依赖体力，从这一角度讲，健康状况的提高有助于减轻贫困，也有利于国家将有限的资源投入到其他建设中去，因为资源毕竟是有限的，提高资源的利用效率必然会促进经济发展。近年来，健康和经济的关系逐渐成为人们关注的重要研究课题。

2. 健康有利于提高劳动力素质、影响劳动力供求

经济学家认为尽管各国的经济增长和经济发展途径各有不同，但它们的基本机制都是一样的，即所有的经济增长都必须依赖人力资本、自然资

---

[1] 杜本峰：《健康—人力资本—经济效应》，《经济问题》2005年第3期。
[2] 潘岳松等：《健康促进医院的发展历程及其展望》，《中华医院管理杂志》2005年第2期。

源、物质资本和技术。而其中人力资本被认为是一国经济增长的重要源泉。所谓人力资本,从个体角度讲,它是指存在于人体之中后天获得的具有经济价值的知识、技术、能力和健康等质量因素之和;而从群体角度讲,它指存在于一个国家或地区人群之中、后天获得的具有经济价值的知识、技术、能力及健康等质量因素之整合。人力资本在经济发展中的作用表现在:一方面,人力资本与物质资本、自然资源、信息和技术一样,是整个生产过程的先决条件和投入要素。因为自然资源的开发和利用、信息的传递、技术的创造与应用都依赖于人力资本。它是一名劳动者从事一切社会实践活动的基础,是其他一切资源依附的载体。而人力资本构成中的两大基石是教育与健康,健康是人力资源中重要的因素,健康资本是人力资本的重要组成部分,也是其他的载体。健康的不良必将影响劳动的供求关系,使劳动力质量下降,数量减少从而影响经济发展。人的可持续发展不仅是可持续发展的核心,更是可持续发展的终极目标。格鲁·哈林·布伦特莱夫人在《人口与健康》中,将人口通过健康与经济联系起来,她明确地提出了如下两个发人深省的问题:一是人口与健康的关系问题;二是健康与经济发展的关系问题。在这篇报告中她深刻揭示了发展观两个根本转变,即以发展客体为中心转变为以发展主体为中心;从以开发自然资源为中心转变为以开发人的资源为中心。也就是说,从注重物的发展转变为注重人的发展。通过人的健康对发展的重大影响来论述可持续,揭示了人在可持续发展中的地位和作用,即人在可持续发展中处于核心的地位,发挥着极为关键的作用。人口问题就是发展问题,人的可持续发展是经济、社会可持续发展的核心与关键。而人的健康又是人的可持续发展的前提与基础,健康对劳动力的供求有较大影响,从而影响经济发展。

3. 健康有利于提高劳动生产率、增加个人收入

疾病和营养状况影响了个人在劳动力市场上的表现,是影响劳动生产率和个人收入的一个重要决定因素。K. 斯特容克思(K. Stronks)[1] 基于荷兰一项关于健康的社会经济不平等的队列研究基础,利用几种慢性病的

---

[1] Stronks, K., Van De Mheen, H., Van Den Bos, J., et al. The Inter-relationship between Income, Health and Employment. *International Journal of Epidemiology*, 1997, 26: pp. 595—600.

发病率作为替代指标分析健康与收入的关系。他发现由于选择机制,很多患有慢性病的人被排除在劳动力之外,由此导致了收入下降。自20世纪80年代以来,营养在劳动生产率中的作用逐渐为很多发展经济学家所关注。很多学者将健康、教育等因素作为人力资本的投入,利用收入函数模型,分析各种投入的产出。但很多研究只局限于农村地区,并且使用的健康指标单一。J. 斯特劳斯(J. Strauss, 1997)[1]在巴西进行了一项大型的家庭收入相关因素调查,利用多个营养状况的指标(身高、BMI指数、营养素摄入和热量摄入)分析健康的各个纬度对收入的影响。他发现在控制了年龄和教育因素后,营养状况的各个指标与收入有正向相关。

在国际文献中,已有大量的统计数据和研究显示了健康与经济生产力之间具有正向关系。健康与经济的发展是密切相关的,健康对经济繁荣的影响主要有以下四种:(1)健康的人能够工作更长的时间,在体力、脑力,或者认知能力上都更加充沛强壮,这直接提高了家庭和市场的劳动生产力。(2)健康的人可以享受更长的寿命,更有动力为其教育进行投资。而大量有关教育投资收益的研究表明,教育在很大程度上可提高个人劳动生产力和收入。(3)更长的期望寿命促进了生产阶段的个人进行储蓄,这为经济投资储备了更多的货币资本,后者进一步促进了收入和经济增长。更健康的劳动力同时也吸引了更多的外国投资。(4)更健康的人群意味着更低的死亡率,这降低了家庭大量生育的必要性,从而导致更低的人口增长率和人口平均年龄的提高。

良好的健康可以促进人力资本的提高,从而提高劳动生产率,促进经济的发展。良好的健康状况可以提高劳动生产率,促进教育投资的实现,促进对物质资本、自然资源的利用与开发,提高技术的发明与应用,进而促进经济发展。事实上,良好的公众健康是整个社会经济长远发展的关键性投入。2000年,哈佛大学约翰·盖洛普和杰弗里·萨克斯发表文章论证说,在疟疾流行的国家,如撒哈拉以南的非洲,健康条件的改善将会使其人均收入的增长每年提高大约1.3个百分点。[2]

---

[1] Strauss, J., Thomas, D. Health, Wealth and Wages of Men and Women in Urban Brazil. *Journal of Econometrics*, 1997, 77: pp.159—186.

[2] 常金良:《健康与经济发展之关系浅析》,《中国科技信息》2006年第3期。

4. 健康素质的提高有利于宏观经济增长

经济学者认为以教育和健康形式存在的人力资本同物质资本一样，是耐用的、持久的，可以积累的（Lucas，1986）[①]。由此很多研究将人力资本合并到经济增长的宏观经济学模型中，从而评价人力资本中健康资本对整个经济增长的影响。而对于人力资本，应该包括教育和健康的测量。由于缺少长时间和不同国家的详细的数据和全面的测量方法，这些研究中健康人力资本的测量方法不一，很多研究利用预期寿命或死亡率（出生预期寿命、婴儿死亡率、成人生存率）来表达，国内外学者的研究表明期望寿命弹性系数在 0.04 左右，即期望寿命每增加 1 年，GDP 增加 4%。[②] 表6—9列举了这些研究的情况，包括了健康影响的弹性系数和百分比。

表6—9　　健康对宏观经济增长贡献的研究（包括健康的测度）

研究者	GDP的测量	健康的测量	国家和时间跨度	弹性系数
Barro, Salai Martin (1995)	人均GDP增长率	出生期望寿命的对数	134个国家（发展中和发达国家），1965—1985年	0.046—0.082 期望寿命1个标准差的增长（13年），增加人均GDP增长率1.4%
Knowles, Owen (1995)	工作年龄段人口人均GDP的对数	期望寿命的对数（80岁以下的出生期望寿命）	84个国家，其中62个发展中国家、22个高收入国家，1960—1985年	对发展中国家来说，期望寿命每提高1年，GDP增加3.82%；对高收入国家，期望寿命每提高1年，GDP增加0.3%

---

① Lucas, R. E. On the Mechanics of Economic Development. *Journal of Monetary Economics*, 1986, 22: pp. 3—42.

② 李鲁、于东子：《健康人力资本与个人收入经济发展的关系》，《中华医院管理杂志》2006年第2期。

续表

研究者	GDP的测量	健康的测量	国家和时间跨度	弹性系数
Rivera, Currais (1999)	每名工人GDP的对数	卫生费用占GDP比例的对数	24个OECD国家，1960—1990年	0.21—0.22，卫生费用每增长1%，每名工人GDP将增加2.1%—2.2%
Bhargava等 (2001)	人均GDP增长率的对数	成人生存率的对数	125个低收入国家的发展指标，1965—1990年	对低收入的国家，ASR 1%的改变与GDP增长率增加0.05%相关
Bloom, Sevilla (2001)	GDP增长率的对数	出生期望寿命对数	未提供	0.04，期望寿命每提高1年，GDP增加4%
Rivera, Currais (2004)	每名工人GDP增长率的对数	卫生费用占GDP比例的对数	西班牙17个地区（1973—1993年）	0.16，卫生投入每增长1%，会使人均GDP增长0.16%
耿爱生，李鲁 (2004)	人均GDP的对数	出生期望寿命的对数	浙江省（1990—2000年）	0.043，期望寿命每提高1年，GDP增加4.3%
谭永生（2005）	GDP的对数	卫生费用的对数	中国	0.78，卫生投入每增长1%，将带来GDP增长0.78%

资料来源：李鲁、于东子：《健康人力资本与个人收入经济发展的关系》，《中华医院管理杂志》2006年第2期。

大卫·E.布卢姆等人在亚洲发展银行的一项研究中，分析了在20世纪60年代和90年代东南亚经济迅猛发展中死亡率和生育率急剧下降的重要作用。20世纪40年代末,亚洲的婴儿死亡率和儿童死亡率大幅下降,而预期寿命迅速提高。20多年后,基于死亡率的下降,生育率也随之下降;其结果是人口比以往任何时期的健康状况都好,并且人口激增。布卢姆等人推测这种人口统计学上的改变使得东南亚在1965年到1990年间每年经济增长加快了0.5%—1.3%。[1]

三 农村劳动力健康素质与中国农村经济增长

(一) 中国农村劳动力健康现状

中国医疗费用增长远远高于农民人均收入增长(见表6—10)。有数据显示,从1990—1999年,农民平均收入由686.31元增加到2210.34元,增长了2.2倍;同期卫生部门统计的每人次平均门诊费用和住院费用,分别由10.90元和473.30元增加到79元和2891.10元,分别增长了6.2倍和5.1倍。医疗费用的增长幅度是农民收入增长幅度的2.5倍左右,也即在医疗费用的攀升幅度是农民收入增长幅度的2.5倍左右的情况下,医疗费用的支出远远超出了农民个人和家庭的经济承受能力。[2]

表6—10　　　中国医疗费用增长与农民人均收入比较　　　单位:元、%

	1990	1995	1999	1990—1999年平均增幅
农民人均纯收入	686.31	1577.74	2210.34	13.80
平均每一人次门诊医疗费	10.90	29.60	79	24.53
平均每一出院者住院医疗费	473.30	1273	2891.10	22.25

资料来源:《中国统计摘要(2000)》,第89页;《中国卫生年鉴(1996)》,第408页。

据世界卫生组织统计,西太平洋地区每千人口卫生人员5.8人,卫生

---

[1] Deolalikar, A. Nutrition and Labor Productivity in Agriculture: Estimates for Rural South India. *Review of Economics and Statistics*, 1998, 70: pp.406—413.
[2] 朱勋克:《新型农村合作医疗制度与农民生命健康权保障》,http://www.lunwentianxia.com, 2007-11-22。

人力资源危机最为严峻的非洲地区每千人也占了2.3人。据统计，2005年底，中国市县每千人口卫生技术人员分别占4.96人和2.16人。从人力资源数量上看，2005年底，全国1633个县、3.55万个乡镇共有卫生技术人员87.1万人。在全国61.5万个行政村设立的村卫生室中，执业（助理）医师10.4万人、乡村医生86.4万人、卫生员5.3万人。每千农业人口乡村医生和卫生员仅占1.05人。从人力资源学历水平上看，2003年底，全国乡镇卫生院卫生技术人员中，大学本科学历的占1.6%，大专学历的占17.1%，中专学历的占59.5%，高中以下学历的占21.8%。2005年，中国高中等院校医学专业毕业人数已达53.4万人，但该年卫生技术人员比过去只增加了6.73万人，县以下卫生技术人员不仅没有增加反而还减少了1509人。这就意味着，无论在整体数量、人员素质以及城乡分布差异上，农村卫生人力资源状况令人担忧。①

2005年底，湖北省劳动和社会保障厅开展了一次为农民工免费体检的爱心活动，结果发现40%左右的农民工带病上岗。②

（二）农村劳动力健康素质对中国农村经济增长的影响

1. 农村劳动力健康素质与其收入水平呈现正相关关系

营养、健康与劳动生产率之间的关系不是一种单向的因果关系，而是一种复杂的相互影响关系。营养和健康会影响到劳动生产率或者说收入，收入又会反过来影响到营养和健康。目前，中国农村人均卡路里拥有量约为2267千卡左右。有学者测算（张车伟，2003），在中国农村，营养的改善会大大有助于农民收入的增加。认为卡路里对产出的影响展现了一种边际影响趋近于零的"非线性"关系，其边际影响为零的转折点约在家庭人均卡路里拥有量为3128千卡的水平。也就是说，在家庭人均卡路里拥有量达到3128千卡之前，人均卡路里拥有量的增加会带来收入的增加，而当家庭人均卡路里拥有量超过3128千卡后，卡路里增加对收入不再产生影响甚至带来收入水平的下降。总的来看，卡路里拥有量每增加1000千卡，家庭种植业收入将会增加1051元，卡路里拥有量每增加1%，种植

---

① 阎洪臣：《开发卫生人力资源　提高农民健康水平》，新华网，2007年3月11日。
② 《农民工健康调查：40%左右的农民工带病上岗》，《半月谈》2006年第3期。

业收入会相应增加0.57%。在达到边际影响为零的转折点之前，卡路里拥有量每增加1000千卡，家庭种植业产值将增加到1534元，这时卡路里拥有量的产出弹性为0.68，即卡路里拥有量每增加1%，种植业收入会相应增加0.68%。而家庭劳动力因病无法工作时间每增加一个月，种植业收入将减少2300元。[1]

魏众[2]利用1993年中国营养调查数据，首次尝试探讨了中国农村地区健康对非农就业及其工资决定的影响，并试图从微观层面揭示中国农村地区健康与收入之间的关系。研究发现，健康对农村劳动力参与非农就业具有显著的作用，健康的身体倾向于容易获得非农就业机会，而非农收入有助于提高农民的收入水平和经济生活水平。因此，提高农村劳动力健康素质对于农民获得非农就业机会具有重要的作用，有利于缩小城乡二元经济之间的差距。

反过来，农民工受文化素质、技能水平限制，往往集中在建筑业、危险化工、矿山采掘、筑路、加工业中的熟练工种及服装饮食等行业，从事的多是苦、脏、累、险、差，高温高空、井下矿山、有毒有害工种岗位，而且多是超时、低报酬劳动，许多行业缺少必要的安全卫生保护。这些工作的特点，直接造成了他们身体的过度消耗和伤害，收入减少。据不完全统计，截至2006年底，中国内地累计报告职业病676562例。其中尘肺病累计发病616442例，死亡146195例。仅尘肺病一项，近十五年平均每年新发病人就有近一万例。统计显示：1991—2006全国累计发生中毒38412例，其他职业病21708例。中国职业病危害分布行业广，从煤炭、冶金、化工、建筑等传统工业，到汽车制造、医药、计算机、生物工程等新兴产业都不同程度存在职业病危害。中国规定的职业病涉及粉尘、急慢性化学中毒、职业肿瘤、职业传染病等十大类115种，工业生产中常见职业病危害因素达133种。中国有近二亿农业劳动力，其中相当部分人从事有毒害作业。由于劳动关系不固定，农民工流动性大，接触职业病危害的情况十分复杂，其健康影响难以准确估

---

[1] 张车伟：《营养、健康与效率——来自中国贫困农村的证据》，《经济研究》2003年第1期。

[2] 魏众：《健康对非农就业及其工资决定的影响》，《经济研究》2004年第2期。

计；农民工家庭因职业病致贫、返贫的现象在一些地区大量存在。①

2. 农村劳动力健康素质与生活水平呈现正相关关系

农民因病致贫、因病返贫问题突出。在当今中国农村,农民戏称的"治病三部曲"是——看不起病,吃不起药,住不起院。农村2900万特殊困难人员中,因病致贫的比例达到50%多。有农谚称"脱贫三五年,一病回从前"。贫困农户在大病冲击以后,要花将近8年的时间才能恢复到大病前的消费水平;要花近10年的时间才能恢复大病前的生产经营投入水平,对收入的影响也是长远的。大病的患病率呈现逐年上升的趋势。从1987年的1.18%上升到2002年的2.84%。此外,因贫致病现象也十分严重。得了大病后,有的人借钱看病,有的人因治病倾家荡产,也有人因治疗费用太高而等死。因病致贫、因病返贫的事例屡屡出现。许多地方农民的健康状况受到影响,原来已被消灭或被控制的地方病、传染病再度出现甚至流行,严重影响了农村经济的发展。世界卫生组织指出,在一个家庭中,如果医疗费支出占家庭总收入的比例超过40%,就是灾难性卫生支出。根据上海复旦大学医学院郝模先生所做的抽样调查:中国农村经济水平较高的地区贫困户中有49.3%是因病致贫或因病返贫的,在经济水平中等和较低的地区贫困户中这一比例分别是20.7%和21.2%。有关部门对经济条件相对较好的湖北、江苏、广东三省农户典型调查结果显示:因病致贫或因病返贫的贫困户占贫困户比例为30%。2000年中国农村户数为24194万户,户均为4.20人,贫困户比例约为3.86%,由此推算:24194万人×3.86%×30%×4.20人=1176.70万人,这意味着每年大约有1176.70万农村人口因病致贫或因病返贫。而"八七"扶贫攻坚计划也只能使1000万农村贫困人口脱贫。据有关调查资料显示中国农民因病致贫、因病返贫的比例已高达40.0%—60.0%。②

中国社会科学院发布的《2007农村经济绿皮书》指出,农民工的生活质量仅相当于城镇居民平均水平的53.2%,其平均月收入为城镇居民

---

① 曾利明:《中国职业病危害形势严峻 对农民工健康影响大》,中国新闻网。
② 张德元:《中国农村医疗卫生事业发展历程回顾与分析》,《湖南科技学院学报》2005年第9期。

平均收入的56%。根据2006年城市农民工的抽样调查数据分析,2006年中国平均的农民工生活质量指数为0.532,表明农民工生活质量的全国总体水平仅相当于城镇居民平均水平的53.2%。[1]

---

[1] 唐良华:《农民工平均收入为城市居民一半》,《重庆晚报》2007年4月25日。

第七章

提高中国农村劳动力素质的路径选择

从前面的分析可知，农村劳动力素质高低与对中国农村经济发展呈现明显的正相关关系。因此，如何通过提高农村劳动力素质高低促进中国农村经济快速发展成为分析的关键之所在。我们知道，农村劳动力素质表现为中国农村劳动力文化素质、技术素质、身体素质等方面，因而，提高农村劳动力素质必然要从农村劳动力素质养成基本条件——农村普通教育、职业技术教育、营养、医疗卫生健康状况等基本纬度入手，探索通过提高中国农村劳动力素质促进中国农村经济发展的路径。

第一节 提高中国农村劳动力受教育水平

一 进一步加强中国农村义务教育

（一）中国农村义务教育存在的问题

1. 学生辍学较多，读书无用论出现回潮

一方面受传统愚昧思想的影响认为读书无用而排斥教育，一些贫困地区地理位置偏远，与外界社会联系甚少，世代相传的生活方式和风俗习惯依然盛行。不少人思想观念陈腐，认为孩子在家劳动是天经地义之事，而送孩子（尤其是女孩）上学是一大损失；另一方面又受市场经济的影响，在大学生就业整体不乐观的大背景下，那些背负着很大债务学习的农村孩子，一旦毕业无法就业，相对而言对于他们较高的教育风险投资就得不到回报，而农村义务教育的出口又被堵死或者不畅，即升入高一级学校的出口有限和职业教育极不发达，导致学了知识在农村基本没有什么用处，使得农村"读书无用论"重新回潮，尤其是那些家庭比较困难而成绩又不好的孩子，受家庭财力的制约，对教育的需求也很微弱，很多小学都没有毕业。

2. 师资力量薄弱，教师待遇差，教育质量无法得到保障

由于农村老师的工资普遍比较低，一般大学毕业生都不愿意到农村去教书，所以农村中小学的教师整体素质比较低，但是同时人事制度和管理制度又严重制约着师资力量的调整。一方面主要的骨干教师大量流失，尽量往城里调；另一方面，学校宁愿增加代课教师，因为一名公办教师的工资相当于五六名代课教师的报酬。在农村很多学校，没有体音美教师，老师往往是全才全职，什么课程都教，如此可想其教学质量。

3. 义务教育课程设置的滞后性

从目前中国的实际情况来看，农村主要还是在追求"应试教育"，片面追求升学率阻碍着课程改革。同时，课程改革总是受到具有守旧思想的教师、学校和家长的强烈反对，因此改革总是迟缓的。长期以来，农村教育"克隆"城市普通教育的模式，即除了不断升入高一级的学校外，再没有其他的功能。农村与城市采取相同的教材、教法、进度，这与农村的实际情况相距甚远，由于在学校硬件、师资水平和资讯等方面的天然劣势，根本不可能都去上大学。绝大多数的农村学生，只能成为极少数尖子生的陪衬，成为这种教育体制和目标的牺牲品。他们中的大多数，苦读八年（小学五年，初中三年）只能回乡务农，因为缺乏生活技能，进城打工没门，搞二三产业无路，只好在家里闲着，面临"升学无望、就业无门、致富无术"的尴尬处境，农民感受不到教育的经济效益。但是同时，乡镇企业面临缺乏大量的初中级技术人员、经营管理人员和有一定技术基础的工人的尴尬局面。

4. 农村教育投入不足

从20世纪80年代开始，中国实行基础教育地方负责的分级管理体制，农村义务教育的投入实际上是由乡级财政和农民共同负担。1999年农村实行税费改革，停止征收农村教育费附加和教育集资，但政府投入远

远不能满足农村教育的需要,农村教育经费十分紧张。2002年,中国实行了"在国务院领导下,由地方政府负责,'分级管理,以县为主'"的农村教育管理体制,将义务教育的投入责任提到了财力较强的县级财政,缓解了农村教育投入严重不足的境况,但是以县为主的体制仍难解决农村教育经费历史欠账和投入短缺问题。

(1) 农村教育投资主体的重心偏低。在中国财力分配格局中,中央和省级政府掌握了主要财力,却很少承担农村教育经费的责任;县级财力薄弱却承担了大部分农村教育经费,维持目前教育支出十分困难。

(2) 农村教育经费总量不足,国家教育投资偏低。国家财政性教育经费占GDP的比重偏低,2003年全国财政性教育经费占GDP的3.128%,既低于《全国教育改革与发展纲要》规定的4%,又低于世界平均水平的5.17%。

(3) 农村教育财政资源分布不均衡,城乡间不均衡明显。

(二) 世界各国义务教育的投资体制

依据不同的政府投资主体,各国义务教育的投资体制主要可以划分为三种模式:集中模式、相对集中模式和分散模式。

1. 集中模式

指一国政府义务教育公共经费的投资主体是中央或联邦一级的最高行政当局,法国、泰国、韩国、埃及、意大利、荷兰、葡萄牙、芬兰、爱尔兰、新西兰、希腊、捷克、匈牙利、土耳其等国属于这一模式。在上述各国,在各级政府对以义务教育作为主体的初等和中等教育的投资中,中央或联邦政府的投资比重,在政府之间财政转移支付前均在53%以上。在某些典型国家,如葡萄牙、新西兰和土耳其,中央投资达到100%。

2. 相对集中模式

指一国政府义务教育公共经费的投资主体是省、邦、州、都道府县等高层次地方当局,属于这一模式的国家有美国、德国、印度、瑞士、日本、加拿大、奥地利、比利时、西班牙、澳大利亚等国。在这些国家,高层次地方政府的投资占各级政府初等和中等教育公共投资的比重高于中央和基层地方政府投资的比重,一般均在40%以上。在某些国家,如比利时占到90%以上，德国为76%。①

3. 分散模式

指一国政府义务教育公共经费的投资主体是市镇、县乡、学区、市町村及其以下基层地方政府，中国、英国、丹麦、挪威等国属于该模式。在这些国家，基层地方政府义务教育投资占各级政府公共投资比重超过了50%，成为义务教育投资的主体。在一些典型国家，如英国占92.5%②。

在西方，虽然各国财政体制差异很大，但是大部分国家在义务教育公共投资体制上选择了集中模式或相对集中模式，投资主体或是中央政府，或是高层地方政府。完全采取以基层地方政府作为投资主体的分散模式的国家为数较少。根据经济合作组织1994年对世界24个国家的统计，采取集中模式、相对集中模式和分散模式的国家分别为12个、9个和3个。③

(三) 中国农村义务教育发展的路径选择

1. 切实把农村义务教育摆在优先发展的战略地位

（1）加大宣传力度。认真宣传《中华人民共和国义务教育法》，强化各级教育行政部门的执法主体地位。依法健全和完善义务教育入学通知书制度。每年开学前，地方政府必须向其辖区内的适龄儿童发放入学通知书，督促其监护人带领儿童按时到校报到入学，把好入学关，从源头上防止儿童辍学。在九年义务教育阶段，小学毕业升入初中应依法取消升学考试，让小学生上中学完全实现"直通车"。

（2）强化执法主体地位。预防辍学率的上升要依法健全和完善学生辍学报告制度。每学期，教育行政主管部门及相关部门要做好辍学情况统计，统计工作要真实、客观。一经发现在校生辍学，立即发出复学通知书，责令其复学。对16周岁内辍学而拒不复学的学生，可依据《义务教育法》的规定，对其监护人采取行政措施，或依据《义务教育法》规定向人民法院申请强制执行。

---

① 高如峰：《义务教育投资的国际比较与政策建议》，《教育研究》2001年第5期。
② 同上。
③ 赵丽霞、武在争：《农村义务教育投入的国际比较及启示》，《天津市教科院学报》2005年第2期。

2. 深化农村教育改革

深化农村教育改革应该从以下几方面入手：

（1）推进教学改革。农村中小学在实现国家规定的基础教育基本要求时，要紧密联系农村实际，突出农村特色。职业教育以就业为导向，成人教育以农民技能培训为重点，两者都要实行多样、灵活、开放的办学模式和培训方式，切实培养能真正服务于农村的各类人才，促进农业增效、农民增收，推动农村富余劳动力向第二、三产业转移。要充分利用现代远程教育手段，促进城乡优质教育资源共享。

（2）推进办学体制改革。在中国广大农村，教育资源不足同农民群众教育需求日益增长的矛盾越来越突出，并将长期存在。各级政府要加大投入，积极发展公办教育，同时要鼓励和吸引社会力量参与农村办学。办好农村义务教育，是各级政府义不容辞的责任；农村高中阶段教育和幼儿教育，以政府投入为主、多渠道筹措资金，努力形成公办学校和民办学校共同发展的多元办学格局。

（3）推进农村中小学人事制度改革。办好农村学校，关键是要有好校长、好教师。要采取有效政策措施，吸引优秀人才到西部任教，鼓励城镇教师到乡村任教，通过定向招生等方式培养乡村教师，切实解决"老少边穷"地区乡村学校缺少合格教师以及骨干教师不稳定的问题。

（4）推进"农科教结合"和"三教统筹"的综合改革。要进一步建立和完善农业、科技、教育等部门的合作机制，有效统筹基础教育、职业教育和成人教育的资源，构建相互沟通、协调发展的农村教育培训网络和科技推广网络。

3. 构建中国公共财政体制下的农村教育财政体制

（1）建立统一、均衡的农村教育财政制度

义务教育属于全体适龄儿童少年有权享受的最基本的公共服务。因此，农村义务教育应当充分体现平等性、全民性、普及性，逐步达到质量上和教学内容上的平等。农村高中阶段教育也应从制度上规定并引导其均衡发展，逐步实现农村高中教育资源配置的均衡化。

（2）中央财政和省级财政应是农村教育的投资主体

以中央和省级政府作为农村教育政府投资的主体，是世界许多国家的通行做法。中国农村义务教育是纯公共产品，应该主要由中央财政提供；

农村高中教育和农村职业中学教育是准公共产品，中央财政也应负责提供部分资金。在全国范围内实施完全免费的农村义务教育，农村义务教育教师工资应全部由中央财政负责，农村义务教育的基建经费由省级财政负责，公用经费由县级财政负责。农村高中教师工资应由中央财政、省级财政、县级财政共同负责。校舍建设、教学设施和设备维修应由省级财政和县级财政共同负责。高中阶段所收学杂费应主要用于公用经费。应随着经济发展和各级政府财力的不断增加，逐步降低高中阶段学杂费，并最终实行完全免费的高中教育。中国政府从 2006 年开始免除农村义务教育阶段学生学杂费，对贫困家庭学生免费提供教科书并补助寄宿生生活费，已经开始收到成效。

（3）制定农村教育最低保障线

保证政府向所有适龄儿童和少年提供满足一定质量的、基本的、相对均衡的义务教育，制定全国义务教育最低保障线（或基本办学条件）。其内容应包括：义务教育教职工编制标准以及工资标准；义务教育学校基本建设标准（场地、校舍、建筑物、教学仪器设备、图书资料等具体标准）；根据农村中小学公用经费支出的合理需要，提高农村义务教育阶段中小学公用经费基本标准，保持学校正常运转的公用经费标准。农村义务教育最低保障线应根据经济和社会发展情况及时调整。

（4）完善农村教育的财政转移支付制度

根据《中华人民共和国义务教育法》要求将义务教育经费全面纳入财政保障的范围，由国务院和各级人民政府给予保障，建立中央和省级政府对农村教育的财政转移支付制度，能从根本上解决县级政府义务教育财政困难和区域间义务教育财政不均衡问题。

二 中国农村高等教育的发展路径

据统计，2004 年在占中国劳动力七成左右的农村劳动力中，初中以下文化程度的劳动力比重高达 87.11%（其中文盲或半文盲劳动力占 7.15%，小学文化程度占 29.12%，初中文化程度占 50.14%），高中文化程度只占 10.10%，中专文化程度占 2.11%，大专以上文化程度仅占 0.18%。在 2004 年当年转移的农村劳动力中，大专文化程度以上的仅占

0.17%，经过专业培训的劳动力为 12.17%[①]。

有调查表明，城市家庭对子女接受教育的期望明显高于农村，50%以上的城市家庭希望子女获得硕士以上学位。在这种情况下，中国如果只在总体上考虑适龄青年接受高等教育的状况，势必会进一步加大城乡高等教育的差距。对此，中国政府应完善奖（贷）学金体系。除确保农村家庭子女不因家庭贫困无法接受普通高等教育或中途退学外，中央和地方政府要创造条件，面向农村特别要在农村发展高等教育，推动农村高等教育大众化，大力提高农村劳动力素质。为此，可以采取如下策略：

（一）舆论引导与制度保证

1. 舆论引导

（1）加大宣传力度，改变部分人心目中的中国农村高等教育是"空想"的观念，刺激和引导农村的高等教育需求，提高农村人口参与高等教育的自觉性和积极性。

（2）重视并发动各类高等教育机构开展为社会主义新农村建设服务的活动，千方百计提高农村高等教育质量，实行有效的教师培训政策，建立社会各界广泛参与的高等教育的机制。

2. 制度保证

（1）以法律的形式明确农村高等教育的培养目标和定位，要有特色、分层次、分类型、多样化进行办学，强化国家在农村高等教育发展中的政治义务。

（2）加强政府组织、非政府组织和国际机构以及社会各界在农村高等教育领域的合作。加强农村高等教育研究，开发多样化的教学内容和灵活的教育方式，使教学内容和受教育者的健康生活与收入的增加结合起来，推进农村高等教育信息化进程，提高其信息化水平，扩大农村高等教育的国际交流与合作，借鉴国际经验，促进农村高等教育发展。

（3）建立健全符合社会主义市场经济体制和政府公共财政体制的农村高等教育拨款和成本分担机制。由国家主体投资的，办学主体和管理部门

---

① 数据来源：中国统计数据库。

是县级地方政府；由有实力的企业集团等社会力量进行投资的，由其集团自主管理。拓宽农村高等教育的投资渠道，除了依靠政府的投入，还可根据当地实际情况实现农村高等教育办学主体多样化，在产权明晰的条件下，吸纳社会资本的投资性介入。

（4）完善农村高等教育的支撑体系。落实以"奖、贷、助、补、减"为主要内容的资助家庭困难学生的政策，加大助学贷款在农村高等教育中的投放力度，扩大资助范围。

（二）合理布局、结构调整

虽然中国高等教育早已实现了大众化，但是这种大众化仅仅是一个全国平均数，农村高等教育大众化水平很低，许多农村地区处于高等教育缺位状态。据统计，城市青年上大学的机会高出农村青年12倍。因此，各级政府要以科学发展观为指导，站在建设人力资源强国和城乡和谐发展的高度，改革我国集中在地级以上城市举办高等学校的发展战略和以省级政府为主的办学管理体制，进一步分权，对地级甚至县级政府赋予办学管理权。国家应允许并鼓励高校到县（市）办分校或设置独立学院。借鉴美国发展社区学院的经验，从制度管理和财政政策方面积极创造条件，允许并支持有条件的县级政府在本地创办高等学校。

1. 调整农村高等教育形式结构

统合农村高等教育各种办学形式，改变目前农村高等教育中普通高校、成人高校、广播电视大学、高等教育自学考试机构以及民办高校相互分离的状况。

2. 调整农村高等教育层次结构

根据农村经济与社会的发展以及农村产业结构调整对不同层次人才的需求，农村高等教育各个层次在不同时期要有所侧重，形成科学合理的人才培养层次。

3. 调整农村高等教育学科结构

对传统专业要适当进行整合和选择，鼓励与当地农村社会经济发展相适应的急需专业建设与发展；加强新兴学科和交叉学科的专业建设，以适应未来农村社会经济发展的需要；因地制宜地制定农村高等教育专业设置规范，使农村高等教育的专业建设及管理走上规范化道路。

4. 调整农村高等教育布局结构

中国高等教育机构过分集中于特大城市，而农村高等教育机构寥寥无几。因此，必须调整高等教育布局的地域格局。

（三）构建合理的农村高等教育体系

1. 构建多层次的农村高等教育办学体系

以农村普教、职教、成教"三教"统筹结合为基础，逐步建立具有学历教育、非学历教育、继续教育、职业技术培训等多种功能的，由地、县、镇、村四级网络构成的农村高等教育体系。

2. 构建多形式的农村高等教育办学结构体系

以农村实用技术培训为主，逐步建立满足学习者多方面、多层次需要的学习内容体系，致力于农村人口创业精神培养和全面素质提高；加强农村高等教育学习的实践环节，重视应用性、探究性、创造性和综合性的学习，注重各种学习途径和学习方式的结合；引进各类技术资格证书和其他职业资格证书制度。

3. 构建多部门的农村高等教育办学参与体系

农村高等教育应实行地方政府统筹，以教育行政部门为主，农、科、教等各相关部门共同参与管理，以便从政策法规、教育投入和师资培训等方面入手，建立推进农村高等教育发展的各类保障机制。

4. 突出以县级社区学院为中国农村高等教育发展的突破口

中国农村高等教育发展也可以借鉴美国大学的农业推广制度和建立乡村社区学院的经验，在实施农村基础教育、职业教育、高等教育、社区教育和成人教育"五教"统筹的基础上，给予政策、资金支持与倾斜，鼓励县（市）通过有效的方式，从本地经济发展与社会进步的实际需要出发，创办有地方特色的县级社区学院，发展农村高等教育。

（1）要充分发挥中国农村高等教育发展的政府主导功能，加大统筹力度，主要解决统筹规划、合理布局、制定政策、必要投入、资源整合等问题，形成与当地农村发展相适应的办学格局。

（2）建设以县为主，辐射乡、镇、村的县级社区学院网络。

（3）走联建之路。如政府与投资方联建，现有的各种农村高等教育形式整合联建，多个投资方联建，等等。

(4)采取多样化的办学模式。如"学院+基地(公司、专业产业协会)+农户"的办学模式,产、学、研一体化的办学模式,县、乡、村网络化办学模式,就业培训兼升学教育的办学模式,"三教"统筹的办学模式,等等。①

第二节 中国农村职业技术教育发展的路径选择

一 中国农村职业技术教育发展的制约

(一)文化因素的制约

1. 传统观念制约

轻视职业技术教育的思想意识源远流长,并且根深蒂固。商朝时把做工的工人称作"宰",意思是罪犯;《论语·子路》上也记载了学生樊迟问稼问圃,孔子很不耐烦,用"吾不如老农"和"吾不如老圃"两句话就把他打发走了。认为只要具有"礼"、"信"、"义"就可使众人听命,根本用不着从事耕种。孟子也说过类似的话:"劳心者食人,劳力者食于人。"②意思就是脑力劳动者依靠别人来养活他,体力劳动者被剥削。教育的经济价值荡然无存,教育不是为生产劳动服务,而是成了脱离生产劳动的工具。中国传统观念重视功名,"学而优则仕"的观念深入民心,绵延两千多年,要想短期内改变那是不可能的。农村青年有"跳农门"的思想是客观存在的,但是产生这种思想的观念绝非仅仅是"儒家思想的影响,重文化、鄙视技术的风气",而是有更深层次的原因。

2. 农民自身观念制约

由于传统观念的影响,社会上"重学轻工"、"重普轻职"的现象较为普遍,职教"不正规"、"没前途"是较普遍的社会认识,考分低、品行差、落榜生、失败者是对多数职校生的一种偏见。农民对子女接受教育,

---

① 《发展农村高等教育培育5.3亿高素质农村劳动力》,《中国教育报》2008年3月8日。
② 许慎:《说文解字》,中华书局1963年版,第32、54页。

一般希望子女通过普通教育升大学,毕业后留在城市。读普高、上重点、考名校,是家长、学生的努力方向和主要目标,升学率成为衡量初中、高中教育教学质量的主要标准。如升学无望就外出打工,对花钱让孩子到农业中学学习有关农学专业兴趣不高。同时,职业教育的发展与广大人民群众的愿望之间尚有较大的差距,农村职业教育的教育质量尚未得到广大人民群众的普遍理解与认可。由于就学、择业观念滞后,加之宣传引导不够,以及部分农民受"读书无用论"的影响,对依靠科学技术和劳动技能致富认识不足。

3. 社会对待农村职业教育的观念制约

一部分基层领导和教育界人士重视普通教育,轻视职业教育,他们片面地将发展高中阶段教育理解为发展普通高中教育,对切实办好农村职业技术教育,缺乏足够认识,甚至根本没有认识,对提高广大农村从业人员整体素质的必要性和紧迫感缺乏足够的认识,致使国家规定的发展职业教育的许多政策措施不能得到很好的贯彻落实。

(二) 制度因素的制约

1. 中国农村职业教育"农、科、教"三者缺乏统一规划

(1) 目前各级政府的教育、农业、科技等行政主管部门各有自己的教育网络,自成体系,在一定程度上相互交叉又互不兼容。即使在教育系统内部,仍然存在多头管理、条块分割的现象,教育缺乏统一规划和计划,教育培训项目和内容重复,教育资源不足而且利用率不高。

(2) 在目前的农村教育体系中,农村基础教育与职业教育在学前教育、小学教育、初中教育中没有区分,都是以普通教育为主。在整个基础教育阶段,农村教育都没有关注当地农村的经济和社会发展,因而基本上没有为促进当地经济和社会发展的农村职业教育。在农村成人教育方面,虽然有夜校、农民学校、成人技校等学校,但它们分属于不同的部门,基本上没有形成一个统一、有效的体系。

2. 教育投资政策的不当和教育投资渠道的选择不甚合理

发展农村职业技术教育有助于农民充分利用教育机会和提高收入方面获得更大平等,政府应当承担对农民提供受教育机会的责任。当国家提供的教育服务不能满足人们的需要时,让社会力量在一定程度上介入教育领

域是合乎国家、办学机构、受教育者三方面利益的。职业教育由于有着较强的经济效益指向，其公共性程度要更低一些。因此，农民职业教育是一项"准公共事业"，教育费用应当由政府和农民双方承担，但应明确政府是教育费用的主要承担者。目前，中国农民职业教育基本上仍属由国家投资的纯公共物品，这势必导致两个不利后果：

（1）农民职业教育办学形式单一且投入不足，提供的教育服务十分有限。中国是有着九亿农民群体的农业大国，供给与需求之间的差距过大。尽管国家在《职业教育法》中明确提出鼓励社会力量办学，但缺乏具体的办法保证社会力量利益的实现。

（2）国家对农民职业教育的投资渠道不合理。国家财政支农资金的投放基本上走的是部门渠道，这种资金流向部门内消耗过大，农民职业教育经费到达办学单位时已显不足。再加上办学单位的提取，经费真正用于农民的所剩无几。

3. 当地政府部门和教育部门投资的"重普轻职"、"重城轻乡"政策的影响

（1）中国职业技术教育的发展历史短，而基础教育的发展历史自古延续至今，已经有几千年的历史。中国历来由于人口基础比较大，所以中国的教育规模属于"大教育"。在教育策划中，将基础教育视为"重中之重"，予以依法普及，但是职业技术教育的发展则并未受到重视，相关部门的陈旧观念仍旧未能改变。

（2）当地政府和教育部门受城乡二元制结构的体制影响，他们的投资重点放在城里的重点高中和职业学校，而对农村的基础教育和职业学校重视不够，造成城乡办学条件师资状况的差距逐渐拉大。

（三）经济因素的制约

1. 职业教育与直接就业上的成本收益差异

职业教育的成本问题是影响农村职业教育发展的重要因素，它直接影响着个体对职业教育的选择。这些成本包括直接成本、间接成本，直接成本包括学费、学杂费、书本等学习用品费、交通费、额外吃穿住等费用，研究表明，个体接受职业教育需要付出的直接成本高低不是影响个体是否选择职业教育的关键因素。当然，这并不排除对一些贫困家庭的子女接受

职业教育的影响。对于农村子女来说，随着年龄的增长，其上学的成本也会提高，所以很多农村子女读完初中就选择了就业。

2. "在农"就业与"离农"就业上的成本收益差异

由于历史的原因和当前某些农村政策的不合理，农产品的技术含量低，农产品价格上涨幅度低于农业生产资料价格上涨幅度，农业的比较效益下降，农民往往是增产不增收。"农民穷，农村苦，农业落后"的状况是一个不能回避的现实。农村经济落后，就业环境差，以及农民与城镇居民收入差距的日益拉大，"在农"就业与"离农"就业上的成本收益差异日益扩大，不可避免地催发了农民的"离农"倾向。要想改变贫困现状，只有离开农村，不搞农业，不当农民，通过其他相关的专业和课程的学习，获得以后在城镇生活所需要的技术技能，把"家"搬到城里从事比较赚钱的与第二、第三产业有关的职业。

（四）中国农村职业技术教育自身发展的制约

1. 农村职业技术教育办学条件的制约

（1）目前，农村职业教育的师资大多数是从学校走向学校，缺乏专业实践经历。由于涉及单位性质、编制等问题，学校急需的人才无法引进，一些不能适应职业教育工作的又分流不出去，职业教育师资培养、培训、录用、选拔完全沿用普通教育的政策，造成专业师资不足，质量不高，"双师型"教师严重缺乏，影响了教学质量和教学效果。

（2）农村职业技术学校办学形式单一，教学内容方法陈旧，缺乏适合的统一的课程、教材，与经济发展和劳动力市场需求脱节，影响了职业教育的声誉和社会认可度。

（3）管理机制不健全。政出多门，分散式培训，部门之间协作不畅，农业部门、教育部门、社会力量等培训机构相互沟通不够，各种教育资源不能有效发挥作用，造成很大的资源浪费。

（4）经费筹措渠道不宽，办学条件相对滞后。多年来，财政对农村职业教育投入不足，虽然近年来国家加大对农村职业教育的投入力度，但仍然难以满足需要。有限的县级财政对教育的投入主要用于义务教育阶段，个体和企业应承担的办学经费没有按时足额到位，由于经费拮据，学校教育设备老化，办学条件得不到改善，制约了农村职业教育的发展和办学水平的提高。

2. 缺乏实用性的技术培训

农民技术培训有"三怕"——怕花钱、怕做无用功、怕上当受骗。目前，适合农民职业技能培训的培训资源不足。主要表现在：（1）培训时间、培训方式不符合农民的要求；（2）培训内容不符合农民的需要，过于理论化，培训内容和培训需求矛盾突出，培训与就业的联系还不够紧密，农民学无所用，培训质量差；（3）培训机构离农民居住地很远，农民外出培训很不方便；（4）培训师资薄弱，培训硬件条件差，一些培训学校的师资十分缺乏，尤其缺乏一些业务理论水平高、专业技术强的高级技工教师。一些培训学校的实验实习设备也大多是生产一线淘汰下来的旧次设备，根本不能满足当前培训工作的需要。有的农民宁愿跟着师傅白干一年也不愿意参加技能培训。

二 发达国家开展农民职业技术教育的主要经验及启示

（一）发达国家开展农民职业技术教育的主要经验

1. 重视初、中级农民技术教育

发达国家的初级农业技术教育，往往是以普通中小学内开设农业技术课程和对少年儿童进行农业知识普及教育的方式进行的，他们把这种教育称之为"培养未来农民"的教育。美国全国的普通中学中，约有3万多所开设了农业技术课程，参加该课程学习的中学生约50万人。中级农业教育以农业培训学校为主，是有固定地点的集中教学机构。

发达国家农业劳动者的素质普遍较高。日本农业人口中，80%的青年农民都具有高中文化程度；农业行政人员基本都具有大学文化水平。德国35岁以下的农村劳动力中70%受过高等农业教育。[①]

2. 积极实行农民资格证书考试和鼓励政策

发达国家普遍实行农民资格考试制度。欧洲政府规定，十年左右的义

---

① 路艳娇：《发达国家开展农民技术教育的主要经验及借鉴》，《成人教育》2006年第3期。

务教育后，从事农业生产的农民，需要进行农业基础培训，一般需要两年以上。获得经营农业生产的基本知识和技术、考试合格得到"绿色证书"或农民资格证书、农业证书等，才有资格当农民。在发达国家，想当农业工人也要经过徒工培训，考试注重技能测试，及格发给"技工"证书，证明有从事农业工作的能力，技术熟练程度合格。为了鼓励农民参加技术学习和培训，发达国家采取一定的奖励政策。英国对参加培训的农民，每周发给25英镑的补贴。法国政府对农民培训的拨款，相当于对高等农业教育的拨款数额。对于取得证书的农民，欧洲政府规定，可享受低息贷款，减免税收等优惠政策。

3. 成立农民团体组织，发挥农民互助合作和群体优势

发达国家政府积极倡导并支持农民成立民间团体组织，如美国的"4H"俱乐部（头脑聪明、心善、手巧、健康，4个词语英文字头都是"H"）、"美国未来农民协会"；德国、英国的"农村青年协会"，以及其他各国的"农民协会"、"农民专业技术学会"等。这些团体组织对农民传授农业生产技术和经营管理知识，鼓励农民参加互助合作活动，组织农业技术讨论、农业科技服务和各种技能竞赛，组织会员到农场、牧场和与农业有关的商业机构参观考察，组织农民开展国际交流活动，到国外旅行，实地体验异国农民的生活和学习经营农场的经验等。这对于提高农民素质和专业技能，改善农村生活环境，培养农民热爱农村、当好农民、合作共事等精神风尚是卓有成效的。

4. 建立健全的农业科技推广服务体系，促进了农业科技成果的转化

发达国家依靠科技和教育振兴农业的成功经验还在于拥有健全的农业科技推广服务体系。最新的农业科研成果能以最快速度传播到农民手中，并在生产中得到应用，农业技术推广普及效率之高是显而易见的。荷兰全国各地有39个农技推广站，每站有工作人员25—30个，他们都是农业技术的专家，对农业科研新成果相当熟悉。农技推广方式有两种：一是把同类问题的农民召集起来办短训班；二是接受咨询和登门指导。荷兰农民能够及时掌握某一领域的新科研成果，全靠系统化的农技推广系统。丹麦的农业学校同分布在全国的农业实验站、农业科研机构建立密切联系，形成一个农业科研、教学和生产紧密结合的自上而下的网络体系，负责农业科技和管理咨询。美国州立农学院设推广处，负责对本州农业技术的推广服

务和经营指导，建立了以农学院为中心的农业试验、培训与技术推广体系。日本全国有农业改良普及所 600 余个，农业改良普及员 1 万余人，[①]通过举办讲习班、报告会、座谈会，组织现场参观、成果示范，举办展览会、评比会等活动推广最新农业技术，也通过家庭访问、巡回指导，为农民提供各种信息和咨询服务。

5. 设立实训农场，注重实践教学

日本为了提高农民的实践技能和经营管理水平，专门设置了"经营传习农场"，以生产实习为重点，农民通过实际生产经营体验和接受技术指导，获得独立经营能力。在荷兰全国统一建立了一个实践培训学校，大学生和农民都到这里来实习，实践学校有完善的设备和训练有素的教师，是商业化运作、科学管理的示范农场，通过实践教学，提高动手操作能力。

6. 发动社会各界支持，集资解决农民技术教育经费不足问题

英国是一个有集资办学历史传统的国家，在集资形式和方法上有丰富经验，主要有：号召城镇公民捐款；社会团体捐助；增收教育税；靠农民捐助办学场所；由大公司、大企业、大学承包办学经费；乡村百姓实物助学等等。一些国家和地区的私人企业或财团通过创办农民培训机构资助农民技术教育。

（二）发达国家开展农民职业技术教育的启示

1. 注重市场需要

在英国，随着社会上游艇拥有量的增加，贝克赛尔农学院就利用农机化专业优势开设了游艇修理专业，将原来的牛舍改成了游艇修理实验室。斯帕索特农学院则依据市场调研开办了家政常识、庭院花卉等培训班。在美国，佐治亚州布鲁克斯县的一所中学经过调查发现，由于当地缺少幼托机构，许多年轻的母亲不能出去工作，儿童又得不到应有的教养，于是开办了幼教师资培训班。

2. 突出实践教学

各国农村职业技术教育，都不仅仅满足于学生对有关知识的了解与掌

---

① 路艳娇：《发达国家开展农民技术教育的主要经验及借鉴》，《成人教育》2006 年第 3 期。

握,而更重视通过实践教学培养学生的各种职业能力和职业情感。在具体做法上,(1)注意教学内容的实践性,如美国农业职业教育课程除教师活动外,还包括指导学生家庭农场作业计划、农场机具活动、参观学习和参与美国未来农民会等实际操作训练或实践活动;(2)强调教学方式的实践性,如英国农村职业技术学校学生入学后多半实行"一年学院全日制,一年农场实践,一年学院全日制"的"三明治"式分段教学,保证了足够的实践时间;(3)坚持教学手段的实践性,如荷兰一些农村职业技术学校就建有"实际操作及授课大厅",围绕不同的专题安排先进的仪器设备,像"温室大厅"就陈列着温室的铝合金框架、灌水系统、遮光系统、通风调温系统与电子计算机系统等。

3. 重视师资管理

(1)严格录用标准。英国农村职校聘用教师的基本条件是:看学历、看经历、看技能,突出强调教师实践技能,被聘用者一般要有六个月的试用期。美国对农科教师的要求也比较高,既要有实际农场经验和很强的动手能力,也要受过专门的农业专业训练,懂得教育理论和方法,具有相应的教学能力,特别是自拟课程、自编教材和实际操作指导的能力。

(2)建立进修制度。要求教师定期或不定期参加专业或教育知识与技能培训。

(3)加强业绩考核。考核的方式主要是教师自评、同事互评、学生参评和领导测评,考核的内容主要包括工作态度、工作能力、工作业绩等。

4. 改进教学手段

美国密西西比州花费了大量教育经费以发展农村职教电视教育网络。在他们看来,电视教育是农业州最值得花费的有益的技术投资。近年来,微型电子计算机的使用,又受到了美国农村学校教师和学生的欢迎。

5. 开展职业指导

为加强学校与社会、与用人单位的联系,增进学校的竞争实力,提高育人质量,各国将职业指导也列为农村职教的重要组成部分。包括借助测评、谈话等手段了解学生的个性、能力、兴趣特点;介绍和宣传同学生所选择职业有关的经验知识;指导学生树立合理的劳动观、职业观、人生观;培养学生较强的职业选择、职业应变、职业创造能力;协助学生找到理想、合适的工作岗位等。①

三 发展中国农村职业教育的路径选择

（一）加强宣传和引导

1. 加强舆论宣传

大力宣传《中华人民共和国职业教育法》、国务院《关于大力发展职业教育的决定》，通过多种途径、各种媒体大力宣传农村职业教育，使各级政府的相关部门充分认识到农村职业教育与基础教育同样重要，都是农村教育体系的重要组成部分，是促进农村经济和社会可持续发展、提高农村劳动者素质的必然要求的观念，促进社会观念的转变，提高对农村职业教育改革与发展重要性的认识。

2. 加强引导

应以党和国家的政策法规为依据，加大对部门和行业组织的协调力度，明确部门、行业组织的职责，建立严格的考核机制，形成各部门、各行业密切配合、齐心合力关心支持农村职业教育的良好格局。

3. 鼓励学生报考农村职业技术学校

针对农业产业相对效益低，农场工作条件苦，一些学生不愿填报农村职业技术学校的实际，不少国家纷纷制定相应政策，以调动学生选报农村职业技术学校的积极性。

（二）理顺管理体制，加大统筹力度

1. 统筹规划

把职业教育纳入当地经济和社会发展的总体规划及政府工作重要议事日程，健全领导体系，落实责任制，建立领导在职业学校兼职制度。要统筹研究发展规划、学校布局、招生办法、毕业生安排原则、经费筹措渠道、统一安排培训人员和培训内容，从而真正避免政出多门、资源分散、互相掣肘的不良现象，形成综合优势和整体合力。定期对企业、乡镇、村

---

① 邓宏宝：《国外发展农村职业技术教育的主要经验》（摘选），《外国教育研究》1999年第1期。

庄和农户的文化科技状况进行调查研究，及时调整工作思路，逐步建立和完善种类齐全，初、中、高级相配套，稳定与急需相统一的专业体系。

2. 政策导向

职业教育要健康发展，必须以相应的政策为导向。为了引导和推动职业教育的发展，应全面深入地推进"绿色证书"制度的实施，今后农民凡承包和经营土地、林场、滩涂、矿山等必须具备相应资格、凭证书从事生产经营。为了建立稳定的职教经费投入机制，应制定统一筹集职业教育经费的措施，开通必要的经费渠道，如增加国拨经费，将职教经费纳入征收农村教育费附加，在全民及集体企事业单位统一筹集等。为了提高职业学校在经济建设中的地位，可探讨将职业高中或中专定为县市级人才培训基地、经科教结合示范园，各类专业人才培训计划须经其论证，科教方面的人力、物力、财力要优先支持。为了支持学校勤工俭学事业，要制定校办企业发展的优惠政策。为了增强职业学校吸引力，使毕业生学有所用，要对职业学校毕业生优先安排录用。

3. 经科教结合

经科教结合既是经济发展的必然要求，也是科教发展的根本出路。经科教结合发展职业教育的基本路子是大搞联合办学，即由联办单位进行人才预测，作招生计划，提供教学设备和实习基地，保证部分经费供应，由教育部门负责教育教学，既拓宽职业教育的办学路子，又满足联办单位对人才的需求。

（三）加大对农村职业技术教育的投入

政府应进一步加大对农村职业教育的投入，建立农村职业教育成本补偿机制，并对相关企业征收职业教育税。从经济角度讲，农村职业教育具有"准公共产品"的性质，除受教育者本人外，最大的受益者是社会和企业，按照"谁投入谁受益"的原则，应该实行学生受益、学生缴费，企业受益、企业出资，社会受益、政府投入的政策。

1. 中央及省级政府必须加大对农村职业教育的投入比例和力度。县级财政应设立职业教育专项资金，由教育行政部门统一管理使用。

2. 各级地方政府要安排专项经费用于资助农村贫困家庭子女就读农业职业技术学校。各中学要积极配合，动员因贫困而不愿继续升学的学生就读职业技术学校。对学习农学专业的学生实行由政府买单、免除其学杂费的政策，鼓励他们扎根农村，为农业经济发展作出贡献。

3. 实施金融支持策略。农业发展银行对农村职业教育的基础建设、购置教学设备和发展校办产业要提供政策性的低息贷款支持，向农村职业学校学生提供助学贷款。

4. 各级地方政府要对农村职业学校的实习基地经营收入给予减免税收的优惠政策。

5. 企业要认真落实国务院《关于大力发展职业教育的决定》中"一般企业按职工工资总额的1.5%足额提取教育培训费，从业人员技术要求高、培训重、经济效益较好的企业，可按2.5%提取"的规定，足额提取教育培训经费，主要用于企业职工的教育和培训。有条件的乡镇可依托中小学、农民文化技术学校，安排一定资金，开展职业教育和培训。

（四）坚持灵活多样的农村职业教育形式

一方面，农村职业技术教育需要致力于建立新型农民培训机制。实施新型农民科技培训工程，建议继续加大绿色证书培训力度，建设农民科技书屋，加强先进实用技术培训和农业科学知识普及，培养有文化、懂技术、会经营的新型农民，提高农民务农技能，促进科学种田。另一方面，扩大农村劳动力转移培训阳光工程的实施规模，大力开展职业技能培训和引导性培训，提高补助标准，加强项目监管，增强农民转产转岗就业能力。加强对农村职业教育的组织和指导，发展农村远程教育，努力提高农业职业院校的办学水平，推动农村富余劳动力的转移。

1. 以多种规格、多种形式发展农村职业技术教育，逐步形成层次结构比较合理，办学形式灵活多样的农村职业技术教育体系。根据不同文化起点层次，有针对性地发展以高小毕业文化为起点的职业初中教育，以初中毕业文化为起点的农村职业高中教育和以高中文化基础为起点的高等农村职业技术教育。此外，还要根据生产发展和技术推广的需要，采取兴办夜校、举办短期培训、开展技术咨询服务等多种方式进行职业技术教育。

2. 坚持理论与实践相结合的教学原则，建立教学、生产、科研（推广）三结合的教学体制。农村职业技术教育必须培养学生掌握一定的技术技能，应坚持理论与实践相结合的原则。农村职业技术学校应建立与农学专业对口的生产基地，组织学生参加与专业对口的生产劳动，组织师生开展科学试验和技术推广，把教学、生产与科学试验（推广）结合起来。

3. 继续坚持"以服务为宗旨、以就业为导向"的职业教育办学方针，推动职业教育从计划培养向市场驱动转变，从传统的升学导向向就业导向转变，不断推行形式多样、灵活开放的办学模式。

（1）工学结合、校企合作模式。职业学校要与本地有关企业加强联系，职业学校在校生在学习期间可到企业等用人单位顶岗实习，并建立企业接收职业学校学生实习制度。实习期间，企业要与学校共同组织好学生的相关理论教学与技能培训工作，并为顶岗的学生支付合理的报酬。

（2）订单式培养模式。发展联合办学，培养不同层次人才，实行订单教育，走本地与发达地区联合办学的道路。一是为本地企业对口培养；二是为沿海发达地区公司培养专业人员；三是与发达地区的名牌职业学校联合办学，实行灵活多样的短期岗前培训。

（3）普、职结合模式。鼓励民办高（职）中激活办学体制，结合学校优势，实行"依托企业、产权结合"，"依托区域传热、与企业合作办学"等形式，办好综合高中班，学生实行"双学籍"，教学实行"高一普修，高二渗透，高三分流"的做法，学生既可以参加全国普通高考，又可以参加职高分流"三校生"对口考试，提高学生的积极性。

（4）远程教育培训模式。通过下载远程教育资源，把农业技术教育推广、科技开发、扶贫开发和教育培训结合起来，大力普及农业先进实用技术，提高农民科学文化素质，促进农村劳动力合理有序转移和农民脱贫致富。

（5）初中后、高中后培训模式。加强农村初中职教渗透和分流工作，建立职业学校与"高中后"、"初中后"分流衔接的课程体系，避免重复学习。高中分流重点放在高二以上，分流到职业技术学校学习的学生以修专业课为主，修相关文化课程为辅；初中分流重点放在初三下学期，在学完初中主要课程的基础上，经过短期培训后即可外出务工。

（五）规范就业市场，改革用人机制

1. 规范就业市场

通过完善立法、加强执法来对就业市场进行规约，并充分发挥行会的作用，完善就业市场准入制度，建立有效的人才培养和需求之间的信息沟通机制。职业教育的发展必须依靠政府完善的相关制度建设及和谐的软环境营造。目前中国大部分地区的职业学校与就业市场之间尚缺乏有效的沟通机制，市场信息、中介服务、研究机构等尚未跟上职业教育发展的需要，加之相关的法律约束还没有形成，一些职业学校常常遇到"虚假订单"，一些到市场求职的学生也常掉入"就业陷阱"。这些现象都严重影响了家长、学生对职业教育的信心，也影响了职业教育办学者的热忱。由于学生出口不畅，大部分农村职业中学都将对口升学作为办学的主要目标。但是对口升学的学校水平和数量远不能满足家长和学生的需要。由于办学目标错位，职业学校不仅无法发挥转移农村富余劳动力、促进产业结构升级的作用，也给自己的办学带来了极大的负面影响。很多县级中等职业学校人才培养模式普教化，对劳动力市场缺乏敏感性，不能前瞻性地进行专业调整，课程实施中实践课程占总课程的比例偏低，培养人才类型与市场需求存在结构性的错位，整体办学不适应市场需求。

2. 改革用人机制

在市场经济条件下，政府应加强立法、执法，利用法律手段来协调职业教育层次及地区差距，保证职业教育毕业生在劳动力就业市场的权利不受侵犯等，使职业教育的发展有可靠的法律保障。职业技能资格是职业学校学生进入用人单位的准入证，政府应充分调动和发挥行会的作用，把职业技能资格认证权限授予行会。职业技能资格具有严格的行业特点，交由行会组织进行认定，可以更好地贯彻行业标准，实现用人单位要求与培养单位目标的对接。在市场中介没有成熟以前，政府应该定期发布劳动力市场信息，并对劳动力市场信息进行全面分析、科学预测，使职业学校尽早了解到有价值的信息，明确办学方向和制订培养计划，促使职业学校有针对性地调整人才培养模式，最终形成"信息透明，供求有序"的就业机制。

（六）培养、建设一支理论联系实际的师资队伍

农村职业技术教育的教学质量能不能提高，关键是要有一支既懂理论又有实践知识的师资队伍。教师特别是专业教师的素质直接决定了教学质

量的高低和学校办学的成败。

1. 稳定、扩大教师队伍

教育部门和学校要把师资队伍建设作为关键性工作来对待,要经常关心教师队伍建设。目前,有相当一部分人不安心职业技术教育工作。因此,在稳定、提高现有师资队伍的同时,要加大对现有教师的培训,制订切实可行的培训计划、措施和方案,注重对专业骨干教师的培养,建立激励教师不断加强业务、技术学习的机制,也可在全社会选派优秀师资力量,聘请有实践经验的专业技术人员兼课,搞好内培外引,稳定、扩大教师队伍。

2. 增强师资队伍的实际操作能力

农村职业学校专业技术课的师资数量不足,更为突出的是这部分教师大多实践知识比较贫乏,因此,一方面要加强师资队伍建设,提高他们对职业技术教育的认识,安心职业技术教育工作;另一方面应适当安排他们参加一些专业实践,丰富实践知识,不断学习和掌握国内外新技术和信息,充实和完善自己。职业院校的老师不仅要有教师资格证书,还要有较高级别的技术等级证书和职业资格证书,真正做到登台能讲课,下厂能做工,会经营懂管理。只有提高了教师的整体素质,才能切实提高农村职业教育的教学质量;此外,职业技术学校也可以只配备管理人员和少量的在编教师,可以在当地的公务员、事业单位的业务人员、企业家和能工巧匠中聘请"志愿者"作为兼职教师,使人才的作用得到充分的发挥。

第三节 提高农村劳动力健康素质的路径选择

中国是一个拥有13亿人口的大国,9亿农民的健康,是一个最基本的民生问题。农村卫生问题始终是中国卫生工作的重点,农村缺医少药的情况尽管已有了很大程度的改善,但广大地区的农民群众还严重缺乏卫生知识、自我保健意识和能力,从而引发的农村劳动力健康问题已成为制约农村地区经济发展与社会和谐的重要因素。

一　中国农村劳动力健康保障存在的主要问题

(一) 农村良好的个人和公共卫生意识、卫生习惯缺失

目前，中国各级政府及相关部门对做好农村卫生工作的重要性认识还不够到位，社会发展以人为本、人的发展以健康为本的意识及大卫生理念还不强，未形成农村卫生工作合力。卫生法律法规政策及健康保健、疾病预防等科学知识的宣传教育还不够，广大群众的卫生主体意识不强，缺乏保护健康的理念和基本卫生保健知识，预防为主的思想还没有形成共识，重治疗轻预防的观念仍然没有改变。广大地区的农民群众还严重缺乏卫生知识、自我保健意识和能力，没有形成科学文明健康的生活方式，没有养成良好的个人和公共卫生习惯。

(二) 农村医疗卫生服务能力缺失

1. 医疗机构基础建设滞后

中国农村医疗机构普遍缺少发展规划，经营场所十分紧张，医疗用房十分拥挤，远远满足不了群众的医疗服务需求，多数医疗单位普遍存在设施设备落后等问题，乡镇卫生院还没有配备救护车，难于开展有效的医疗卫生服务。

2. 医疗技术人员队伍建设与医疗卫生事业发展不相适应

中国农村医疗机构的医疗卫生人才缺乏，特别是高学历和高职称人才严重缺少，人才问题严重影响医疗技术水平、医疗质量和医疗可信度；基层医务人员工作环境差、压力大、工资低。

3. 医疗质量仍需提高，医疗秩序有待规范

中国农村医疗机构医务人员服务意识不够强，病人外流现象不少；医疗纠纷的发生呈上升趋势，且处理难度较大；个体医疗单位数量多，管理较难，打击非法行医难度大。村级卫生服务网络薄弱，群众就医不便。

(三) 农村公共卫生设施缺失

1. 疾病预防控制和妇幼保健工作还有薄弱环节

由于农村公共卫生设施缺失，各类传染病预防及重大疾病防治任务依然很重，群众疾病预防观念不强。

2. 食品安全隐患和药品监管问题反应较大

中国农村农产品检测体系不健全，检测设施设备落后，粮食、蔬菜等农产品质量安全管理问题突出。农村药品供应网络不够健全，药品监管相对薄弱，群众用药安全难以保障。

3. 农村环境卫生设施缺失

中国农村饮用水水质安全问题较为突出，缺乏集中供水设施。部分人直接饮用地下水，由于地下水污染，饮水安全问题突出；农村生活垃圾处理工程设施缺失。城镇、农村生活垃圾处理运作机制缺乏，环卫设施缺少，垃圾处理问题突出；排污设施缺失。农村排污问题没有引起重视，排污设施没有配套，地下污染严重。

（四）农村医疗保障水平低，农民疾病经济负担重

1. 医疗费用增长快

世界卫生组织指出，在一个家庭中，如果医疗费支出占家庭总收入的比例超过40%，就是灾难性卫生支出。目前，中国农民90%的医药费需自己支付，相当于城镇居民的60%，但农民收入仅相当于城市居民的三分之一，导致相当多农民有病却无力就医。第三次国家卫生服务调查发现，与1993年比较，城乡合计年人均门诊费用和住院费用在排除了物价因素后，平均每年以14.0%左右的速度上升，两者分别从1993年的21元和933元上升到了2003年的75元和2230元，超过了国民经济和全国人均收入增长速度。[①] 面对相同价格的医疗费用，城乡居民的支付能力和筹资机制有显著差别。一方面，城市居民人均可支配收入远高于农村居民，农村居民个人卫生支出额及其占纯收入和生活消费支出比例均低于城市居民；另一方面，农村医疗保障制度覆盖水平落后于城市。

2. 农村劳动力参保率低

2003年居民医疗保障方式调查显示，城市享有城镇职工基本医疗保险的人口比例为30.4%，公费医疗4.0%，劳保医疗4.6%，购买商

---

① 朱勋克：《新型农村合作医疗制度与农民生命健康权保障》，http://www.lunwentianxia.com，2007年11月22日。

业医疗保险占 5.6%；在农村参加合作医疗的人口比例为 9.5%，各种社会医疗保险占 3.1%，购买商业医疗保险占 8.3%，没有任何医疗保险占 79.1%。中国医疗费用增长远远高于农民平均收入增长。有数据显示，从 1990—1999 年，农民平均收入由 686.31 元增加到 2210.34 元，增长了 2.2 倍；同期卫生部门统计的每人次平均门诊费用和住院费用，分别由 10.90 元和 473.30 元增加到 79 元和 2891.10 元，增长了 6.2 倍和 5.1 倍。医疗费用的增长幅度是农民收入增长幅度的 2.5 倍左右，也即在医疗费用的攀升幅度是农民收入增长幅度的 2.5 倍左右的情况下，医疗费用的支出远远超出了农民个人和家庭的经济承受能力。[①]

二 加强中国农村劳动力健康保障水平的对策与建议

（一）建立健全新型的农村医疗保障体系

中国农村合作医疗制度曾几经起落。20 世纪 60 年代提出"把医疗卫生工作的重点放到农村去"的方针，到 20 世纪 70 年代末有 90% 的行政村实行了农村合作医疗，形成了集预防、医疗、保健功能于一体的县、乡、村三级卫生服务网络，培养了一大批扎根农村的"赤脚医生"。这项制度被世界卫生组织誉为"以最少投入获得了最大健康收益"的"中国模式"。到了 20 世纪 80 年代，随着集体经济的衰落，农村合作医疗迅速瓦解崩溃。20 世纪 90 年代初，国家提出恢复和重建合作医疗制度，但筹资"以个人投入为主，集体扶持，政府适当支持"，担子主要压在了农民自己肩上，结果没有得到广大农民的响应。

2002 年 10 月，中国政府提出建立新型农村合作医疗制度。其最大特点是，政府投入为主，农民自愿参加。该制度由政府主导，以大病统筹为主，重点解决农民因大病导致的风险。由于符合农民的愿望和利益，新型农村合作医疗制度成为具有中国特色的农民医疗保障制度。

---

① 朱勋克：《新型农村合作医疗制度与农民生命健康权保障》，http://www.lunwentianxia.com，2007—11—22。

1. 建立大病医疗保险制度

据调查，大病医疗费用平均额在 10 万元左右，相当于农村一个 4 口之家 16 年的纯收入总额，有的家庭因此债台高筑，甚至倾家荡产，形成第二次贫困。据襄樊市第一人民医院统计，1995 年因患癌症、心脑血管疾病、肾病综合征、肾移植等病症住院治疗人数 546 人，占全院总住院人数的 4.96%，大病发生率较高，大多数家庭难以支付巨额医疗费用。据统计，1998 年以来海门全市各乡镇平均每年均有 5—10 户农民因大病致贫或因大病返贫，且近年有增多的趋势。[①] 大病医疗保险是相对于普通医疗保险而言的，是一种对医疗费用支出较高的疾病所进行的保险，其优点是：(1) 大病医疗保险中的风险概率小，保费较低，被保人易于接受；(2) 由于被保险的事件是费用较高的大病，易于核保和理赔；(3) 大病医疗保险由于含有自负额，可以减少道德风险。

2. 因地制宜建立多种形式的农村医疗保障体系

新时期的农村医疗保障制度建设必须适应市场经济体制，适应农村经济发展，适应农民群众的实际心理愿望和要求。建立农村医疗保险制度，应遵循"制度先行、逐步推进、政府支持"的原则。政府要制定出农村医疗保险实施的管理办法与细则，但不能也不应当要求各地在建立农村医疗保障制度时采取"统一模式"，应因地制宜，根据当地的发展水平来灵活选择医疗保险模式，建立多种形式的农村医疗保障制度，满足农村居民多层次的健康需求。

(1) 在不发达的农村地区，特别是贫困地区，仍应继续推广和完善合作医疗保险制度。广大农村落后地区在相当长的时期内，人均收入和医疗支付能力还将处于低水平线，维护"低水平，广覆盖"的合作医疗是保障农民初级医疗需求的合理机制。

(2) 在发达和中等发达的农村地区应推行医疗保险制度。在经济发达的农村地区，由于收入水平较高，应付风险的能力较强，因此其医疗保险模式有可能向着高保额、高保障的方向发展，在经济、合理的原则下，进一步提高生活质量。

---

① 陈信勇、王运福：《建立农村医疗保障体系的路径选择——一个需求演化的视角》，《浙江社会科学》2004 年第 1 期。

(3) 在东部沿海农村及城市郊区等生产力水平和农民生活水平提高较快的富裕地区，全面推进农村社会保障体系建设的条件已基本具备，应采取措施，全面建立农村社会保障的各项制度及服务网络。医疗保障体制建设，应纳入城乡一体化发展，农民的医疗保险制度可以向商业化保险过渡，以满足他们不同层次的医疗保障需要。

3. 加强政府的支持和引导

(1) 建立农村医疗保险制度，要贯彻医疗保障水平与政府财政支持能力、农村集体和农民费用承担能力相适应的原则，在实施区域、保障人群、保障范围、保障水平等方面要做到循序渐进。

(2) 实施区域上要先从社会经济发展条件好的地方开始，总结经验后逐步推广到其他地区；保障人群可先是有非农职业的农村人口，后是全体；保障范围可以先是大病或住院，后是门诊；保障水平由低渐高。

(3) 建立各级政府、农村集体组织与农户共同投入、风险共担的机制，政府投入有限资金引导农民参加到医疗保障体系中来。政府在监督管理与优惠政策支持方面也要发挥自己应有的作用。

(二) 广泛开展健康教育，增强健康意识

1. 必须高度重视农民的卫生保健问题

农民的卫生保健不仅仅是卫生和经济问题，而且还是社会和政治问题，必须高度重视。国际农村卫生保健的实践充分表明，农民健康水平不仅是与经济发展水平相适应，同时还与国家和政府对农民健康问题重视与否密切相关。农民的卫生保障工作做好了，对经济的发展和社会的稳定会起到积极的促进作用。因此，必须把农民的卫生保健作为一件大事抓紧抓好。要把这项工作提高到是否认真贯彻落实党的全心全意为人民服务的根本宗旨这样的政治高度来认识。

2. 必须加强宣传和引导工作

通过加大宣传力度，力争让全社会的各行各业都关心农民健康保障问题，使各界人士积极献策、献计、献力。通过加大宣传力度提高广大农民的自我保健意识和互助共济意识，增强集体参与意识和个人费用意识。在加强宣传的同时，还要加强引导工作。引导农民参加诸如新型农村合作医疗等形式的健康保障，积极探索适应中国农村形势发展需要的农民健康保

障运行机制。引导社会资金投入农村卫生领域，广泛筹措农村卫生费用，通过充分调动和引导社会各方面的积极性，如各类慈善机构、社会群众团体、热心回报社会的成功企业及企业家捐资发展农村卫生事业，积极拓展农村卫生费用的筹集渠道，以弥补政府投入的不足。

3. 加强协作和配合

各有关部门、行业、团体等都要在党委和政府的统一领导下，与卫生部门一道，切实把农民的卫生保健作为一件大事来认真研究和部署，加强配合与协作，共同谋划，团结作战。这里必须指出的是，由于各地的经济发展水平不一，农民群众的思想意识和对卫生保健的客观需求也不一致，因此要根据各地的实际，积极探索适合不同区域经济发展水平的、可持续发展的农民健康保障模式。对特别困难的农民的卫生保健问题，政府乃至整个社会都要给予特殊的关怀与照顾，可出台一些特殊的政策，从而真正为农民解决健康保障的实际问题。

4. 开展健康教育

农村健康教育主要通过知识和信息的传播，影响乃至个人的卫生习惯和行为，是降低农村劳动力个人和家庭健康风险，防范公共风险，提高农村劳动力健康素质的重要手段。在中国，农村是健康教育和疾病防治的薄弱环节。据卫生部 2000 年调查，14％的村医没有开展过健康教育，大多数没有接受过健康教育专业培训；48％的农村中小学没有开设健康教育课程；48％的村没有健康教育经费。①

农村健康教育是保障农村劳动力健康水平，提高身体素质，保持和增强劳动能力的桥梁，是一种最廉价、使广大农民获得最大利益的卫生保健服务。只有让人民群众掌握了预防保健知识并自觉地付诸行动，才能使农民享有卫生保健得到根本落实。因此要引导农民自觉摆脱不良的卫生习惯，培养良好的行为与生活方式，增强自我保健能力，努力提高生活质量和健康素质。

（三）要建设好农村卫生服务队伍

搞好农村卫生保健工作，离不开一支坚实的农村卫生队伍。农村卫生

---

① 卫生部：《2000 年农村健康教育现状的调查》的有关数据。

人才建设问题是关系到农村卫生发展的长期战略任务，在当今社会条件下，仅靠重视和加强思想教育，从而达到稳定农村卫生队伍已不现实。应当通过建立农村卫生队伍的培养、使用、管理之良性运行机制，稳定、巩固农村基层卫生队伍。

第一，要大力发展农村医学教育，积极培养分得下、用得上、留得住的农村卫生技术人才，搞好定向招生、定向培养和定向分配的工作，对定向分配后的毕业生应规定其服务的最低年限。

第二，要切实解决好农村卫生技术人员的培训、工资、福利、住房、职称、子女入学及就业等实际问题，使乡村医生的社会地位及收入等不低于乡村干部或民办教师水平。

第三，要制定鼓励卫生技术人员向农村、向贫困地区流动及定期下乡服务等政策，从精神上、物质上鼓励和支持医学院校毕业生到农村基层与贫困地区工作服务一定年限。

第四，要积极宣传和表彰长期从事农村卫生工作的卫生技术人员，对成绩突出者给予适当奖励。激发农村卫生技术人员的敬业爱岗精神，建立有效的激励机制。

（四）引导健康科学的饮食习惯——膳食平衡

膳食结构与健康息息相关。美国从20世纪60年代起，将每年进行一次的"总膳食研究"列入国家计划。通过对美国市场销售的食品进行营养素监测，估计各类人群营养素摄入量，并制定相应的营养政策及改善措施，从而有效地改善了居民健康。据报道，自20世纪60年代后期起，在脂肪酸组成中，油酸供给量占主要地位，饱和脂肪酸呈下降趋势，而亚油酸供给量逐年上升；与此同时，从1968年至20世纪80年代初，美国24—35岁人群冠心病死亡率下降了30％。美国脂质研究中心为期10年的冠心病一级预防研究表明，血清总胆固醇每降低1％，冠心病发病率便下降2％。[①]

在中国，因为膳食结构的不合理而对人群的健康影响，每年都要造成数以十亿计的经济损失。天津市疾病预防控制中心承担的一项本市农民营

---

① 《健康信息》，《今晚报》2008年3月19日。

养干预和预防高血压等慢性疾病的研究显示，本市农民食盐、油脂平均摄入量分别为9.5克和33.6克，均高于国家推荐的饮食标准；而蔬菜和水果的摄入量却低于国家推荐的饮食标准，仅为424克。健康专家表示，这一结果与不合理膳食有关，致使本市农民肥胖超重、高血压、血脂异常慢性疾病的患病率，分别达到49.5%、36.8%和19.0%。[①]

所谓膳食平衡是指：膳食中所含的营养素种类齐全、数量充足、比例适当，即：氨基酸平衡、热量营养素平衡、酸碱平衡以及各种营养素摄入量之间也要平衡，只有这样才利于营养素的吸收和利用。

日常生活中人们将必需食物分为五类：第一类是粮食类，是热量的主要来源。一般体力劳动者每天的摄入量以300—500克为宜，其余的热量由副食品供给，所以，粮食类食物占热能供给量的60%—70%，约占膳食总量的32%。

第二类是富含动物蛋白质的食物，包括瘦肉、蛋、禽、鱼等，成人每天应摄入70—100克的蛋白质。据研究，人体对动物蛋白质的吸收率高于植物蛋白，较为理想的蛋白质摄入应是，动物蛋白占1/4，豆类蛋白占1/4，其余2/4则由粮食供给。因此，营养专家建议，每人每天应摄禽、畜肉类50—100克，鱼虾类50克，蛋类25—50克。此类食物应占膳食总量的13%。

第三类是豆、乳及制品，因豆类富含蛋白质、不饱和脂肪酸和卵磷脂等，其蛋白质氨基酸的组成接近人体需要，所以每人每天应补充豆类50克，奶类100克，此类食物占总量的9.5%。

第四类是蔬菜、水果，这是人体维生素、无机盐和食物纤维的主要来源，但因蔬菜品种很多，营养成分也存在很大差异。如，绿叶类蔬菜含大量的胡萝卜素、抗坏血酸以及钙、磷等无机盐；根茎类蔬菜有丰富的淀粉、蛋白质和胡萝卜素；鲜豆类蔬菜中的碳水化合物、铁及硫胺素是其他蔬菜所不能比的，所以每人每天应摄入400—500克，其中绿叶菜应保持1/2以上。新鲜的水果是抗坏血酸的良好来源，可以提供大量的蛋白质、磷、铁等无机盐，故而每人每天应摄入100—200克鲜果。此类食物应占总量的40%。

---

① 《健康信息》，《今晚报》2008年3月19日。

第五类是油脂类,油脂类可供给热量,促进脂溶性维生素的吸收,供给不饱和脂肪酸。植物油所含的必需脂肪酸比动物油高,而动物油的饱和脂肪酸多,脂肪熔点也比较高,因此不易为人体消化吸收,故而应少吃动物脂肪,多吃植物油。

根据《中国食物与营养发展纲要》的要求,到2010年农村居民人均每日摄入能量2320千卡,其中84%来自植物性食物,16%来自动物性食物;蛋白质75克,其中27%来自动物性食物;脂肪65克,提供的能量占总能量的24%。就是人均每年主要食物摄入量应为:口粮165千克,豆类13千克,蔬菜140千克,水果30千克,食用植物油10千克,食糖8千克,肉类26千克,蛋类13千克,奶类7千克,水产品13千克。从目前情况看,中国农民的营养基本满足,但食物消费距科学饮食要求还有一定差距。因此要教育引导农民改变传统的消费习惯,加强科学技术的普及,推荐科学的膳食结构,改变食物消费方式。

参考文献

（一）著作类

1. 《马克思恩格斯全集》，人民出版社 1972 年版。
2. 《列宁全集》，人民出版社 1972 年版。
3. 《毛泽东选集》，人民出版社 1991 年版。
4. 《邓小平文选》，人民出版社 1994 年版。
5. 《江泽民文选》，人民出版社 2006 年版。
6. ［英］威廉·配第：《政治算术》，陈冬野译，商务印书馆 1978 年版。
7. ［英］阿瑟·刘易斯：《经济增长理论》，商务印书馆 2001 年版。
8. ［英］阿瑟·刘易斯：《二元经济论》，施炜等译，北京经济学院出版社 1989 年版。
9. ［美］西奥多·舒尔茨：《论人力资本投资》，吴珠华等译，北京经济学院出版社 1992 年版。
10. ［美］西奥多·舒尔茨：《经济增长与农业》，郭熙保等译，北京经济学院出版社 1997 年版。
11. ［美］西奥多·舒尔茨：《改造传统农业》，梁小民译，商务印书馆 1999 年版。
12. ［日］杉山道雄：《产业一体化的构造特色》，岩片教授退官纪念论文集《农业经营发展的理论》，养贤堂，1973 年版。
13. ［美］托达罗：《第三世界的经济发展》，于同申等译，中国人民大学出版社 1988 年版。

14. [印] 苏布拉塔·加塔克等：《农业与经济发展》，吴伟东等译，华夏出版社1987年版。

15. [美] 西蒙·库兹列茨：《现代经济增长》，北京经济学院出版社1989年版。

16. [日] 秋野正胜等著：《现代农业经济学》，肖鸿麟、刘宗鹤译，农业出版社1981年版。

17. [美] 费景汉、拉尼斯：《劳动剩余经济的发展》，杨敬年译，华夏出版社1989年版。

18. [美] 迪恩·C.蒂普斯：《现代化理论与社会比较研究的批判》，载西里尔·E.布莱克主编《比较现代化》，上海译文出版社1996年版。

19. [美] 雅各布·明赛尔：《人力资本研究》，张凤林译，中国经济出版社2001年版。

20. [美] 吉利斯、波金斯等：《发展经济学》，彭刚、杨瑞龙等译，中国人民大学出版社1998年版。

21. [日] 速水佑次郎、[美] 弗农·拉坦：《农业发展的国际分析》，郭熙保等译，中国社会科学出版社2000年版。

22. [美] 阿列克斯·英克尔斯、戴维·H.史密斯：《从传统人到现代人——六个发展中国家中的个人变化》，顾昕译，中国人民大学出版社1992年版。

23. 国风：《中国农村经济制度创新分析》，商务印书馆2000年版。

24. 翟克：《中国农村问题之研究》，国立中山大学出版部1933年版。

25. 许涤新、吴承明：《中国资本主义的萌芽》，人民出版社1985年版。

26. 辜胜阻、简新华：《当代中国人口流动与城镇化》，武汉大学出版社1994年版。

27. 陆学艺：《"三农"新论——当前中国农业、农村、农民问题研究》，社会科学文献出版社2005年版。

28. 陆学艺：《中国农村现代化研究》，广西人民出版社1998年版。

29. 张秀生：《中国农村经济改革与发展》，武汉大学出版社2005年版。

30. 张秀生、曾国安：《社会主义经济理论》，武汉大学出版社2004年版。

31. 张秀生、陈立兵：《农村经济发展》，武汉大学出版社 2005 年版。

32. 林毅夫：《制度、技术与中国农业发展》，上海三联书店 1992 年版。

33. 陈吉元：《人口大国的农业增长》，上海远东出版社 1997 年版。

34. 郭熙保：《农业发展论》，武汉大学出版社 1995 年版。

35. 齐良书：《发展经济学》，中国发展出版社 2002 年版。

36. 周天勇：《新发展经济学》，经济科学出版社 2001 年版。

37. 蔡思复、张燕生：《发展经济学概论》，北京经济学院出版社 1991 年版。

38. 叶先庆：《社会主义市场经济中的农村经济体制》，青岛出版社 1996 年版。

39. 杜青林：《中国农业和农村经济结构战略性调整》，中国农业出版社 2003 年版。

40. 姜长云：《"三农"问题的多维透视》，山西经济出版社 2004 年版。

41. 宋洪远等：《中国农村经济分析和对策研究》，中国农业出版社 2003 年版。

42. 张红宇：《乡村调查——国内的发展与世界的变化》，中国财政经济出版社 2004 年版。

43. 王文靖：《世界各国农业经济概论》，农业出版社 1991 年版。

44. 牛若峰等：《中国经济的偏斜循环与农业的曲折发展》，中国人民大学出版社 1992 年版。

45. 朱希刚：《中国农业发展文库》，团结出版社 1999 年版。

46. 韩俊：《农村市场经济体制改革》，江苏人民出版社 1998 年版。

47. 郭犹焕：《中国工业化过程中农业剩余劳动力转移研究》，中国农业科技出版社 1995 年版。

48. 刘从梦：《各国农业概况》，中国农业出版社 1996 年版。

49. 丁泽霁：《国外农业经济》，中国人民大学出版社 1987 年版。

50. 邹农俭：《中国农村城市化研究》，广西人民出版社 1998 年版。

51. 张其仔：《中国农村可持续发展研究》，广西人民出版社 1998 年版。

52. 舒惠国：《市场农业与农村建设》，江西人民出版社 1996 年版。

53. 沈利生、朱运法：《人力资本与经济增长分析》，社会科学文献出版社 1999 年版。

54. 李京文、钟学义：《中国生产率分析前沿》，社会科学文献出版社 1998 年版。

55. 徐逢贤：《中国农业发展战略研究》，广西人民出版社 1998 年版。

56. 赵伟：《城市经济理论与中国城市发展》，武汉大学出版社 2005 年版。

57. 王金营：《人力资本与经济增长理论与实证》，中国财政经济出版社 2001 年版。

58. 沈坤荣：《新增长理论与中国经济增长》，南京大学出版社 2003 年版。

59. 李玉江：《农业剩余劳动力转移区域研究》，山东人民出版社 1999 年版。

60. 劳动部课题组：《中国农村劳动力就业与流动研究报告》，中国劳动出版社 1999 年版。

61. 乐君杰：《中国农村劳动力市场的经济学分析》，浙江大学出版社 2006 年版。

62. 白玛：《中国农业起飞战略》，经济科学出版社 1991 年版。

63. 王贵辰、庚德昌等：《中国农村产业结构论》，人民出版社 1991 年版。

64. 刘朝明：《中外农村产业结构比较研究》，中国社会科学出版社 1992 年版。

65. 丁长发：《农业和农村经济学》，厦门大学出版社 2006 年版。

66. 王贵哀、庚德昌等：《中国农村产业结构论》，人民出版社 1991 年版。

67. 周至祥、范剑平：《农村发展经济学》，中国人民大学出版社 1988 年版。

68. 中国教育与人力资源问题报告课题组：《从人口大国迈向人力资源强国》，高等教育出版社 2003 年版。

69. 中国科学院可持续发展战略研究组：《中国现代化进程战略构

想》，科学出版社 2000 年版。

70. 宣杏云、王春法：《西方国家农业现代化透视》，上海远东出版社 1998 年版。

71. 刘斌等编著：《中国三农问题报告》，中国发展出版社 2004 年版。

72. 汤生玲：《农村职业教育论》，高等教育出版社 2006 年版。

73. Schultz, T. W. (1945) *Agriculture in an Unstable Economy*. New York: McGraw-Hill.

74. Alexandratos, N. (1988) (ed.) *World Agriculture Toward 2000*, an FAO study. London: Belhaven Press.

75. Franklin, M. (1988) *Rich Man's Farming: The Crisis in Agriculture*. London: Royal Institute of International Affairs.

76. Grennes, T. (ed.) (1991) *Internional Financial Markets and Agricultural Trade*. Boulder, Col.: Westview Press.

77. Hill, B. (1989) *Farm Incomes, Wealth and Agricultural Policy*. Aldershot: Avebury.

78. Hill, B. E. and Ingersent, K. A. (1977) *An Economic Analysis of Agriculture*. London: Heinemann.

79. Johnson, D. G. (1991) *World Agriculture in Disarray*, 2nd ed. London: Macmillan.

80. McCalla, A. F. and Josling, T. E. (1985) *Agricultural Policies and World Markets*. New York: Macmillan.

81. Pray, C. E. and Echeverria, R. G. (1991) *Private-sector Agricultural Research in Less-Developed Countries*. Cambridge: Cambridge University Press.

82. Roe, T. L. and Pardey, P. G. (1991) *Economy Policy and Investment in Rural Public Goods: A Political Economic Perspective*. The Hague: International Service for National Agricultural Research.

（二）论文类

1. 蔡昉：《中国经济增长可持续性与劳动贡献》，载《经济研究》1999 年第 10 期。

2. 潘文卿：《中国农业剩余劳动力转移效应测评》，载《经济研究》1999 年第 4 期。

3. 胡永泰：《中国全要素生产率，来自农业部门劳动力再配置的首要作用》，载《经济研究》1998 年第 8 期。

4. 张帆：《中国的物质资本与人力资本估算》，载《经济研究》2000 年第 8 期。

5. 张保法：《经济增长中的结构效应》，《数量经济与技术经济研究》1997 年第 11 期。

6. 赵耀辉：《中国农村劳动力流动及教育在其中的作用》，载《经济研究》1997 年第 2 期。

7. 张车伟：《营养、健康与效率——来自中国贫困农村的证据》，载《经济研究》2003 年第 1 期。

8. 魏众：《健康对非农就业及其工资决定的影响》，载《经济研究》2004 年第 2 期。

9. 段成荣：《中国人口受教育状况分析》，载《人口研究》2006 年第 1 期。

10. 刘秀梅、田维明：《我国农村劳动力转移对经济增长的贡献分析》，载《管理世界》2005 年第 1 期。

11. 郭熙保：《发展中国家人口流动理论比较分析》，载《世界经济》1989 年第 12 期。

12. 宋涛：《调整产业结构的理论研究》，载《当代经济研究》2002 年第 11 期。

13. 王德文：《教育在中国经济增长和社会转型中的作用分析》，载《中国人口科学》2003 年第 1 期。

14. 李国菊：《破解农村劳动力素质偏低的几点思考》，载《农业经济》2006 年第 5 期。

15. 李勋来、李国平、李福柱：《农村人力资本陷阱：对中国农村的验证与分析》，载《中国农村观察》2005 年第 5 期。

16. 叶茂林、郑晓齐：《教育对经济增长的计量分析》，载《数量经济与技术经济研究》2003 年第 1 期。

17. 周晓、朱农：《人力资本对中国农村经济增长的作用》，载《中国人口科学》2003年第6期。

18. 阂耀良：《知识经济与农业现代化》，载《中国农村经济》2001年第1期。

19. 梁荣：《农业产业化与农业现代化》，载《中国农村观察》2000年第2期。

20. 傅晨：《基本实现农业现代化：涵义与标准的理论探讨》，载《中国农村经济》2001年第12期。

21. 柯炳生：《对推进我国基本实现农业现代化的几点认识》，载《中国农村经济》2000年第9期。

22. 丁泽霁、杜志雄：《中国农业现代化的道路选择与面临的新形势》，载《中国农村经济》2001年第3期。

23. 高如峰：《义务教育投资的国际比较与政策建议》，载《教育研究》2001年第5期。

24. 杨玉华：《马克思的"农村劳动力转移"理论及其当代价值》，载《经济评论》2007年第2期。

25. 张秀生、卫鹏鹏：《农民收入增长：影响因素与对策》，载《武汉大学学报》2004年第6期。

26. 张秀生：《农户、农民、企业与农业产业化经营》，载《经济评论》1999年第3期。

27. 张秀生：《关于兼业户Ⅱ在我国长期存在的几个问题》，载《武汉大学学报》1996年第6期。

28. 张秀生、徐涛：《经济转轨期的农村双层经营模式：路径、绩效与体制创新》，载《生产力研究》2006年第6期。

29. 韩士元：《农业现代化的内涵及评价标准》，载《天津社会科学》1999年第5期。

30. 谭崇台：《西方发展经济学对农业重要性的再认识及其借鉴意义》，载《武汉大学学报》1990年第1期。

31. 黄建新、温福英：《马克思、恩格斯劳动力资源及其流动论述的新解读》，载《中共福建省委党校学报》2006年第1期。

32. 丁霄泉：《农村剩余劳动力转移对我国经济增长的贡献》，载《中国农村观察》2001年第2期。

33. 徐现祥：《劳动结构效应的实证分析》，载《上海经济研究》2001年第2期。

34. 傅国华、许能锐：《海南农村居民收入与农村人力资本实证分析》，载《中国农村经济》2005年第9期。

35. 张云峰、王录仓、王航：《西方国家基于"二元"结构的农村劳动力转移理论述评》，载《西北师范大学学报》（自然科学版）2006年第3期。

36. 课题组：《普及农村义务教育对农民增收的实证分析》，载《中国农村经济》2005年第9期。

37. 孔庆峰：《简论中唐以来传统农业的要素生产率》，载《文史哲》2002年第6期。

38. 孔庆峰：《中国传统农业经济结构长期延续的原因探析》，载《山东社会科学》2004年第7期。

39. 任军利、王新华：《论毛泽东、邓小平、江泽民"三农"思想的差异》，载《求实》2005年第2期。

40. 张文、尹继东：《中部地区农村人力资源开发的战略价值分析》，载《求实》2006年第5期。

41. 曹向昀：《西方人口迁移研究的主要流派及观点综述》，载《中国人口科学》1995年第1期。

42. 孙峰华：《农村剩余劳动力转移的理论研究与实践探索》，载《地理科学进展》1999年第2期。

43. 李骏阳：《刘易斯人口流动思想述评：兼论我国农业劳动力的转移》，载《西北人口》1988年第2期。

44. 龚建平：《费景汉和拉尼斯对刘易斯二元经济模式的批评》，载《求索》2003年第3期。

45. 戴炳源、万安培：《乔根森的二元经济理论》，载《经济体制改革》1998年第2期。

46. 雷定安、刘笑平：《托达罗的人口思想及其现实意义》，载《西北人口》1998年第4期。

47. 高立金：《托达罗的人口流动模型与我国农村剩余劳动力的转移》，载《农业技术经济》1997年第5期。

48. 刘扬、王铮、傅泽田：《我国农村剩余劳动力转移的模拟分析》，载《中国农业大学学报》2003年第10期。

49. 赵洁、王礼力：《从人口素质的视角审视农村劳动力转移》，载《安徽农业科学》2005年第9期。

50. 邓一鸣：《论二元经济时期农业增长与就业结构转换》，载《中国农村经济》1989年第7期。

51. 叶先庆：《论工农关系的李嘉图陷阱》，载《农村经济参考》1992年第6期。

52. 林毅夫：《中国农业的农作制度与技术选择》，载《发展研究通讯》1989年第16期。

53. 王传仕：《农业梯度技术的选择与转移》，载《中国农村经济》2001年第7期。

54. 马晓河：《我国农村产业结构变动研究》，载《中国农村经济》1987年第3期。

55. 淳伟德：《农村社会化服务体系建设的问题及对策》，载《宏观经济管理》2005年第10期。

56. 章民生、章黎：《农民社会地位是中国三农问题的内核》，载《中共浙江省委党校学报》2005年第5期。

57. 吴先满等：《农村产业结构变迁的经济效应实证分析》，载《现代经济探讨》2003年第4期。

58. 陈柳钦：《农村产业结构调整的内涵、特点及对策》，载《重庆邮电学院学报》（社会科学版）2004年第1期。

59. 徐柳凡：《毛泽东农业现代化思想简论》，载《当代世界与社会主义》2006年第3期。

60. 亢晓枫：《提高农业劳动生产率是农民增收的重要途径》，载《西安财经学院学报》2005年第2期。

61. 祁之杰：《产业结构调整与农村劳动力素质关系研究》，载《农业经济》2005年第3期。

62. 张光宏：《农村产业结构：问题与对策》，载《社会科学家》2006年第3期。

63. 梅志罡：《论建设社会主义新农村背景下的农村人力资源配置问

题》,载《长江论坛》2006年第3期。

64. 刘祖春:《我国农村劳动力非农化探索》,载《湖北大学学报》1996年第1期。

65. 刘祖春:《职业技术教育与劳动就业及经济发展关系浅析》,载《职业技术教育》1998年第6期。

66. 刘祖春:《对当前我国乡镇企业实现新跨越的思考》,载《银行与企业》1998年第8期。

67. 刘祖春:《日本农法三次沿革对我国社会主义新农村建设的启示》,载《社会主义研究》2007年第1期。

68. 周晓:《论人力资本对中国农村经济增长的作用》,载《中国人口科学》2003年第6期。

69. 汤文华、段艳丰:《开发农村人力资源——解决"三农"问题的重要举措》,载《前沿》2006年第6期。

70. 邓宏宝:《国外发展农村职业技术教育的主要经验》,载《外国教育研究》1999年第1期。

71. 蒋秧生:《浅析农村人力资源开发的制约因素及主要措施》,载《经济研究导刊》2006年第2期。

72. 翟树芳:《农村人力资源开发与农村经济发展关系的探讨》,载《安徽农业科学》2006年第2期。

73. 王清峰:《对农村产业结构优化调整的思考》,载《学术交流》2001年第2期。

74. 孙敬水、董亚娟:《人力资本与农业经济增长:基于中国农村的Paneldata模型分析》,载《农业经济问题》2006年第12期。

75. 范莲芬、罗根基:《略论我国农村产业结构的演变趋势》,载《财经科学》1990年第4期。

76. 李平:《我国农村产业结构的调整约束及转换选择》,载《农村发展论丛》1991年第5期。

77. 苏力华:《矛盾与对策:农村劳动力素质现状及分析》,载《农业经济》2007年第1期。

78. 李恺:《农村成人教育与农村经济发展的关系研究》,载《经济师》2006年第5期。

79. 王景红：《西安市政府开发农村人力资源的举措》，载《特区经济》2006年第3期。

80. 任桂芳：《对农村人力资源开发途径的探讨》，载《农业经济》2006年第5期。

81. 唐春根、李鑫：《国内外农业产业化发展模式比较分析》，载《世界农业》2007年第2期。

82. 杨会良、刘永瑞：《我国农村教育与农村人力资源开发的现状及对策》，载《教育理论与实践》2005年第6期。

83. 刘福成：《农村劳动力转移对农村人力资源的开发效应》，载《经济问题》2005年第1期。

84. 喻国华：《浅析农村人力资源开发与农村经济发展》，载《西北农林科技大学学报》（社会科学版）2005年第4期。

85. 盛来运：《中国农村劳动力外出的影响因素分析》，载《中国农村观察》2007年第3期。

86. 黄振华：《技术进步、人力资本与中国农业发展——1985—2005年中国农业技术进步率的实证与比较》，载《财经问题研究》2008年第3期。

87. 赵儒：《中国产业结构调整战略思考》，载《当代经济研究》1998年第4期。

88. 李恺、李崇光：《农村劳动力收入水平与农村人力资源开发实证研究》，载《经济问题探索》2005年第1期。

89. 卢君：《农村剩余劳动力转移与农村劳动力素质关系分析》，载《华中农业大学学报》（社会科学版）2005年第4期。

90. 张宁、陆文聪：《中国农村劳动力素质对农业效率影响的实证分析》，载《农业技术经济》2006年第2期。

91. 李建民：《人力资本与经济持续增长》，载《南开经济研究》1999年第4期。

92. 常志有、郭雪莲：《农村劳动力转移问题研究综述》，载《经济师》2007年第5期。

93. 李仙娥、王春艳：《国内外关于农村剩余劳动力转移基本理论问题研究综述》，载《经济纵横》2004年第4期。

94. 罗虹、钟宏武：《农村外出劳务的地位和作用》，载《中国国情国力》2005年第2期。

95. 张勇：《农村劳动力转移就业现状、问题及对策》，载《当代财经》2006年第7期。

96. 张红宇：《我国农村劳动力转移就业的现状与政策建议》，载《理论视野》2007年第7期。

97. 胡永远：《人力资本与经济增长：一个实证分析》，载《经济科学》2003年第1期。

98. 范红忠：《我国农村劳动力转移过程的成本分析》，载《农村经济》2006年第3期。

99. 薛国琴：《农村劳动力转移：动力、成本、收益》，载《农业经济》2006年第7期。

100. 包宗顺：《农村劳动力转移：农业现代化的战略重点》，载《江苏农村经济》2006年第3期。

101. 周韬：《提高农民素质是实现农业现代化的关键》，载《甘肃农业》2005年第6期。

102. 郑文兵、仲笑林：《农业现代化进程中农村劳动力的有效转移》，载《山西财经大学学报》2005年第5期。

103. 王绍光：《中国公共卫生的危机与转机》，载《比较》2003年第7期。

104. 汤光平、何樟勇：《传统农业制度与人力资本形成》，载《天府新论》2003年第1期。

105. 张芙桦：《论浙江农户的生产投入偏好》，载《浙江统计》2003年第2期。

106. 王兴国：《农村人力资本投资与就业关系分析》，载《江西农业学报》2006年第4期。

107. 肖文韬：《产业结构协调理论综述》，载《武汉理工大学学报》2003年第6期。

108. 宗庆长：《论农村产业结构演变的规律性及其对策》，载《北方工业大学学报》1989年第1期。

109. 贾生华：《中国农村产业结构变动机制分析》，载《农村经济与社会》1990年第3期。

110. 贾生华：《现阶段我国农村区域产业结构的同构化倾向》，载《经济纵横》1990年第7期。

111. 陈会英：《中国农村产业结构演化问题研究》，载《农村经济与社会》1991年第2期。

112. 张淑洁、王延明：《国外农村产业结构优化的过程及对吉林省的启示》，载《吉林省经济管理干部学院学报》2007年第4期。

113. 胡金华：《我国农村产业结构政策成效分析》，载《中共福建省委党校学报》2002年第2期。

114. 何忠伟、曾福生：《农村产业结构调整影响经济增长的模型构建与分析》，载《农业技术经济》2002年第4期。

115. 张丽亚：《农村产业结构调整与农村人力资源开发的关系探讨》，载《农村经济》2006年第11期。

116. 王道勇等：《农民市民化：传统超越与社会资本转型》，载《甘肃社会科学》2005年第4期。

117. 赖德胜、郑勤华：《当代中国的城市化与教育发展》，载《北京师范大学学报》2005年第5期。

118. 吴健辉、黄志坚、曾园根：《农村人力资本投资效益实证分析的模型选择与结论综述》，载《商业研究》2007年第5期。

119. 应霞等：《农民科技培训对农业产业结构调整的推进作用》，载《浙江农业科学》2006年第5期。

120. 厉敏萍：《农村剩余劳动力转移和农村教育的相关关系及对策》，载《成人教育》2007年第2期。

121. 李莉：《农业产业结构调整中的人力资源开发探析》，载《长春工业大学学报》（社会科学版）2006年第3期。

122. 彭安玉：《发达国家农业产业化的基本经验》，载《唯实》2003年第10期。

123. 赵奎等：《论农村经济产业化》，载《经济改革与发展》1996年第10期。

124. 钱长根：《关于发展农业产业化组织的思考》，载《农业与技术》2003年第1期。

125. 顾焕章：《论农业现代化的涵义及其发展》，载《江苏社会科学》1999 年第 1 期。

126. 张仲威：《中国农业现代化若干问题的探讨》，载《农业现代化研究》1994 年第 3 期。

127. 王明华：《消除城乡二元结构，推动中国农村现代化》，载《农业经济问题》2001 年第 2 期。

128. 黄国祯：《农业现代化再界定》，载《农业现代化研究》2001 年第 1 期。

129. 宣杏云：《国外农业现代化的模式》，载《农村工作通讯》2007 年第 3 期。

130. 刘惠林：《农村剩余劳动力转移过程中农村劳动力素质问题研究》，载《商业研究》2008 年第 3 期。

131. 刘尧：《农村人力资源开发中的农村高等教育》，载《西北农林科技大学学报》（社会科学版）2004 年第 4 期。

132. 郭书君：《我国农村高等教育发展状况的实证分析》，载《辽宁教育研究》2005 年第 10 期。

133. 杜本峰：《健康—人力资本—经济效应》，载《经济问题》2005 年第 3 期。

134. 李鲁、于东子：《健康人力资本与个人收入经济发展的关系》，载《中华医院管理杂志》2006 年第 2 期。

135. 赵丽霞、武在争：《农村义务教育投入的国际比较及启示》，载《天津市教科院学报》2005 年第 2 期。

136. Romer, P. M., Increasing Returns and Long-run Growth. *Journal of Political Economy*, 1986 (94).

137. Rebelo, S., Long-run Policy Analysis and Long-run Growth. *Journal of Political Economics*. 1991 (3).

138. Mankiw Gregory, N., Romer David, Wen David N., A Contribution to the Empirics of Economic Growth. *Quarterly Journal of Economics*, 1992 (107).

139. Lucas, R. E., On the Mechanics of Economic Development. *Journal of Monetary Economics*, 1988 (22).

140. George Pascharopoulos, Returns to Education: A Further International Update and Implications. *The Journal of Human Resources*, 1985, Vol. 20, No. 4.

141. Psacharopolous, G., Returns to Investment in Education: A Global Update, *World Development*, 22 (9) 1994.

142. Tin Nguyen, Enjiang Cheng, Christopher Findlay, Land Fragmentation and Farm Productivity in China in the 1990s, *China Economic Review*, 7 (2) 1996.

143. Shaikh Hossain, Making an Equitable and Efficient Education: The Chinese Experience, China: *Social Sector Expenditure Review*, World Bank, 1996.

144. Stronks, K., Van De Mheen, H., Van Den Bos, J., et al. The Inter-relationship between Income, Health and Employment. *International Journal of Epidemiology*, 1997, 26.

145. Strauss, J., Thomas, D., Health, Wealth and Wages of Men and Women in Urban Brazil. *Journal of Econometrics*, 1997, 77.

146. Lucas, R. E., On the Mechanics of Economic Development. *Journal of Monetary Economics*, 1986, 22.

147. Deolalikar, A., Nutrition and Labor Productivity in Agriculture: Estimates for Rural South India. *Review of Economics and Statistics*, 1998, 70.

后　　记

当我写下最后一个字，收笔之时，凝望窗外珞珈山泛红的枫叶，内心既有一丝欣慰，更有诸多感慨。

回望自己年近不惑才开始的博士学业，最感到庆幸的莫过于遇到一位良师——张秀生教授。数年来，张秀生教授以其渊博的学识、严谨的治学作风、高尚的品德以及达观的人生态度，不仅在学业上给予我以悉心的指导，而且在生活上及其他方面也给予父兄般的关爱。本书无论在选题、结构安排，还是在写作过程中都得到了张老师的全面、精心的指导。因此，在本书即将出版之际，我首先要感谢我的导师张秀生教授和师母姚秀群老师几年来给予我的学业和生活上的无私帮助和指教。

本书的顺利完成还要感谢颜鹏飞教授、王冰教授、曾国安教授、伍新木教授、简新华教授、邱力生教授等老师的悉心指导，他们对经济学特别是中国经济前沿问题的深刻了解和精准把握，拓宽了我的视野，加深了我对相关领域的认识和了解。

在读期间，同学们、师兄弟姐妹间的交流和学术探讨对我学业的顺利完成和本书的写作给予了很大的帮助。这里，特别感谢卫鹏鹏博士、范锡文博士、冯莉博士、刘修昆博士、杨虹博士等在学习期间及本书写作中给予我的支持和鼓励。

最后，我还要特别感谢我的家人。几年来，我的妻子邓峥嵘女士，默默承担着大量繁重的家务，保证我能全身心投入到学习及本书写作中去；儿子刘建瓴也给予了很多精神上的慰藉，是他们的支持和理解，使我能够顺利完成本书的写作。

本书的出版得到了湖北大学政法与公共管理学院学术出版基金的资助，感谢杨鲜兰教授、郭大俊教授、贺祥林教授、徐方平教授对本书的出版所给予的支持和帮助。本书的出版也得益于中国社会科学出版社的大力支持，特别是本书责任编辑孔继萍老师为此倾注了大量的心血，在此一并表示感谢。

本书虽然数易其稿，但因本人学识所限，可能还存在一些不足，敬请批评指正。

刘祖春

2009 年 3 月于寓所